社会转型与空间重构

——我国中部地区城镇化空间档案研究

Social Transformation And Spatial Restructuring

郁　枫◎著

中国建筑工业出版社

图书在版编目（CIP）数据

社会转型与空间重构——我国中部地区城镇化空间档案研究／郁枫著. —北京：中国建筑工业出版社，2014.8
ISBN 978-7-112-16975-7

Ⅰ. ①社… Ⅱ. ①郁… Ⅲ. ①城市化进程-研究-中国
Ⅳ. ①F299.21

中国版本图书馆CIP数据核字（2014）第124923号

责任编辑：刘 静
书籍设计：锋尚制版
责任校对：陈晶晶 张 颖

社会转型与空间重构
——我国中部地区城镇化空间档案研究
郁枫 著
*
中国建筑工业出版社出版、发行（北京西郊百万庄）
各地新华书店、建筑书店经销
北京锋尚制版有限公司制版
北京顺诚彩色印刷有限公司印刷
*
开本：787×960毫米 1/16 印张：13½ 字数：250千字
2014年11月第一版 2014年11月第一次印刷
定价：38.00元
ISBN 978-7-112-16975-7
（25717）

摘要

在当前快速城镇化及乡村产业格局变迁的背景下，我国村镇聚落正处于剧烈的社会转型的过程中，其空间重构过程也呈现出加速的迹象，这其中既有理性的改进，也浮现出“建设性破坏”的无序躁动。本书以问题为导向，引入了空间重构与社会转型的双向视角，指出村镇聚落中空间与社会同时发生的巨大变革均不是孤立的现象，两者具有明显的关联性。

本书以我国中部地区五个镇为例，对案例进行了比较研究，通过田野调查，在村镇聚落变迁的空间、社会两个层面上进行深层次挖掘，将所得资料进行分析，提炼出两者相互影响的关键机制，并从社会视角探讨了对空间重构的评价。书中对“唯空间论”这一建设领域的思潮进行了反思，并从新型城镇化的视角，就空间重构如何适应和促进社会转型提出了一些空间营建策略。

本书总结了中部地区空间重构与社会转型之间的一些规律性问题。研究的核心是探求“过程”的动态机制，而不是研究一种静态的“模式”。通过该领域的研究，人们可以洞察社会转型引发和深化空间变革的机制。本书认为，对于中部地区村镇聚落在发展过程中所遇到的复杂的空间问题，应基于“政府—市场—社会”的多元视野来看待，三者是一个紧密联系又相互有别的“共同体”，简单地“就空间而论空间”无助于解决问题。

研究表明，虽然中部地区的村镇大都源自于农业聚落，但在不同的区位条件、发展时段、资源禀赋和政策背景下，各村镇聚落经历了不同的社会转型或社会转型的不同阶段，走向了不同的空间重构道路。在这一过程中，本书所提炼的社会—空间互动机制是不同类型村镇聚落差异化发展的关键参数。总体而言，当代我国中部地区村镇聚落的发展态势已由过去的“同质同构”转变为“异质异构”。目前许多建设主体（包括规划管理部门）却经常采取几种固定的“模式”去套用到村镇聚落中。这些村镇建设工作往往忽略了形塑空间的社会背景与内涵，也忽略了作为个体的“人”的存在价值，以及人（尤其是掌握了一定社会资源的人或作为利益群体代表的人）的主观意识带来的干扰。基于这种理解，本书提出了中部地区村镇聚落的差异性发展路径和多元化发展目标。

序言

呈现在诸位面前的《社会转型与空间重构》专著，是郁枫博士最新的力作。有幸作为最早的读者，有愿望、有兴趣，甚至觉得有责任为这部专著及时面世讲几句话。

郁枫博士十年前曾和我有过师生之谊；“十年磨一剑”，果不其然，他及时地奉献了这部书。十八届三中全会提出了“新型城镇化”的战略目标；在最近召开的中央城镇化会议上又全面布置了任务。概言之，是顺民意，得民心；是既高瞻远瞩，又从国情和民生出发。尤其值得注意的是，在以往快速“城镇化”的成绩和失误背景下，在各式复杂的现实情况下，“新型城镇化”的诸多理念使人耳目一新：譬如“城镇化是一个自然的历史过程”，“坚持使市场在资源配置中起决定作用”，“遵循规律，因势引导，使城镇化成为一个顺势而为、水到渠成的发展过程”，等等。

《社会转型与空间重构》这本书，也可以说是一部“顺势而为”的学术研究成果，或者说是探讨“新型城镇化”在中部地区“发展过程”的阶段成果。

我认为：学术文章和学术专著，它的“质量”和“水平”不仅仅在于写了多少内容，得出了什么结论；更重要的是作者的研究和写作过程，甚至于还包括作者提出的新矛盾和未来有待探索的新问题。

从这个价值取向出发，我想郁枫博士专著的特色在于：

——从带有普遍意义的典型的案例出发，但不止于案例。它的前提就是脚踏实地的“田野调查”。郁枫博士在专著中列出了中部地区江西省和安徽省的瑶里镇、鹅湖镇、洪源镇、黄麓镇和铜闸镇。他在平时的工作与学习过程中，就很看重田野调查，这五个典型案例的提出，就说明了他在研究之初就做了大量的前期工作，筛选了可以直击本质、直奔主题的这五个“典型”。

——对于类似“城镇化”这类学术研究，既要在田野调查、现场记录中发现村镇选址、策划、规划、营建的种种“营器”的经验，即空间的结构和构成；又要调查研究它们“载道”的原委，即其所“载”之“道”——社会形态的原委。既要看到它的“现在”，又要追溯和展望“看不到”的“过去”和“未来”。“器以载道”，“道器相生”；只有系统研究、综合研究、过程研究，才不会是表面文章，才不至于得出似是而非的结论。

——从典型案例出发，还应该注意到案例本身是原生态的，是综合的。学术研究可以从案例出发，也可以从问题出发或者是从理念出发；但像“城镇化”这类课题，从案例出发可能更好，特别是案例的组合。本专著中这五个案例，就在城镇化的时空坐标和“道”、“器”之间相生相克中构成了一个比较全面的“社会—空间互动”的理论探讨体系，即“蓄势”、“整合”、“失衡”、“共生”和“变革”。

——任何一项学术研究，都不可能“前无古人，后无来者”，不可能毕其功于一役；作为一个具有动态特征的“城镇化”课题，更是如此。从案例出发，不止于案例，又回到案例，它会蕴含着未来的走向、发展和变化的可能；它会联系着周边更大的领域。在一项学术成果中，能够提出在广度和深度上进一步延伸的问题，甚至能够成为该成果的有机组成部分，这是非常宝贵的。本专著“结语”中就有一节“未来村镇聚落空间重构过程中有待探讨的问题”，这就相当之好。

学术研究，一般都分解在各个科技领域；“分解”，往往使研究工作容易深入，但解决实际问题，却需要方方面面的“综合”。这就造成了许多研究课题都有一个“界面”，都需要界定，其成果往往只有相对意义。比如城镇的空间，影响它的当然主要是“社会”因素，不过在一定条件下，“经济”、“区位和交通”、“历史文化”、“民族”、“资源和生态环境”等也可能超越“社会”这个因素。“天外有天”，古人也说过：“尽信书不如无书。”我想这些话，也许是赘言絮语，甚至不必要提它。

应郁枫博士之邀为本书作序，勉强为之，敬请批评指正。

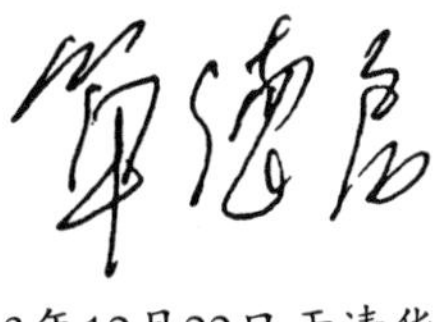

2013年12月22日于清华园

前言

社会转型与空间重构——从字面上理解，本书的主题涉及建筑规划学科与社会学科。本书以我国中部地区的城镇化和村镇建设为研究对象，探讨了空间重构与社会转型之间的一些规律性问题。本人认为，本书研究的核心是探求社会转型影响空间变革过程的动态“机制”，而不是研究一种静态的“模式”。

这是一种学科交叉的探索。在当前我国“新型城镇化”的战略提出之际，在中国的城镇化正由“空间”的城镇化拓展到“人”的城镇化的过程中，这一探索显得更加紧迫。

目前规划学界探讨城镇规划、社会学界探讨社会转型，这些研究成果都比较丰硕；但把两者相结合，并且将社会学的研究方法和视野引入规划学科的探索还相对较少。由于本人的专业是建筑学，因此这种学科交叉的尝试对我而言构成了不小的挑战。但这种学科交叉又是必要的，因为本书关注的问题不仅仅在于纯粹的空间。空间重构是在剧烈的社会转型的背景下发生的，两者不是孤立的，而是互动的。探索空间重构与社会转型之间的互动关系，就是本书的主旨。

本书在撰写过程中，受到了费孝通先生《江村经济》的启迪。尽管本书与《江村经济》的研究对象完全不同，研究成果也无法与费老的《江村经济》相提并论，但他的研究方法深深地影响了我——就是充分运用田野调查这一工具，将中国21世纪初中部欠发达地区村镇的空间变化格局做一些“近距离、全景式”的记录，再通过对调研成果的整理，开展学术上的理论研究。

对于村镇建设领域，第一手调研资料的获得并非易事。我对三农问题专家温铁军先生的一句话感触很深：“假如你是个年轻人，我希望你下乡的时候借辆自行车，真正到农民中间去，大家都会跟你说实话。如果你只找统计局，那你得到的就是那些每年都增长的数据。”在研究开展之前，我对许多中部地区村镇进行了调研，并重点考察了安徽、江西的五个镇，获得了较多的一手资料。中部地区大都是欠发达地区，农村条件相对艰苦，增加了调研的难度；更麻烦的是，村镇建设资料获取的难度要高于城市。这是因为我国具有独特的二元分割体制，在过去，村镇建设长期被忽视，村镇建设的相关资料不像城市的城建档案详细而齐备，许多统计数据并不完整，是碎片式的，这也为后来资料的整理带来很大的难度。

当田野调查完成后，我尝试着对其变革的表象进行了理论上的解析，但限于时间及个人能力，成果毕竟是有限的。所以，我也希望这些村镇的田野调查能成为将来对他人有用的“史料”。我的研究对象是中部地区普通的村镇，它们并不出名、并不璀璨，但正因为它们的“非典型”，所以反映出了一些具有普遍性的问题。以历史的眼光来看，它们鲜活地反映了我国21世纪初这一特定年代的中部地区村镇空间变革的场景，是在社会转型背景下的村镇建设档案。建筑、规划界同仁或其他相关学科的学者在进行研究时，如能将此作为参考资料，从而做出更科学、更深入的研究，是我的心愿。

编写此书是本人的一次尝试，难免存在许多不足之处，我诚挚地希望建筑、规划学界的同仁和读者，对本书提出宝贵意见，并批评指正。

郁枫

2013年12月6日于北京

目录

第一篇
背景——社会视角下的空间重构

第二篇
剖析——对案例村镇的田野调查研究

第三篇
凝炼——对案例的理论探讨

第一篇

背　景

——社会视角下的空间重构

较之工业的高速发展，农业的缓慢发展可以给人一种安全稳定、千年平衡的印象。与工业的狂热相对照，农民的明哲适度似乎是永恒的：城市和工业吸引着所有的能量，但乡村始终哺育着恬静美满、安全永恒的田园牧歌式梦幻。当20亿农民站在工业文明的入口处，这就是在20世纪下半叶当今世界向社会科学提出的主要问题。

——H.孟德拉斯[1]

① H·孟德拉斯. 农民的终结. 李培林译. 北京：社会科学文献出版社，2005. 4.

第1章 缘 起

1.1 我国村镇聚落空间重构的历史机遇与挑战

重构是一个具有哲学色彩的词，按照结构主义理解，两个以上的要素按一定方式结合组织起来，构成一个相对统一的整体，其中诸要素之间确定的构成关系就是结构。[①]由此可见，空间重构可被理解为空间各要素在特定条件下重新建构其相互关系的过程，该过程体现为特定条件下的一种持续的状态，而非固定的结局。

我国村镇聚落的空间重构是一段不断演进的长期过程，但在过去几千年中，由于传统小农社会的封闭性与稳定性，其空间重构过程相对缓慢而不引人注目；步入近代以来，尤其在改革开放之后，伴随着中国社会转型的巨大变革，村镇聚落空间重构呈现出加速的迹象，成为社会关注的焦点。

步入21世纪，国家在村镇建设方面给予前所未有的重视，并调动公共财政向农村倾斜，意味着我国工业反哺农业、城市支持农村这一观点从学术理论层面真正走向了实践操作层面。为了解决三农问题，党的十六届五中全会明确提出："建设社会主义新农村是我国现代化进程中的重大历史任务，要按照生产发展、生活宽裕、乡风文明、村容整洁、管理民主的要求，扎实稳步地加以推进。"党的十八大明确提出了"新型城镇化"的概念，2012年底中央经济工作会议把"积极稳妥推进城镇化，着力提高城镇化质量"列为2013年经济工作六大任务之一。

当前，我国村镇聚落的空间重构正以多种层次、多种途径呈现在人们面前，其中最为醒目的变革就是数以千万计的农村剩余劳动力离开祖祖辈辈生活的土地，放弃原有的职业，甚至改变自己习以为常的生活方式，来到相对陌生的城镇环境中定居。这就是我国快速城镇化进程的真实写照，从这一变革涉及的人数与范围来看，它是一种何等恢宏的社会变革。美国经济学家、诺贝尔奖获得者斯蒂格利茨（Stiglitse）就此现象曾说过一句耐人寻味的话："在21世纪初期，影响世界最大的两

① 中国大百科全书出版社编辑部. 中国大百科全书·哲学卷. 北京：中国大百科全书出版社，1987. 358.

件事，一是新技术革命，二是中国的城市化。”

从城镇化的统计数据来看1949年，我国城镇化率才10.64%；2011年我国城镇化率已达51.27%①。仅从2000年到2001年，我国城镇人口就增加了2400万②（相比较2003年澳大利亚人口统计为2000万），这部分新增的城镇人口不可能全部被城市吸纳，有较高比例的人在小城镇中生活，这就引发了小城镇规模与数量的快速扩张。目前，我国城镇化进程正处于一种加速阶段，城镇化过程对村镇聚落空间重构的影响愈发显著。

在我国当前快速城镇化的宏观背景下，村镇聚落的结构与形态以多种方式迅速改变其原有面貌——新镇开发、撤并乡镇、移民建镇、迁村并点、村落空心化、城镇群体组合……展现出我国村镇聚落空间重构的宏大场景（参见图1.1）。在这些空间重构的表象中，一部分是在城镇化的直接推动下产生的，其他则是城镇化与社会变迁等

空心村　新农村建设试点　小城镇的马路经济

农村建房潮　某富裕农村的兵营式建设　民间原生而稚嫩的乡土情怀

村镇聚落的美学困惑　某移民建镇安置点　某农村的“就地”城镇化

图1.1　村镇聚落的空间重构百态

① 宋启林．论中国独特的城镇化道路．城市规划学刊，2013（1）．

② 仇保兴．中国城镇化：机遇与挑战．北京：中国建筑工业出版社，2004：43．

其他因素共同作用的结果。从实效上来评价，现状空间重构既有理性的改进，也暴露了某些“建设性破坏”与无序躁动的问题，如农民失地、小城镇空壳化等。

随着部分乡村的角色由农业聚落演进为城郊居住区、工业开发区、交通枢纽、旅游和历史文化区，性质的变更不可避免地带来了空间的变迁；同时，区域性发展、都市带、经济圈等外界的因素也迫使村镇聚落无法按照原有的模式继续发展下去，村镇聚落再也不是小农社会中自我发展、匀质匀构的封闭体系。近些年来，随着国家公共政策向农村的倾斜，越来越多的资金、技术被投入到村镇建设中去（如小城镇建设、新农村建设），但基层政府在实施过程中，往往以“运动式”盲目的热情代替了理性的决策，甚至成为某种形式的政绩工程，引发一系列问题。

总之，当前我国村镇聚落中，由于空间重构变革的加速导致不确定性增加，未来机遇与遭遇风险的概率同时增大，最终可能呈现两种迥然不同的结局：一种是加速重构带来加速发展，城、镇、村体系得到优化，土地得到节约配置，生态环境得到保护，地区建筑、乡土文化得到弘扬，村镇聚落的整体人居环境得到极大的改善，最终实现城乡统筹发展的目标；另一种是当空间营建策略产生偏差、政策出现失误，空间重构的加速导致村镇人居环境质量的加速恶化。尽管这只是未来的两种极端预测，但我国村镇聚落已面临抉择的十字路口，人们应对村镇空间重构问题充分关注，在理念和技术路线方面进行探索，并加强实践研究。在当前我国城镇化的大潮下，这一工作已刻不容缓。

1.2 城乡差距——二元分割问题的历史解读

论及村镇领域的研究，就无法回避当前我国城乡二元分割的社会背景及其引发的农业、农村、农民（三农）问题。有学者甚至惊呼，中国人实际上已被分为两大利益集团：市民和农民。

我国城乡二元分割的状况是历史遗留问题，虽然近些年来国家想通过各种政策减弱其负面影响，无奈城乡二元分割体制在中国留下的烙印过于深刻，对国民经济各个领域产生的消极影响在未来相当长的一段时间内无法消除。我国当前的社会转型中，很多问题直接源自于当年城乡二元分割体制所种下的苦果；村镇聚落的空间营建也在这一体制的影响下，走向一条不同于城市的发展道路。

城乡二元分割体制的形成有其特殊的历史背景。新中国成立之初，百废待兴，为了解决工业初期发展的资金筹集，政府通过实施工农业产品的剪刀差制度，即

“剥夺”农业来反哺工业的措施建立了一个初步的工业体系。为实现此目标，国家只有通过户籍制度人为地制造城乡壁垒，以保障政策实施。这一段历史虽然奠定了今天工业化的基础，也带来了城乡二元分割的隐患。自从户籍制度实施以来，“城市”户口、“农村”户口从出生起就决定了每个中国人的未来命运，农民被这一制度紧紧束缚在土地上，只能通过参军、入学、征地等很少的机会进入城市。通过这一历史代价，中国打下了初步工业化的基础，但走上了一条没有城镇化的工业化道路，国外有些学者将这一现象称之为“反城市化”（ANTI-URBANSIM）。[①]

改革开放之后，城乡二元分割的弊端逐渐显现，相对低下的农业比较效益、紧缺的土地资源再也无法承载大量的农业剩余劳动力，剩余劳动力的城镇化转移与禁锢的户籍制度之间的矛盾却逐渐爆发，三农问题逐渐成了一个严峻的社会问题，引起了社会的广泛关注。我国经历了几十年的改革开放与经济建设，城市居民和农村居民的生活水平都有了很大的提高，但两者的差距在逐步扩大。从统计数据看，1998～2000年城镇居民人均收入分别是农村居民人均收入的2.52倍、2.66倍和2.80倍；据2006年《农村经济绿皮书》资料显示，城乡居民人均收入比例达到3.22比1，收入差距呈逐年增大趋势。[②]而在国际上经济发展程度类似于中国的国家，其城镇居民的人均收入大体上是农村居民人均收入的1.7倍。这种不平衡影响了城乡社会的各个方面，在规划建设领域也毫不例外。

我国当前的村镇建设受到计划经济时代遗留下的城乡二元分化影响，呈现出一种“双轨现象”，城市与村镇建设各有一套营建理念、技术手段，形成了一个独特的研究领域。然而，建筑规划学科的研究主要关注于城市，针对村镇聚落的研究相对薄弱。

当前，我国城镇化进程严重滞后于经济发展水平，政府已意识到这一问题的严重性，开始在政策上给予鼓励，自上而下推动城镇化进程。1994年建设部、国家计委等六部委联合下发了《关于加快小城镇建设的若干意见》；1998年党的十五届三中全会在《中共中央关于农业和农村工作若干重大问题的决定》中提出了“小城镇，大战略”的口号。这一系列文件都鼓励乡村城镇化，但也有一些学者从经济比较效益出发，反对分散城镇化，倡导集中城市化的道路。经过一段时间的学术争论，国家逐渐倾向于城乡统筹的发展思路，倡导小城镇与大中小城市协调发展、小

① 许学强，薛凤旋，阎小培．中国乡村——城市转型与协调发展．北京：科学出版社，1998．4～5．

② 丁肇文．2006年《农村经济绿皮书》：城乡收入差距扩大．北京晚报，2006-4-14．

城镇与新农村协调发展。十八大提出的“新型城镇化”，进一步强调了城镇化的质量，即城镇化的内涵由单纯的空间城镇化扩展为农民的市民化。

现在无论研究何种村镇问题，都无法脱离城乡二元分化的社会背景。尽管国家目前有意削弱、消除二者的鸿沟，如取消一些制度性的禁锢（如户籍制度），但是积重难返，历史已将这一问题在社会的每个方面留下了深刻的影响，我们无法回避，只有认真面对。总体而言，我国城乡差距的现实状况不但影响了村镇聚落的社会转型，而且也影响了其空间重构的过程。这一问题既是村镇聚落社会转型与空间重构互动的基本背景，也是二者之间矛盾的根本来源。

1.3 中部崛起——区域统筹发展的现实选择

我国改革开放三十多年来，经济上始终保持了高速增长，取得了有目共睹的成就。虽然社会财富总量增加了，但不同地域发展极不均衡。除了前文所及的城乡差距，从国家宏观区域角度来看，东、中、西三大部分的发展也不均衡。通常来讲，中部地区包括湖北、湖南、安徽、江西、河南、山西六省，是我国东部与西部之间资金、信息、技术联系的桥梁与纽带（参见图1.2）。2001年，全国GDP增长速度首次出现东快、西次、中部居后的局面，同时这一差距在随后的两年中进一步扩大。统计资料显示，1997～2003年，中部地区GDP占全国的比重由31%下降到24.7%，东、西部分别由56%、13%增加到58.5%、16.8%。[①]近十年来，我国东部与中部地区的GDP差额比以往增加了6倍，西部大开发又使西部投资增长速度大大高于中部。为此，学者马副祥等人甚至提出了“中部塌陷”的概念。

中部地区的省份大都是农业大省，是我国的粮食主产区，农业经济不仅在当地及至全国都具有重要地位。这六个省的国土面积仅仅占全部国土面积的10%，但人口却占28%，农民人数占全国农民总数的31%。中部地区省份提供了全国1/3的粮食，提供了29%的棉花、41%的油料、28%的肉类，同时对外输出的农民工占全国劳动力的43%。[②]每年春运期间，中部地区一些省份如安徽、江西的火车站的民工潮蔚为壮观，他们像候鸟一样迁徙于东部城市与中部农村，他们在城市中却只是“边缘人”，无法融入真正的市民阶层（参见图1.3）。从我国当前的农业产业状况来看，种田成为微利职业，种的越多损失越大。同东、西地区

① 资料来源：中国统计年鉴（网络版）http://www.stats.gov.cn/tjsj/ndsj/index.htm.

② 张红宇. 中部崛起电视高端论坛. 河南电视台，2005-10-3.

图1.2 中部地区六省地域范围

（图片来源：人民网http：//theory.people.com.cn/GB/40555/4694632.html）

图1.3 春运民工潮

相比，中部六个省的农民收入最低，许多产粮大县也是国家级和省级扶贫开发重点县。可以说，中部地区为国家的粮食生产作出了巨大贡献，但回报却不成正比。

回顾东部地区改革开放三十多年来的发展历程，东部的发展是依据良好的地理区位条件和国家的政策优惠起步的，其中地理区位条件是先天的，而国家的政策优惠是人为的（如早些年沿海14个开放城市以及特区的各项招商引资优惠政策是内地难以企及的），通过这些优势，在同其他区域发展竞争中获得了先机。而西部地区虽然总体经济发展水平不如中部地区，但国家在西部大开发中给予了众多优惠政策，并进行了大量的投资建设，西部地区也逐渐拥有了后发优势。随着地区差距的增大，这一问题逐渐由隐性变成显性，国家意识到对其长远均衡发展战略的影响，开始重视这一问题。经济发展的滞后使得中部地区群众也有很大的不满，流传着的自嘲的民谚“不东不西，不是东西”，便是这一情绪的流露。

2004年3月，温家宝总理在政府工作报告中首次提出促进中部地区崛起的概念，2004年12月，中央经济工作会议再次提到促进中部地区崛起，2006年，发布了《中共中央国务院关于促进中部地区崛起的若干意见》（中发［2006］10号）目前，国家对中部地区的发展定位是“三个基地、一个枢纽”（全国重要的粮食生产基地、能源原材料基地、现代装备制造及高技术产业基地和综合交通运输枢纽①），中部各省在这个宏观指导思想下挖掘自身潜力，“自谋出路”。

我国中部地区普遍为农业大省，农村人口和农业剩余劳动力多，三农问题的矛盾尤为突出，可以说，中部地区的问题根本在于农村问题。东部发达省份如浙江，乡镇经济发达，农村生活富裕，城镇化水平也很高，是农村剩余劳动力的输入省份；而中部地区村镇经济的落后制约了城镇化的进程，是农村剩余劳动力的输出省份。

在社会变迁的背景下，中部地区村镇建设由于经济基础薄弱，起点较低，与东部地区村镇的状况存在差异。从宏观数据来看，我国东中西三大地带的小城镇发展也呈现出很大差异，其空间重构过程体现出明显的地域特点（参见图1.4）；从微观层面来看，东部地区许多小城镇的建设规模、经济总量、社会生活发达程度大大超越了中部地区的许多县城，东部地区村镇的建设经验不能生搬硬套直接用于欠发达的中部地区。总而言之，当前中部地区村镇聚落的发展面临着许多困惑，这一系列问题的解决对于缓解三农问题具有至关重要的意义。在当前中部崛起的现实背景下，中部地区村镇聚落面临着新的发展机遇，势必经历新一轮的空间重构。

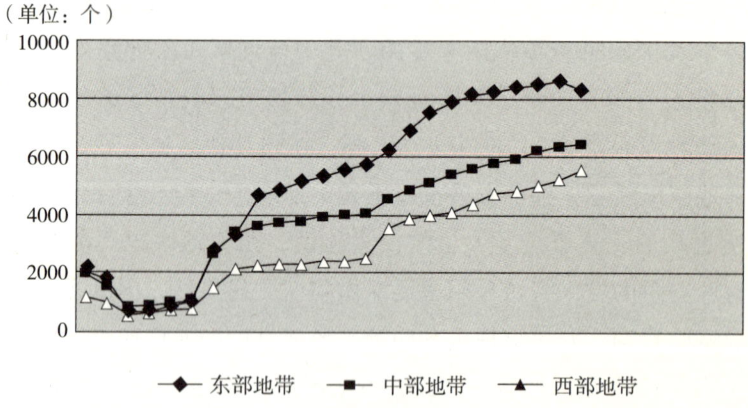

图1.4 中国历年三大地带镇增长示意图（1953～2001）

（图片来源：金逸民，张军. 中国小城镇发展战略研究. 北京：中国农业科学技术出版社，2003: 109）

① 资料来源：中部论坛郑州会议材料。

1.4 村镇聚落、空间重构、社会转型相关概念

1. 聚落

聚落源自于人类的聚居行为，主要是指包括乡村、集镇、城市等在内的人类生活环境。希腊建筑师C·A·道萨迪亚斯在20世纪50年代创立了人类聚居学（Ekistics），将与人类聚居相关的建筑学、地理学、社会学、人类学学科整合起来，对人类聚居进行全面的综合研究。

《辞海》中对聚落环境的定义为："人类聚居和生活的生存环境。是人类有目的、有计划地利用和改造自然而创造出来的，与人类生活、生产关系最密切、最直接。根据性质、功能和规模，可分为院落环境、村落环境和城市环境"。①国内一些学者对聚落提出了自己的定义，如余英认为聚落一词的原义是指区别于都邑的居民点，但现在多指人类生活地域中的村落、城镇和城市。聚落中的成员在一定地域内发生社会活动和社会关系，并保持了特定的生活方式。它既是一种空间系统，也是一种复杂的经济、文化现象和发展过程。②

聚落这个词同居民点相比，带有较浓厚的人文色彩。人类是群居的社会动物，"聚居"清晰地表明了人类的社会化生存方式。因此，聚落这个词不仅带有物质空间的含义，更隐含了很多人类生活方式、习俗等文化概念。

本书所定义的村镇聚落泛指包括村庄、小城镇在内的广义概念的村镇居民点，之所以将研究对象界定为村镇聚落而非小城镇或村庄，是因为镇、村比较倾向于行政划分的概念，而本书关注于个体人组成的"社会"，并不是指纯粹的物质空间，因此选用"聚落"概念；此外，村与镇通常是一个村镇体系网络内相互关联的整体，空间重构并不局限于只在镇区或村庄内部发生。如果孤立论述镇或村的空间重构，管中窥豹，不利于把握问题的全局。费孝通先生也曾提及，"对中国农村的调查不能限于农村，因为在经济上它是城乡网络的基础，离开了上层的结构就不容易看清它的面貌。在意识形态上，更受到经济文化中心洗练过用来维持一定时期的整个中国社会的观念体系的控制。"③

在我国中部地区的农村中，村落与小城镇的联系非常紧密。从人文地理的角度考虑，大多数小城镇属于农民生活圈中可触及的内容，是形象鲜明而可被感知的，

① 辞海编辑委员会. 辞海〔1999普及版〕. 上海：上海辞书出版社：1999. 5174.
② 余英，陆元鼎. 东南传统聚落研究——人类聚落学的架构. 华中建筑，1996，14（4）：42.
③ 费孝通. 费孝通选集. 天津：天津人民出版社，1988.

而"县城"则明显有城市的味道，普通农民去一趟要费去不少周折，与其联系相对薄弱。所以，本书所研究的聚落，其涵盖范围下至农村，上至小城镇与集镇。当然，在经济较发达的东部地区乡村，随着高速公路和以网络为代表的信息高速公路的普及，呈现出时空压缩的特点[①]，城乡之间的鸿沟被弱化。在这种情况下，对村镇聚落的研究上限可扩展至县一级。

2. 小城镇

小城镇作为一种特殊的聚落，是城乡资金、人才、技术流通的中转站，是"城市之尾，农村之首"。根据我国的行政体制，建制镇在村镇体系中处于顶层级别，上一层级为小城市，本来它只是聚落各等级中普通一员，没有什么特殊性，但由于我国城乡二元分割体制的存在，上一层级"小城市"属于"城"的概念，偏重于城市，而"建制镇"则更贴近于乡土层面。在这种特殊的国情下，小城镇与"三农"结下了不解之缘，牵扯了太多的问题，甚至在我国规划学科中衍生出专门的研究领域。这是典型的具有中国特色的问题，国外并不存在类似的情况。由于政体不同，欧美国家之间的城镇只有发展规模的差异，没有类似于我国的行政级别的差异。例如，德国的国家结构分为联邦、州、县（市）、镇及中心村五级，大城市与小镇在地位上是平等的，不存在上级对下级的行政管辖权。小城镇有其自己的议会，实际上是小型化的城市。[②]所以国外的小城镇概念与中国没有可比性。

随着改革开放后三农问题引发矛盾的凸显，我国关于小城镇的研究逐年增多。但由于国家对小城镇并没有从行政建制上予以确定，所以各个学科领域和各位学者对小城镇的界定有其各自的理解。各个学科之间的研究方法和目标不同，对同一概念会产生不同的定义。例如在《小城镇发展与规划概论》一书中，就介绍了四个学科背景下的小城镇概念："① 行政管理学：在经济统计、财政税收、户籍管理等诸多方面，建制镇与非建制镇都有明显区别，因此小城镇通常只包括建制镇这一地域行政范畴。② 社会学：小城镇是一种社会实体，是由非农人口为主组成的社区。小城镇是新型的、正在从乡村性社区变成许多产业并存的、向着现代化城市转变中的过渡性社区。它基本上已脱离了乡村社区的性质，但没有完成城市化的过程。③ 地理学：将小城镇作为一个区域城镇体系的基础层次，或将小城镇作为乡村聚落中最

① 人文地理学家戴维·哈维提出的"时空压缩"概念表达了在全球化时代下，随着交通方式、通信方式的便捷，使人产生时空距离感缩短的感受，具体而言是周转时间加速和空间领域感缩减的体验。

② 李文. 德国的小城镇建设. 中国建设信息，1999，Z3：56.

高级别的聚落类型，认为小城镇包括建制镇和自然集镇。④ 经济学：小城镇是乡村经济与城市经济相互渗透的交汇点，具有独特的经济特征，是与生产力水平相适应的一个特殊的经济集合体”[①]。

从行政管辖范围来界定小城镇，目前学界也有不同的看法。综合各类观点，小城镇概念可以分为狭义和广义两种。狭义的小城镇是指除设市城市以外的建制镇，包括县城镇（县城镇升级为县级市后就不能算作小城镇）；从广义上来理解，除了包含狭义理解中的县城镇和建制镇外，还包括乡集镇。将这两个概念进行比较之后我们可以发现，狭义概念比较偏向于行政建制的意味，而广义概念则强调小城镇作为城市和农村之间中间状态的中介特性，所以目前广义概念为主流学界所采用，也是本书所采用的概念。

3. 乡村

乡村（或农村）是人类聚落发展的摇篮，这是一个复杂的概念，迄今为止很难用单一的定义来描述它。在我国，对乡村的理解通常源自于行政管理的角度：乡村一般指行政村和自然村。行政村是村民委员会办事机构的所在村庄，一般下辖几个自然村。

从村镇体系中的等级规模结构来理解，乡村包括中心村和基层村，中心村规模较大，往往设有农民日常生活必需的福利设施，对其他周边村落起到辐射服务功能；基层村是一个或几个村民小组的聚居点，是从事农业和家庭副业的最基本单位。除了农民住宅和生产性设施之外，没有或设有简单的生活服务设施。[②]

从产业经济的角度来看，乡村以农业产业为主，由于农业经济活动的特殊性，其空间上呈现出分散性。

从地理特征来理解，乡村代表了开敞的景观、低密度、小规模的聚落等空间形态特点。在规划建设领域，这种形态有其深远的影响，在人们心中形成一种特殊的魅力。例如霍华德的田园城市、赖特的广亩城，这些规划思想中都充满了对农业聚落特征的依恋和怀念，这是伴随着对西方资本主义国家工业化的一种反思而产生的。

从社区文化角度来理解，乡村意味着聚落类型与精神生活的某种关联。在社会学界，城市文化学派的先驱路易斯·沃斯（Louis Wirth）于1938年撰写了《作为生活

① 汤铭潭，宋劲松，刘仁根，李永洁. 小城镇发展与规划概论. 北京：中国建筑工业出版社，2004. 10.

② 王宁. 小城镇规划与设计. 北京：科学出版社，2001. 71.

方式的城市性》[1]，他的研究关注于城市是怎样产生出不同于乡村居民的社会互动形式，以及城市和乡村生活如何可以区别开来。他认为城市的规模、人口密度和异质性这三个因素，导致了城市文化与乡村文化的不同。以现代社会学视角来看，他的理论有很大缺陷，是传统的城市社会学空间决定论的延续，所以不被当代城市社会学所认可，但他是较早关注于这一领域的学者。法国社会学家孟德拉斯在《农民的终结》一书中论述道："每个（农村）社区都是一个互识的整体，其中每个人都认识所有的人和他人的所有特点，社会关系是人格化的、非功能性的和分割成部分的"[2]。他认为在小的农村聚落，人们的关系更加密切和重叠，这使得他们成为一个文化上的整体。当前，在许多文学作品中，经常可以见到对城市尔虞我诈、生活压力的描述，乡村则被描绘为安全和温暖的港湾。从本质上来看，这种景象实际上是后现代社会的一种特征，人们通过对乡村的怀旧与复古来对抗城市所体现出的现代性。

从以上对乡村的描述可以看出，乡村的含义是丰富的，没有一个概念能够完整地界定乡村的全部含义。例如我国常见的城郊农村，虽然居民还是农民，但大部分已完全失去田地，从产业经济角度来看它已不是农村，但从社区文化角度来看还是属于农村的范畴。这种类似的情况很多，所以，对乡村概念只能采取综合的理解，在不同的背景下，结合研究目标的不同特点，采取不同的分析方法。

4. 空间重构

《辞海》对空间的定义为：空间在哲学上与"时间"在一起构成运动着的物质存在的两种基本形式。空间和时间具有客观性，同运动着的物质不可分割。[3]空间重构可被理解为空间各要素在特定条件下重新建构其相互关系的过程，由于空间不能独立于时间而存在，所以空间重构的概念强调一种持续的状态，而非固定的结局。在传统的规划建筑学科内部，空间是研究的重点，但大多数研究关注于静态的空间，而非空间变迁的过程。本书的论述主题"空间重构"与"社会转型"，均是动态的行为。它们之间的关联，只有在其运作过程中才能体现出来。如果对空间和社会分别进行静态的研究，则无法找到两者相互作用的内在机制，也就失去了本书的研究意义。从目前已有的研究来看，以往对村镇聚落空间的研究视角大多从结构主义出发，关注于内部各个结构元素的关系；本书意图从建构主

---

① Louis Wirth. Urbanism as a way of life. American Journal of Sociology. 1938.

② H·孟德拉斯. 农民的终结. 李培林译. 北京：社会科学文献出版社，2005：8.

③ 辞海编辑委员会. 辞海〔1999普及版〕. 上海：上海辞书出版社，1999：5081.

义出发，关注其结构关系在特定条件下如何生成（强调过程）。

5. 空间结构

结构是指物质系统内各组成要素之间的相互联系、相互作用的方式，是物质系统组织化、有序化的重要标志。结构既是物质系统存在的方式，又是物质系统的基本属性，是系统具有整体性、层次性和功能性的基础和前提。空间结构将空间视为一种网络，强调空间内部各要素之间的关系。一般说来，空间结构的组成要素包括空间节点和各节点之间的填充部分，其网络就是各种交通运输线路与通信信息线路的地域分布体系。在规划学科和地理学科中，空间节点通常是指各种聚落，小至农村，大至城市，具有组织、集聚、辐射扩散等作用。空间节点之间的部分包括广袤的自然地貌和农业用地。在本书中，村镇聚落的空间结构将网络范围界定为小城镇镇域，空间节点包括基层村、中心村、镇区三类聚落。

6. 空间形态

在《辞海》中，形态的定义是“形状和神态”，也指事物在一定条件下的表现形式。[①]空间形状是物质的，神态是由人去感受的，是精神的。空间形态在被人类感受的过程中，人类是主体，而空间是客体，空间形态具有物质与精神的双重属性，人是空间的创造者和感受者，没有人的存在，空间形态就没有意义。[②]

我们所处的空间是由自然地貌与人工构筑物形成的，起到最主要作用的就是建筑。空间结构对于普通人来说是隐性的，而建筑展现出的空间形态是显性的。它给人们直观的第一感受。空间形态研究是建筑学的传统研究内容，关于村镇聚落的空间形态研究已有很多成果，大部分集中于传统聚落的形态研究上，并且研究的重点偏向于静态研究，本书的研究将侧重于动态研究，将“时间”加入到空间研究过程中。

7. 社会转型

中国当前正处于剧烈的社会转型过程中，这种转型的力度之大、态势之广，在世界范围内也是不多见的。因此，社会转型是我国当前社科领域的热点问题，在国际上也引起了许多学者的兴趣。在社会转型定义方面，学界有很多不同的解释。从社会哲学领域来看，陈晏清提出：“社会转型是指人类社会由一种存在类型向另一

① 辞海编辑委员会. 辞海〔1999普及版〕. 上海：上海辞书出版社，1999：2303.

② 宛素春. 城市空间形态解析. 北京：科学出版社，2004：3.

种存在类型的转变，它意味着社会系统内在结构的变迁，意味着人们的生产方式、生活方式、心理结构、价值观念等各方面全面而深刻的革命性变革。在当代，对于包括中国在内的所有发展中国家来说，社会转型是指在特定的国际环境中由某种非市场经济社会向市场经济社会的转变，或者用当代发展理论的术语来说，是由传统社会向现代社会的过渡。”[①]按照这种思路理解，中国正在进行的社会转型是世界范围内现代化进程的一个方面或一个部分。

在社会学领域，郑杭生指出，中国社会转型是多层面的，但经济方面是中国社会转型最突出的方面。在政治领域中，主要表现为从过去的“大政府—小社会”开始转向为“小政府—大社会”。[②]

按照学界主流的观点，社会转型是一个社会经济、文化、政治等因素交织在一起变革的过程；同时，社会转型是一种整体的概念，社会转型是社会的整体性变动或结构性变迁，而不是其构成要素的简单叠加。社会转型的关键因素是人，一切经济、文化、制度的变迁需要靠人的介入才能推动。所以，本书在界定研究内容时未采用孤立的经济转型、文化转型等概念，而是采用了社会转型的概念。

在社会转型中，现代化在转型中占有很重要的地位，但是社会转型不能等同于现代化。许多国家包括我国正在经历的社会转型主要体现为现代化，但不是所有国家在所有历史时段经历的社会转型都属于现代化过程，现代化只是社会转型的体现方式之一。现代化突出的特征是工业化，或者说是农业文明向工业文明的过渡。在现代化的过程中，初期是工业经济的发展，带来高度的产业分工；而在传统农业社会中，分工只是在农业产业之间有一些局部的细微的分工，当时自给自足的小农经济对分工的需求不是那么迫切。随着产业的分工、商品的专门化，市场经济或商品经济逐步代替了小农经济，人类经济的重心由乡村转移到城市，农业逐渐成为一项弱势产业，农民变成了被忽略的角色。

在西方发达国家，传统“小农”意义上的农民基本已不存在，农业工人在社会各行业中只是一个很小的职业群体。农村虽然保留着乡村的外壳，但实际上与城市的生活方式没有差别。中国农村社会转型与西方走过的道路完全不同。一方面，农村受到现代化与工业化的扰动，具有很强的变革推动力；但另一方面，我国的土地制度与政治制度决定了土地不可能随意地集中到少数人手中，大多数农民还保持着一亩三分地的传统小农生产方式。在我国，人多地少是一个基本的结构性矛盾，大

① 陈晏清. 当代中国社会转型论. 太原：山西教育出版社，1998：18.
② 郑杭生. 当代中国农村社会转型的实证研究. 北京：中国人民大学出版社，1996.

量的农业剩余劳动力终将被城镇所吸纳。与西方国家相比，这一矛盾解决的最终结果可能相同，但实现的路径不可能一样。所以，中国乡村社会转型与空间重构过程有其自身的独特性。

8. 社会变迁

社会变迁同社会转型一样，其研究对象都是关于社会发生变化的过程，两者概念容易发生混淆。我国学者陆学艺认为，社会变迁是指社会结构诸要素的运动、变化和发展。[①]美国学者埃弗里特·M·罗吉斯认为，社会变迁是社会系统结构和功能的更替过程，他指出："社会变迁有三个前后相续的阶段：①发明，即新思想形成和发展的过程。②传播，向社会成员传播新思想的过程。③产生结果，由于接受或拒绝新思想而引起社会系统内部的变化。"[②]

关于社会转型与社会变迁的关系，根据已有的资料，笔者是这样理解的：社会转型与社会变迁都关注于变化的过程，但社会转型更强调结构性的变革。在历史上社会转型不是时时刻刻都发生的，而社会变迁则更普遍一些，在很多特定的因素影响下就可能发生。例如我国封建社会中常见的改朝换代过程中，社会思想、文化、艺术也有不小的变化，但只能算作是社会变迁，而不能算作社会转型。反过来说，社会转型则可以被视为社会变迁，它是一种特殊的社会变迁。

1.5 空间重构与社会转型的双向视角的提出

如果将我国村镇聚落的空间变革置于一个更广阔的时空背景考察则会发现，伴随着空间重构的是更为宏大的社会背景的变革。在中国近现代几次较大的社会变迁的过程中，都伴生了物质空间结构与形态的巨大变化，其中最为典型的是传统村镇聚落的大量消失，其社会背景是自给自足的封闭小农经济逐渐解体的过程。又如农村的建房潮，看似毫无规律可言，一般认为只是农民收入增加后的一种普遍行为，实际上每次建房高潮出现时，都往往伴随着我国城乡关系和社会结构的重大变迁，两类事件的发生时间有很强的关联，这不是一种偶然现象，其内部存在着一种必然联系。从全局角度来看，近些年我国村镇聚落的空间变革，如移民建镇、撤并乡

① 陆学艺. 社会结构的变迁. 北京：中国社会科学出版社，1997：1.

② 埃弗里特·M·罗吉斯，拉伯尔·J·伯德格. 乡村社会变迁. 王晓毅，王地宁译. 杭州：浙江人民出版社. 1988：12~13.

镇、村落空心化等，都是在我国当前农村社会转型的大环境下产生的。

当人们由空间—社会重构的表象继续向内探究，将注意到社会转型与空间重构的互动是一个持续的过程，没有所谓的终点。笔者认为，我国村镇聚落社会转型对其空间构建的影响体现在多个层面上，但最主要的影响集中于三个方面。

① 从封建社会晚期发端、由农业社会向工业社会转型。这一过程在产业结构上体现为传统农业聚落自给自足的小农经济演变为当代农业产业化与一、二、三产并举的态势，折射到空间上即体现为村镇聚落从同质同构到异质异构的转变。

② 新中国建国初期的计划经济向改革开放后的市场经济的转型。

③ 中国城镇化的农村剩余劳动力的迁移现象。

农村社会转型的这三个方面对村镇聚落的空间重构原本可以单独施加作用，其影响的持续时间、作用面也能够保持各自独立。但在当前20～21世纪之交的这段时间，这三个过程在时间上发生了重叠，于是交错纠缠到一起，产生了非常复杂的社会问题。这正体现了当前我国村镇聚落空间重构的宏观社会背景，也是本书研究的出发点。

在目睹了当代村镇聚落社会与空间变革的现状与问题后，一系列疑问很自然地浮现在脑海中：社会转型与空间重构的关系究竟是什么？两者有没有必然联系？如果存在，是通过何种方式、在哪些因素制约下发挥其效应？此外，两者的联系是单向影响的，还是双向互动的？破译这些问题，将有助于探索村镇空间结构和形态演变的科学规律。

前文已提及，本书定位于社会视角下的空间研究。根据现有文献来看，不同学科领域关于社会转型和空间变迁已有相当多的成果，例如社会转型属于社会学科的经典研究内容，论著颇多，而空间研究是建筑规划学科的本行，其资料也是浩如烟海。然而，笔者发现，社会学所研究的村镇社会转型受到其学科特点影响，较多地关注乡村治理、社会阶层流动、城镇化过程中的社会问题等主题，较少论及空间结构和形态本身；在建筑规划学科领域，对于村镇领域的研究主要集中在传统聚落的保护、村镇人居环境建设、村镇规划中土地利用和经济发展、区域规划与城镇化过程等领域，一言以蔽之，较为侧重于“宏观或微观、抽象或具象的物质空间”研究；而在村镇聚落这一研究领域中，真正将社会转型与空间重构两者作为并置的研究对象，对村镇聚落的社会—空间关联性进行考察、研究两者互动机制的研究却不多见。

通过该领域的研究，人们可以洞察社会转型引发和深化空间变革的机制，总结中部地区空间重构与社会转型之间的一些规律性问题。对于建筑规划学界而言，人们可以了解如何使空间变革适应和促进社会转型，使空间重构成为社会转型的推动力而非绊脚石。反之，社会转型的过程及其阶段成果，也必然要落实到聚落的空间载体上。“皮之不存，毛将焉附”；“器”以载“道”，“道器相生”。事物的良性发展，莫不如是。

简言之，本书意图探讨一种新的认识观，使村镇建设相关主体免于陷入一种“唯空间论”的误区，即仅将村镇建设视为空间营造过程，而忽略其社会转型的背景与内涵①。

最近中央提出的新型城镇化，其核心是指农村人口转移到城镇，完成农民到市民的转变，而不是“拆房子、盖房子”，最终是为了创造一个可持续发展、城乡统筹的人居环境。新型城镇化的工作目标并不完全关注于物质文明的建设，精神文明建设的意义不低于甚至在某种程度上超过了物质文明的建设；而物质文明的内涵也远不止“物质空间”如房屋建筑，还包括资源节约、环境保护等内容。从更深层次进行剖析，国家推行“新型城镇化”的意图就是把政府工作重点转移到“社会公正”、“农村社会和谐”、“城乡统筹”等“软件”层面上，国家并不希望使这项工作又流俗于建房栽树的“硬件”形象工程。笔者希望通过本书的研究，使建筑师、规划师等专业人员意识到，在城镇化这一空间重构的过程中，不能就“空间”而“空间”；空间只是人类生活的容器和载体，必须关注人类生活的方式，避免“唯空间论”的出现。

村镇聚落是一个宽泛的概念，鉴于我国各地的经济、文化、自然条件不同，中部地区各村镇社会转型与空间重构的互动过程也呈现出多元化的局面。尽管我国的城镇化是一种整体态势，但地区之间经济发展的不平衡也带来了城镇化水平、方式的巨大差异；同时，中部地区欠发达的经济制约了城镇化的进程，它的一些问题与东部地区相比较更加棘手而迫切。有鉴于此，中部地区村镇聚落的空间重构有其自身的特殊规律，值得探讨。

综上所述，本书所描述的村镇聚落的社会转型与空间重构，强调两者的互动关系。“重构”强调变迁的过程，因此，研究的核心是探求“过程”的机制，而不是研究一种静态的“模式”。本书不打算也无力构筑一个所谓的“完备的理论系统”，其研究框架是开放性的，强调随着时代的变化对未来预期的多种理解，并提供后续研究与之衔接的可能性。

① 学界通常所指的“良好人居环境”，不仅体现在物质形态方面，而且体现在社会秩序、公正、效率等方面。因此，在村镇聚落的空间研究中纳入对社会问题的关注，有其积极意义。

第2章　中部地区村镇聚落的“空间—历史”谱系

2.1　时间范围与历史标点的界定

在历史长河中，村镇聚落一直处于不断的社会变迁和社会转型过程中，按这个概念理解，村镇聚落的社会变迁并没有一个所谓的时间开端和终点。但为了便于分析村镇聚落的“社会—空间”关系，同时也考虑到早期历史的空间重构对当代影响较小，笔者从封建社会中期展开论述。关于封建社会中期年代的界定，本书采用大多数学者的观点，即以唐代作为封建社会中期的开端。

关于历史的分段，在史学上并无明确定论，各学者依据自己的研究目标使用不同的尺度，得出不同的分类结果。我国古代封建社会直至当代历经上千年，由于本书研究的关注点在于社会转型与空间重构的互动过程，所以以显著的社会变迁或社会转型作为历史分段的“标点”。关于社会转型与社会变迁的历史，许多学者提出了自己的观点。

郑杭生认为，中国社会转型是从1840年的鸦片战争正式开始的，到目前为止，这一转型过程已经大致经历了三个阶段：1840～1949年为第一阶段；1949～1978年为第二阶段；1978年至今为第三阶段。①

温铁军对社会变迁的关注重点在于农民的地权，他认为，新中国成立前50年中历经了三种政权，发生了三次“土地革命战争”，新中国建立后50年尽管国内无战乱，但也仍然发生了三次以按社区人口平均分地为实质内容的改革。以地权制度变革作为历史分段标准，新中国三次农村土地制度变革分别为：1949～1952年的土改，1978～1984年的“大包干”，1997～1999年落实“30年不变”的延包政策。②

张琢在社会变迁的过程中重点关注现代化的过程，他认为在我国社会现代化过程的初期，经历了由器物层向制度层、向文化层依次推进的过程，并划分了两个

① 郑杭生．当代中国农村社会转型的实证研究．北京：中国人民大学出版社，1996．

② 温铁军．中国农村基本经济制度研究．北京：中国经济出版社，2000．

阶段：1840～1894年是我国现代化在器物层面上的推进，1895～1919年是我国早期现代化向制度层和文化层的推进。“鸦片战争到甲午战争（1840～1894年）之间的半个多世纪，可谓中国现代化的发轫阶段，现代产业首先在海、河口岸零星兴起。从认识上看，现代化主持者的认识基本上是在器物层上”。甲午战争失败后，激起维新变法，辛亥革命结束帝制，创立民国，直到“五四新文化运动”（1895～1919年），这个阶段标志着现代化已推进到了制度层与文化层。①

参考以上学者的观点，再结合本书的研究重点，笔者对中部地区村镇聚落空间重构历史标点的遴选主要考虑两个因素：①出现了大的社会变迁或社会转型的背景；②在社会变迁下出现了较明显的空间重构。这两个因素都是必要条件。在这一理念的基础上，本书将村镇聚落空间重构的历史分为五个阶段：①封建社会中期至晚期（唐代至清1840年鸦片战争）；②晚清至民国（1840年鸦片战争至1949年）；③新中国成立后至“文化大革命”结束（1949～1978年）；④农村经济体制改革的影响（1978～1984年）；⑤乡镇企业发展兴衰的影响（1984年至今）。

2.2 中部地区村镇聚落空间重构的历史分析

2.2.1 封建社会中期至晚期（唐代至清 1840 年鸦片战争）

我国封建社会长达数千年，一直保持了相对稳定的皇权治理的社会结构，既经历过饥荒战乱、政权更迭，也经历过太平盛世的高速发展，这一系列社会变迁对村镇聚落的空间重构产生了重要影响。本节将从“村”与“镇”两个层面来分析这一过程。

首先从宏观的人口变迁来看，唐后期由于战乱引起北方人口南迁，中部地区人口数量改变非常大。以长江中游区人口为例，唐代长江中游区人口占全国比重从唐初的8%增加到唐后期的28%。②唐宋时期我国封建社会经济重心南移，无论是城市还是乡镇聚落都有了大发展。原来所谓的“荒蛮”之地随着北方人口的移民与当地经济的开发，逐渐成为富饶繁荣之地。例如现在安徽徽州民居风格的形成就是这一过程的产物。徽州原本为古越人（亦称“山越”）的属地，在南北朝、唐末和五代时期，中原向徽州地区三次大规模移民。移民进入之后，徽州古越人的“干栏”建筑

① 张琢．九死一生：中国现代化的坎坷历程和中长期预测．北京：中国社会科学出版社，1992：124～181．

② 黄惠贤，李文澜．古代长江中游的经济开发．武汉：武汉出版社．1988：365．

同中原带来的传统院落相融合，形成了新的徽州民居。[①]

就村落而言，封建社会中的社会变迁对空间重构的主要影响体现为乡村社会组织方式的演变。在当前学术圈的主流观点中，人们一提及乡村聚落的组织方式，就联想到宗族的关键作用，学者温铁军将其定义为“皇权不下县”（中央的统治权力主要涉及县一级，县以下依靠宗族力量实施自治）。从我国中部地区的许多省份来看，如江西、安徽、湖南，至今仍然保留着强大的农村宗族力量，验证了这一观点。但是这只是明清以降的状况，明清之前的情况则有所不同。学者秦晖通过对出土的长沙走马楼吴简的分析，认为中部地区乡村在汉唐期间是非宗族化的乡村，他认为，“上至秦汉之际，下迄唐宋之间，今天所见的存世‘生活史料’涉及的几百个实际存在过的村庄，包括湖南（长沙一带）、湖北（江陵一带）、中原（洛阳一带）”，“全是非宗族化的乡村，其非宗族化的程度不仅高于清代农村，甚至高于当代乡间一般自然村落”。[②]

从封建社会中期向封建社会末期的发展历程中，中部地区乡村的社会组织方式由国家统治下的“编户齐民”演变为“血缘社群”，这种社会变迁大大增强了乡村宗族的力量，成为对村镇聚落建设的关键推动因素。宗族以血缘关系为纽带将人们联系在一起，祠堂是本族人祭祀和处理族中事务的场所，是宗法制度的物质体现。在宗族社会中，人们对住宅的不断修葺和更新，不仅是获得高质量生活环境的生理需要，更体现了炫耀门第的精神需求。

以江西流坑村、安徽宏村为例。江西省乐安县的流坑村基本属于董姓氏族聚落，由于历史上族人重视教育，许多子弟通过科举走上官宦之路，使整个家族繁荣兴旺，宗法制度不断强化。明代中叶，第二十二代族人董燧为举人出身，官居刑部郎中，退休后荣归故里，他仿照传统的里坊制度，规划了七横一纵的道路系统，使流坑保留下不同于一般村落的规整格局。在整个明清时期，村中建造了近百座祠堂，以及状元楼、五桂坊、魁元坊等三十余座纪念、旌表性建筑（参见图2.1、图2.2）。又如安徽黟县宏村，其建设的高潮是在明初永乐年间，由族长汪思齐、汪升平父子带领村民开凿百丈水圳，扩建了约1000平方米的月沼。此后150多年，汪氏大小族长16人集资、开凿南湖，奠定了今天山环水绕的宏村的格局（参见图2.3、图2.4）。[③]

---

① 单德启．干栏的时空轨迹．中日传统民居学术研讨会论文集．1992．

② 秦晖．传统中华帝国的乡村基层控制：汉唐间的乡村组织．中国乡村研究·第一辑．北京：商务印书馆，2003：21~26．

③ 单德启．中国传统民居图说——徽州篇．北京：清华大学出版社，1998：3．

图2.1　流坑村全貌

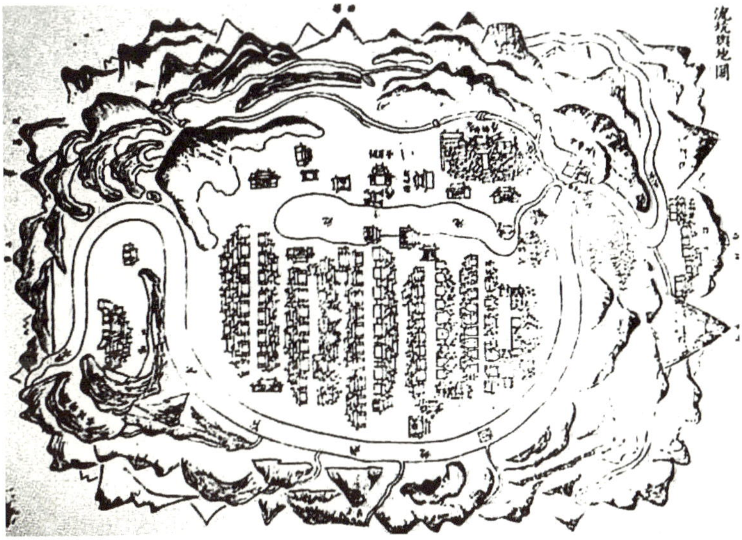

图2.2　流坑村平面

（图片来源：流坑保护规划资料汇编）

在村镇聚落中，“镇”也是随着社会变迁的过程逐步发展的。镇大都起源于农村中的集市和墟场，这些集市通常非常简陋，只是一些农产品和手工业品的交换场地。据史料记载，早在南北朝时期就有一种“草市”，其起源为城市城门之外供农民出售草料（燃料、饲料）等农产品的场所[①]。最初的草市并无围护的空间结构，只是一块供交易的固定场地。唐中叶之后，草市普遍发展，但没有得到官方正式认可，例如唐景龙元年（707年）的敕令规定，“诸非州县之所，不得置市”。[②]宋代以

① 顾朝林. 中国城镇体系——历史·现状·展望. 北京：商务印书馆,1992：63~64.

② 市. 唐会要. 卷86，景龙元年十一月敕.

图2.3　宏村全貌

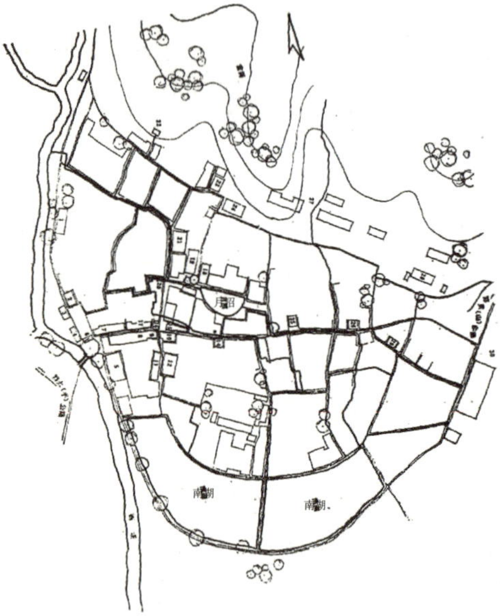

图2.4　宏村平面

（图片来源：单德启. 从传统民居到地区建筑. 北京：中国建材工业出版社，2004：51）

后，商品经济发展较快，草市得到了官方认可，一些草市发展成为商业集镇。实际上镇这种聚落形式很早就存在，但早期市镇的概念是不同的，“有商贾贸易者为市，设官防者谓之镇”。“市”强调市场，“镇”强调镇守。随着宋代的经济繁荣，镇的军事色彩逐渐淡化，许多镇最终与草市融为一体，形成了当代意义上的商业集镇。

到了封建社会晚期（明清），随着生产力的进一步提高，乡村中出现了小农经济与家庭手工业的结合，男耕女织逐渐成为乡村生活的一种理想范式（参见图2.5）。在一些区位较好的地区，一部分人脱离了农业生产，将传统的家庭手工业转化为纯商业的手工业，甚至出现了专业工厂，出现了资本主义商品经济的萌芽。在这一社会变迁背景下，工商业集镇发展迅速，例如江西出现了景德镇（瓷都）、吴城镇（转口要地）、樟树镇（药都）、河口镇（茶市）四个著名城镇；安徽徽州地区也出现了渔梁、屯溪等商业集镇。以江西浮梁县景德镇为例，明清时期的景德镇是隶属于浮梁县管制的，由于官窑的开办，景德镇成为瓷器之都，其繁荣程度远超浮梁县城。当时景德镇汇集了全国各地的大量商人，并出现了众多的商业组织和商业建筑，如会馆。两者相比，浮梁县城代表较多的政治意义，而景德镇带有浓厚的商业性质。

图2.5 男耕女织的乡村生活

（图片来源：费正清．伟大的中国革命．刘尊棋译．北京：世界知识出版社，2003：48）

综上所述，在封建社会中期到晚期，中部地区小城镇发展是伴随着商品经济发展的社会变迁而出现的，并呈现出“草市—集市—镇”的发展路径。这一空间重构的过程从本质上而言是社会变迁的产物。随着社会组织方式由“编户齐民”演变为“血缘社群”，社会变迁也对乡村聚落的空间重构过程产生了重要影响。

2.2.2 晚清至民国（1840年鸦片战争至1949年）

1840年，西方列强用大炮轰开了中国的大门，传统的“中央之国”的优越感荡然无存，传统的封建社会出现了经济殖民化的态势，许多学者认为这是中国社会转型的开端。在这种危亡的局面下，我国村镇聚落演绎了一场全新的社会转型与空间重构的互动过程。

1. 村落的社会转型与空间重构

晚清至民国期间，农村的土地兼并现象已经比较严重，地主通过赎买拥有越来越多的土地，许多农民失去土地沦为佃农，失去了立足之本。1917年，全国17处地方“租种农”即佃农在农民中的百分比为36%，到了1921～1924年间，全国37处这个比率就达到了60%，几年就提高了24个百分点。[①]当时农村总体形势非常严峻，有人曾描述道：“内地的省份，僻远的乡村，农民不但有田而不肯耕耘，或耕耘而不

① 张镜予．中国农民经济的困难和补救．东方杂志，26（9）：13．

敢收获，连房舍都卖掉……数十户的村落，或至人烟绝灭。数百户的农村，或只余十数”[①]。从20世纪30年代初开始，随着社会的进一步动荡，外国大工业化生产的廉价商品输入，农村脱胎于小农的商品经济开始衰落。费孝通先生在《江村五十年》一文中对此现象进行了论述：

> 中国农村近百年的历史是一部自然经济衰败的历史。从这个地区来说，经济衰败的起点就在于家庭手工业的没落。原先在国际市场上占着重要地位的中国生丝，自20年代开始由于技术的相形落后而日居劣势。一跌再跌的丝价和外来纺织品的大量输入，沉重打击了传统的蚕丝业，瓦解了农工相辅的家庭经济结构，作为农民收入重要来源之一的家庭手工业的破产，使原来生活上还能过得去的农民陷入穷困。饥饿迫使他们出卖唯一赖以生存的土地，完全跌入封建剥削的陷阱。土地权大量集中到地主手里，进一步加强了农村经济的崩溃。[②]

20世纪30年代的社会学家吴景超先生认为：“农村破产，在中国已成为有目共睹的事实。”[③]尽管民国的创立者孙中山先生提出了“平均地权”和“耕者有其田”的主张，但实际上这种理想很难具体实施。农民的破产、农村的衰败引起了社会的极大关注，一些忧国忧民的社会团体和有识之士希望改变这一困境，并通过行动付诸实施。这其中的努力主要分为两类：一种是共产党领导的具有革命性质的农民运动，另一种是具有改良性质的乡村建设运动。

当时农民运动的主要斗争对象是乡村宗法封建阶级（地主阶级），20世纪30年代在全国许多省份发展壮大，湖南曾是农民运动的中心。毛泽东在1927年考察湖南农民运动的调查报告中论述道：农民运动“推翻祠堂族长的族权和城隍土地菩萨的神权以至丈夫的男权”，“政权、族权、神权、夫权，代表了全部封建宗法的思想和制度”。“地主政权，是一切权力的基干。地主政权既被打翻，族权、神权、夫权便一概跟着动摇起来”。[④]

20世纪30年代的乡村建设运动倡导人物为梁漱溟、晏阳初、卢作孚、陶行知等人。梁漱溟认为中国自救之路在于建设新的基层社会组织构造，重点在于建立以

① 守愚. 复兴农村与农民负担. 独立评论，1933，66（9）：4～5.
② 费孝通. 江村五十年. 社会，1986，6：3～4.
③ 吴景超. 发展都市以救济农村. 大公报. 天津，1934-9-9.
④ 毛泽东. 湖南农民运动考察报告. 北京：人民出版社，1976.

中国传统文化为内核、融合西洋长处的伦理情谊组织。他认为中国是一个以农民为主的国家，只要农村建立了新的社会组织，中华民族的复兴就有希望。他主张不应在乡村办工业，而要从农业生产、农民消费等方面来刺激工业发展。梁漱溟1931年在山东邹平、菏泽进行了乡村建设试验，并建立了山东乡村建设研究院。[①]晏阳初等人认为推行乡村建设应从平民教育入手，他在河北定县建立了中华平民教育促进会，将定县作为平民教育的试验区。[②]而实业家卢作孚从经济建设入手，以乡村城市化为实施路径推行乡村建设，现在的重庆北碚区就是当年卢作孚的试验区。他让这个村在几十年间就由强盗出没、民生凋敝的落后农村转变为繁荣的具有“现代化缩影”的模范区，在国内外引起了较大反响，成为乡村建设运动的成功案例（参见图2.6）。[③]20世纪30年代的乡村建设运动，大部分是由来自乡村外部的知识分子推动的，他们认为农村落后的本质原因在于农民的愚昧无知，应通过乡村建设运动对他们进行启蒙教育，所以乡村建设运动主要是道德文化上的建设；由于当时国家财力有限，直接在物质空间建设上的投入不多。

乡村建设运动在20世纪30年代的中国是一个相当有影响力的社会事件，但由于其“改良主义”的政治倾向，在新中国成立后，这段历史被人为地忽略了。以今天

图2.6 昔日重庆北碚街景

1944年6月美国《Asia and Ameries's》杂志报道北碚是“平地涌现的现代化市镇”和“迄今为止中国城市规划最杰出的例子”（图片来源：http：//cyber.swnu.edu.cn/lzf/yanjiudongtai/xiangcunjianshemoshiyanjiu.htm）

① 樊康，高潮．梁漱溟与中国乡村建设运动．小城镇建设，2005，197（11）：35～37．

② 宋恩荣．晏阳初全集．北京：教育科学出版社，1989：19～56．

③ 刘重来．民国时期卢作孚乡村建设模式研究开题报告．卢作孚研究中心．资料引自互联网http://cyber.swnu.edu.cn/lzf/yanjiudongtai/xiangcunjianshemoshiyanjiu.htm．

的眼光来看，乡村建设运动有一定的历史积极意义。至今，还有很多有识之士在为这一事业奔波，例如，温铁军领导的晏阳初乡村建设学院继承了当年晏阳初在河北定县的未竟事业，努力探索适应当代社会的乡村建设，并吸引了港澳地区建筑师参与了空间营建的过程。他们在生态厨卫、生态住宅以及农业科技普及方面，均有很多优秀的探索。这些尝试对于我国的新农村建设也有很大的借鉴价值。

2. 小城镇的社会转型与空间重构

晚清至民国期间，随着西方势力的涌入，经济的殖民化态势显现，对小城镇原有的发展格局产生了巨大影响。随着一批沿海沿江城市的开埠，铁路的修建，国家交通格局发生了改变，中国宏观城镇体系发生了根本性变革。在这一背景下，大部分小城镇的区位资源禀赋发生变化，产生了广泛的空间重构。在中部地区，许多具有传统区位优势的小城镇出现了衰落，同时也出现了大批新兴的小城镇。

江西众多城镇在近代的兴衰就是一个明显的例子。在清后期广州独口通商的时代，江、浙、闽诸省与广东的交通联系主要依靠江西南部的大庾岭商道，这条商道是明清时期南北货物交流最频繁的商路之一，它是长江中下游与广东沿海地区进行商贸往来的水陆联运交通线①。五口通商之后，全国对外贸易中心由广州转向上海，并带动了长江流域沿岸城镇的发展。尤其是九江开埠和1916年南浔铁路（南昌至九江）的修建，使得大庾岭商道这条中国南北大通道的作用减弱，沿线小城镇开始衰落。江西过去的四大名镇中的“吴城镇”就是当年大庾岭商道陆路与水陆运输的转换码头，这个曾经在南方名气很大的城镇在近代不断衰败，人口锐减，建筑荒废，直至默默无闻的境地，此外，“药都”樟树镇和“茶市”河口镇也开始衰败。九江开埠与南浔铁路也促进了一批新的小城镇的出现，著名的庐山牯岭镇就是那个时代的产物。此外，铁路沿线的都昌县徐家埠发展迅速，成了取代吴城镇的商货集散地；湖口县的流泗桥镇由于距离九江较近，逐渐发展成为区域的商货集散地，甚至出现了外国传教士设立的天主教堂。②

从江西的案例可以看出，在近代，我国中部地区的传统封建社会在西方引入的现代化和殖民化的双重作用下，出现了剧烈的社会转型。在这一过程中，技术变革导致了交通方式的变革，市场重心和区位格局重新被调整，城镇体系结构发生根本性的改变。中部地区大部分小城镇也在这一宏观格局的扰动中发展或衰亡，呈现出

① 任放．明清长江中游市镇经济研究．武汉：武汉大学出版社，2003：117．

② 陈晓鸣．九江开埠与近代江西社会经济的变迁．史林，2004，4：88～93．

多元化的空间重构态势。

2.2.3 新中国成立后至“文化大革命”结束（1949～1978年）

1. 村落的社会转型与空间重构

新中国成立后，国家不断对农村的土地政策进行变革。1950年，颁布了《土地改革法》，土地改革开始实施，其基本内容是没收地主阶级的土地，分配给无地少地的农民，实际上是一场均贫富运动。土改完成后，又进行了农业合作化运动，该运动经历了“互助组—初级社—高级社”的发展阶段，到1956年底，基本上实现了完全的社会主义改造，完成了由农民个体所有制到社会主义集体所有制的转变。①

对于我国农村，新中国建国初期的土改和合作化是这个农业大国长达几千年的历史上从未有过的深刻变革。从古代“均田制”的理想，到太平天国的天朝田亩制度，再到孙中山“平均地权”的思想，这一社会理想终于有了实践的机会。总体而言，建国初期的土改和合作化对社会产生的最大影响就是平均主义思想的盛行。个人财产的差异被等同于私心私利的观念，集体化、大锅饭是当时最时髦、最前卫的思想。这种观念的改变对农村社会各方面都产生了巨大影响，空间构建也不例外。这种社会转型导致的空间重构在乡村公共设施和住宅两个方面都有明显的体现。

我国传统乡土社会的特点是重家庭、轻社会；重视小团体利益，轻视公共利益；按民间的话来说是“各家自扫门前雪，哪管他人瓦上霜”；费孝通将这种现象解释为乡村“差序格局”的社会结构。这一现象在乡村空间特征上体现为我国传统乡村公共空间公共设施的不发达。与之相比，西方国家的村镇则更加重视广场等公共空间的建设。新中国成立之后，农村集体化运动把矛头直指我国乡土社会的这一传统习惯，要求农民提高“思想觉悟”，断绝“私心”。到1958年，在“大跃进”的催化下，农村合作化运动走向极端，演变为人民公社运动，目的是迅速进入共产主义，做到彻底的“一大二公”②（参见图2.7）。“生活集体化”、“家务劳动社会化”是当时流行的一个口号，学校、托儿所、集体食堂都在农村普遍建立起来，祠堂也被充公改作办公楼或学校。当时一篇文章描绘了湖北省罗田县一个人民公社的场景：

> 早在1958年大跃进的开始，农村中就感到劳动力不足，生产的发展要求妇女们从家务劳动中解放出来，特别是大办钢铁与抢收抢种的时候，越来越多的妇

① 费正清．伟大的中国革命．刘尊棋译．北京：世界知识出版社，2003：335．

② 罗平汉．农村人民公社的兴起．文史精华，2002，148（9）：35～44．

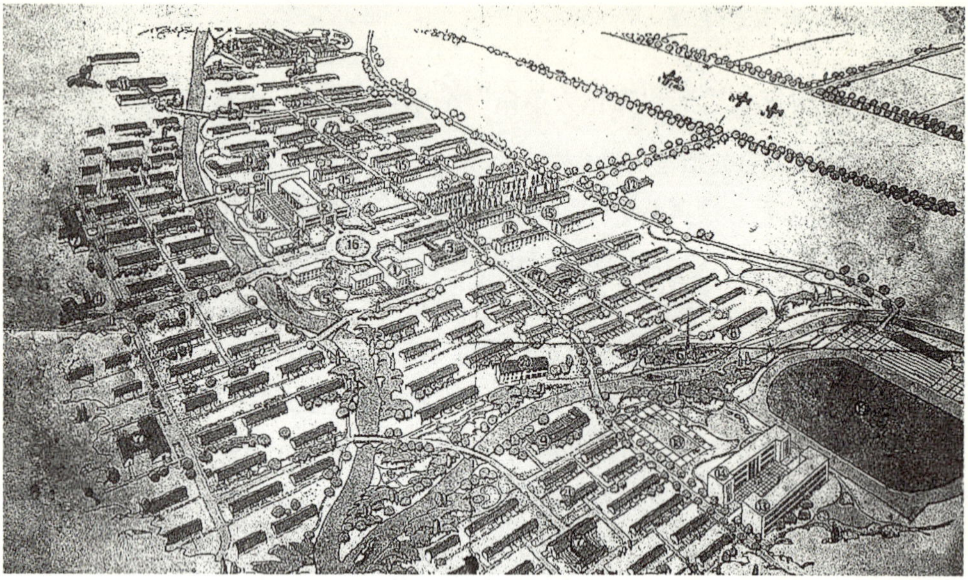

图2.7 人民公社的理想规划图景

（图片来源：张乐天．人民公社备忘录．华夏人文地理，2002，1：42）

女投入生产，农忙托儿所和田间公共食堂开始兴办起来，当时虽然带有点临时性质，但实践证明了这些组织，对生产起着巨大的促进作用。因此，随着人民公社的建立，便出现了一个以公共食堂为中心的兴办福利事业的高潮。从1959年9月至10月一个月中，全公社兴办了公共食堂274个，幼儿园19个，托儿组 223个，敬老院10个，此外每个大队都附设有卫生院、保健室、洗澡堂和理发室等。这是广大社员生活上、文化上重大的变革，它进一步使农村改变了面貌。①

人民公社运动时期，乡村公共设施的建设不仅仅是为了满足生活的需要，而且带有强烈的平均主义思想的政治意图。尤其是农民拆除自家的灶台到集体食堂吃饭这一极端现象，正体现了人民公社制度下"私有"空间（家庭餐厨空间）向"公共"空间（集体食堂）的转变，这也是当时社会转型与空间重构互动的一个典型缩影。

在农村住宅建设方面，平均主义思想也有很大的影响。新中国成立前，住宅不

① 武大历史系罗田城关人民公社史编写小组．湖北省罗田城关人民公社史节录——共产主义是天堂，人民公社架桥梁．武汉大学学报（人文科学版），1959，4：76.

仅具有物质空间的实用意义，而且是一种个人财富的象征，并带有光宗耀祖的炫耀意味。在中部地区的一些省份如江西、安徽、湖南的旧村落中，我们可以看到太多这样的景象：有钱的乡绅无不极力在建筑的规模、建筑构件的精巧上下功夫，体现出他的高人一等；乡村中各宗族暗暗较劲，都希望本族的祠堂修建得比外族更加宏伟和壮观。纵观这些现象，从个人的攀比到宗族的攀比，乡村空间上的不平等是社会中个人或团体地位竞争的物化体现。穷苦农民并不是不想参与这种竞争，而是他根本没有经济资本参与。而新中国成立后的土地集体化之后，“劳动人民当家做主”，在村庄内部的平均化分配体制下，村民的生活不存在较大的贫富差距，消费能力也大致相当。在当时政治运动的背景下，农民对于建房式样和规模的选择也持有一种平均主义心态，体现为“不冒尖、不落伍”，如果有人想通过住房炫耀自己的财富，将要冒一定的政治风险。这导致了20世纪50～70年代村落住宅风格、结构形式。甚至平面布局的相似性，村里特别“扎眼”的豪华住宅与特别“破旧”的住宅较少，村落整体空间形态呈现出“匀质化”的倾向。如果我们将当时的这种村落空间景象同新中国成立前和改革开放后的村落作历史纵向比较，可以看出明显的空间重构趋势：新中国成立前农村的贫富差距很大，地主的深宅大院与穷苦农民的破屋并存，空间体现出明显的“异质化”态势；新中国成立后至“文革”结束期间，村落内部空间差异是最小的（参见图2.8）；当改革开放后，国家允许一部分“先富起来”，一些人经商跑运输，农民的收入开始分化，导致村落空间形态再次体现出“异质化”的趋势。

图2.8　江西建于20世纪60年代的移民村，体现出匀质化的空间形态

2. 小城镇的社会转型与空间重构

在新中国成立后至“文革”结束的几十年间，农业合作化运动与国家计划经济体制的建立对小城镇的发展造成了致命的损害。首先，计划经济的出现改变了原有的按照市场运作的资源配置方式，而国家为了推动工业化，利用剪刀差将资源投入到城市建设中去，相对削弱了村镇的发展空间；其次，由于农村的商业营销体系转变为计划经济下的供销体系，再加上政治因素（如人民公社运动提出的“割资本主义尾巴”的口号），使人们对从事商贸业产生很大的畏惧心理。小城镇作为“市镇”，原本就是依靠商贸业发展起来的，而1950年之后的社会变迁使小城镇丧失了农村地区商品服务中心的地位。这一打击对小城镇是致命的，全国很多小城镇包括中部地区的大多数小城镇都衰落了，在“文革”末期，许多小城镇规模萎缩甚至不如新中国成立前的规模。据人口普查资料分析，1982年我国中部地区小城镇的数量和市镇人口比重仅为1953年的一半左右（参见表2.1）。小城镇是城乡经济联系的纽带，在国民经济中具有重要的承上启下的地位，而在整个20世纪六七十年代，小城镇的这一“纽带”作用完全被计划经济体制所屏蔽了，小城镇通常只是作为行政机构所在地，丧失了最重要的经济职能。在当时那种社会背景下，小城镇的整体衰败是一个无法避免的结局。

我国中部地区部分省份小城镇发展对照　　表2.1

省区	1953年		1982年	
	小城镇数	市镇人口比	小城镇数	市镇人口比
山西	112	1.439	48	4.000
河南	336	0.905	112	2.003
安徽	262	0.667	118	2.226
江西	202	0.724	106	1.941
湖南	358	1.000	186	1.857

资料来源：顾朝林. 中国城镇体系——历史·现状·展望. 北京：商务印书馆：1992：194～195.

2.2.4 农村经济体制改革的影响（1978年至今）

20世纪80年代初，“文化大革命”结束后不久，农村以生产队为基础的体制被农户家庭联产承包责任制所取代。这一制度变迁具有划时代的意义，从那以后，农村的土地使用权不再被集体统一使用，它被分配到各个农户，农户成了基本的生产和核算单位。经过这一制度改革，农民的生产积极性高涨，农业产量、生活水平也大幅提高。农民赚钱之后纷纷修建新房，在我国中部地区农村，80年代之后普遍掀起了建房潮，原有的农宅大多由一层变为两层，结构由砖木结构转变为砖混结构。

改革开放后，农民与外界的联系也更加普遍，交通条件的改善更加速了这一过程。同过去相比，越来越多的人到城镇中去旅游、购物，越来越多的人在外打工，走南闯北，他们的眼界比父辈开阔了很多，在对待外来文化方面也不像他们的父辈那样保守，对于村落中遗留下的文化传统也不再像父辈那样迷恋。无论在美学观念还是在生活习俗方面，他们受到了城市文化的影响，而这种城市文化实际上也是西方文化的舶来品，所以说，农民的观念变迁实际上来源于改革开放后全球化进程对农村的渗透，这一变化趋势对乡村来说产生了正反两方面的影响。乡村传统文化习俗本身就是一个矛盾的复合体，它既有落后的一方面，如不良的卫生习惯，也有其优秀的一面，如亲切的人文氛围和传统聚落的文化魅力。总体而言，当代农村中的年轻人与外面世界的接触毕竟很有限，他们受到的有限的教育也无法使他们立于一个较高的观念平台上来看待传统与现代、时尚与经典的问题。他们并没有意识到，通常所见的花花绿绿的中国城市并不是人居环境的最佳范式。他们往往通过有限的观感，便得出结论：现代化就是传统文化的对立面，要过上幸福生活，必须要抛弃传统。实际上，“越是民族的，越是世界的”。乡民们刚刚脱离温饱，没有心思也没有条件关心这一问题，他们中的大多数人在接受外来文化的过程中抱有追逐时髦的心态，在泼洗脚水的同时把孩子也倒掉了。于是，自从改革开放之后，传统民居消失的速度大大加快，传统聚落遭到了灭顶之灾。

总体来说，外来文化对乡村文化的入侵带来了很多负面的效应。在村镇传统聚落的历史文化保护方面，这一影响更为明显。以我国中部地区为例，虽然新中国成立后传统聚落中的住宅也经历了几代的更新，但是在“文革”前这一段时间内，很多村落还基本保持了原有的传统风貌，虽然住宅结构变了、建筑材料变了、生活方式变了，但大家都有意识或无意识地维护这一传统聚落的特征，因为美学观念和空间营建理念并没有变。许多农民通过自己对传统建筑文化的领悟，自发地创造他心目中理想的“现代化的民居”。从原徽州地区黟县的许多农民自建房中，可以看到他们的这种创造（参见图2.9）。改革开放后，外来文化逐渐渗透到农村，许多农民在新建住房时已不愿采用传统的外观，他们迫不及待与城市保持“流行趋势”的同步，“欧陆风”住宅在中部地区的许多农村中像毒瘤一样出现，并迅速“传染”其他的农宅，导致这一风潮在农村中迅速扩散（参见图2.10）。这已不是个别地区的现象，而是成了我国农村在改革开放后空间重构的普遍态势。在中部地区，如果以80

图2.9　安徽村民自建的“现代化”民居

图2.10　改革开放后农村中盛行的“欧陆风”

年代初的改革开放作为一个分界点，改革开放后20年拆毁的传统民居比改革开放前30年要多得多。

改革开放后农村的另一个转变就是农民群体的职业分化。以往说某人是农村户口，就意味着他的一生与农作捆绑在一起；但现在完全不是这种情况了，许多农民在外经商、跑运输，从事第三产业，还有许多人在乡镇企业中做工或担任领导职务，农民不再是过去的铁板一块了。这一变化带来的最直接的影响就是农民的经济收入与观念意识发生了分化。前文已论述，在新中国成立后至“文革”结束这段时间中，村落空间形态呈现出“匀质化”趋势；而改革开放后，村里豪宅再次出现，与普通的民房又形成了鲜明的对比，村落空间形态又重新体现出“异质化”趋势（参见图2.11）。

农村经济体制改革后，虽然从表象上看，农民在自己土地上耕耘，与土地的联系更紧密了；但从深层次上看，农民从集体劳动的束缚中解放出来，村民可以根据自己的意愿安排自己的劳作时间和劳作方式，不再像合作化时期那样按时上班，从事集体所指派的工作。这就意味着改革反而导致了土地对农民束缚的弱化。同时，由于改革措施刺激了农民的劳动积极性，劳动生产率提高，农村出现了大批剩余劳动力。这些失去土地束缚的大批剩余劳动力必须寻找出路，如果他们全部向城市流转，将导致城市扩容的巨大压力。他们只有两条路可走，一条是进入城市打工，另外一条是进入小城镇从事二、三产业。在这种背景下，直至20世纪90年代末，许多区位条件较好的小城镇得到了长足发展。但是它们的发展依靠农村内部的资源，国

图2.11 安徽当代某村体现出异质化的空间形态

家并没有给予特别的政策关照，也没有给予足够的重视。90年代后，随着进入大城市的农民工数量的不断增多，社会矛盾逐渐突出，国家希望通过小城镇吸纳农村剩余劳动力，于是小城镇建设被提上国家的重要议事日程。1994年建设部、国家计委等六部委联合下发了《关于加快小城镇建设的若干意见》；1998年党的十五届三中全会在《中共中央关于农业和农村工作若干重大问题的决定》中提出“小城镇，大战略”的口号。在国家政策的鼓励和农民剩余劳动力的就业压力的双重机制推动下，也就是自上而下和自下而上两种影响因素的双重影响下，小城镇获得了强劲的发展动力，大量小城镇在农村中迅速成长起来，真正成为城乡联系的“纽带”，起到了城乡资金、信息、技术流的桥梁作用。

2.2.5 乡镇企业发展兴衰的影响（1984年至今）

在村镇聚落空间重构的过程中，乡镇企业所产生的巨大影响是不容忽视的。乡镇企业最初源自于农村合作化过程中的社队企业，早期的乡镇企业生产的商品主要服务于当地，市场意味较淡。改革开放后，乡镇企业面临了一个良好的发展机遇，1983年的中央1号文件和1984年的中央1号、4号文件，均提出要大规模发展农村商品经济。1983年全国撤社（人民公社）建乡后，各地乡镇政府不仅接收了原来的社办企业，而且在新的财政体制下鼓励乡镇企业的发展，借此扩大乡镇的财政收入。在这一背景下，农村工业化浪潮由少数发达地区扩展到全国大多数地区。

乡镇企业的发展吸纳了农村的大量剩余劳动力，“离土不离乡、进厂不进城”，构成了“乡村就地城镇化”的中国特色，这显然不同于国外农村人口向城市集中的城市化模式。乡镇企业吸纳农村就业人口最快的时期在1983年至1988年，这5年转移的数量占到1978至1996年转移数量的60%。[①]乡镇企业的发展直接惠及乡村与小城镇的发展。在乡镇企业发达的东部地区如苏南一带，大量的乡镇企业增加了地方的财政收入，对当地的小城镇建设有很强的经济支撑作用；此外，在乡镇企业集聚较密集的区域，工业区的发展带动了人气的凝聚，人口的增加必将导致相关服务业的兴盛，促进第三产业的发展，增强小城镇的集聚效应。

在乡镇企业发展过程中，低成本的村集体土地资源和廉价的剩余劳动力是其发展的最核心因素。而在城市中，这两个条件都不具备，所以说，乡镇企业是深深植根于农村这块土壤而发展起来的，这一特点被社会学家称之为乡镇企业的“草根性”。而这一特性对城镇化的影响，在我国中部地区不同乡村中有较大的差异，呈现出两种倾向。

第一类倾向就是我国乡镇企业在农村的分散布局，形象地说就是“村村点火、户户冒烟”，构成一种特殊的乡村地景。在我国中部地区，这一景象也随处可见（参见图2.12）。许多乡镇企业都是资源型工业企业，或是技术含量低污染严重的小化工企业，它们在农村的分散布局导致了农村污染范围的扩大，也丧失了企业集聚的规模效益。当前主流学界和媒体对这一现象呈批判态度，但也有学者认为这种模

图2.12　中部地区“村村点火、户户冒烟”的乡村地景

① 裴小林．集体土地所有制对中国经济转轨和农村工业化的贡献．中国乡村研究·第一辑．北京：商务印书馆，2003：225．

式也具有一定的积极意义，它毕竟避免了我国农村剩余劳动力在农村的大量滞留，通过就地转移，加速了劳动力结构由农业向工业的变迁，缩小了城乡差距。

第二类倾向就是乡镇企业向镇区工业园区的集聚，这种状况类似于东部发达地区。这类小城镇多半具有鲜明的“一镇一品”的产业特色，由于内部繁育了大量的乡镇企业，相互之间竞争激烈，提高了其市场生存能力；而区域整体上高度的产业相似度和关联度增大了它们在区域外的知名度，形成了“块状经济”的产业集群。这种乡镇企业空间集聚的分布态势对小城镇发展的促进作用非常明显。这类小城镇因产业而勃兴，在一定区域内或全国范围内都具有相当高的知名度，镇区建设水平和城镇化率也保持较高水平。

20世纪90年代中期以来，随着国家宏观经济状况和政策背景的变化，乡镇企业原有的许多发展优惠政策丧失，竞争压力加大，全国许多乡镇企业经营状况陷入了困境。究其原因，许多乡镇企业在发展之初依靠国家税收的优惠政策来扶持，随着市场经济体制的完善，许多往昔的优惠政策不复存在，再加上市场竞争的加剧，进一步压缩了乡镇企业的生存空间。

在中部地区，乡镇企业面临的形势更为严峻，一方面，大量企业效益滑坡，甚至面临倒闭的境地；另一方面，新乡镇企业出现的势头减缓。这两种局面都导致乡镇企业吸纳农村剩余劳动力的能力减弱。学者于立通过统计数据分析得出，乡镇企业对劳动就业的吸纳能力呈现出明显的边际递减的规律，1992年后，这种边际递减的规律更加明显。从1978～1986年，中国乡镇企业发展带有“高资本投入与高劳动投入并存”的粗放经营特征，1987年以后，乡镇企业的集约化经营程度和生产技术水平有了很大提高，企业发展对劳动力的需求减缓。[①]《2005中国就业报告》描述了中部地区乡镇企业发展的困境：

以湖北为例，1996年湖北省上报的乡镇企业有159.79万个，从业人员747.87万人，到2003年已减少到101.24万个企业和663.16万人，同比减少37%和11%。乡镇企业作为吸纳农村剩余劳动力的“蓄水池”，在20世纪90年代中期以前是湖北省农村劳动力转移的主渠道，1996年以后乡镇企业发展方式开始由劳动密集型向资金密集型转变，对农村劳动力吸纳作用急剧下降，农村劳动力转移开始由前期的就地转移为主演变为外出转移为主。据统计，1996年至2000年，

① 于立，姜春海. 中国乡镇企业吸纳劳动就业的实证分析. 管理世界，2003，3：80～81.

外出转移比重占同期农村劳动力转移总量75%以上。[①]

总体而言，乡镇企业是我国20世纪80年代农村社会转型的特定产物，它的出现与发展壮大对村镇聚落的空间重构产生了巨大影响，从根本上改变了我国乡村建设投入不足的问题，使村镇聚落的空间重构获得了原生性的强大动力。乡镇企业的发展还改变了我国以往计划经济体制下空间生产力布局偏向于城市的局面，缓解了城乡差距，对我国的乡村建设作出了很大的贡献。但是，"成也萧何、败也萧何"，90年代中期以后中部地区乡镇企业的发展势头减缓，导致乡村城镇化缺乏持续的经济支撑，小城镇发展后劲不足。这一现象已在中部地区的村镇聚落中体现出来：农村剩余劳动力大量流向东部沿海发达地区，使小城镇镇区的集聚效应减弱；许多乡镇政府的财政非常紧张，行政管理举步维艰，更别提大规模的城镇建设，为了摆脱困境，只有圈地卖钱，导致空间重构过程的消极化。

① 游钧．2005中国就业报告．北京：中国劳动社会保障出版社，2005．

第3章　中部地区村镇聚落空间重构与社会转型的宏观图景

3.1　村镇聚落社会转型的背景

3.1.1　产业结构调整：从单一农业经济到三产并举

中部地区六省（安徽、江西、湖南、湖北、山西、河南）除了山西省为资源大省外，其他五省都是农业大省，是我国传统的粮仓。这些地区过去属于我国汉文化圈的中心腹地，在我国农业立国传统的影响下，其农业技术和农业文化在古代就发展到了较高的水平。史料表明，明清以来，中部地区的几个产粮大省每年都向北方输送粮食，支撑着国家的稳定，古代民谚“湖广熟，天下足”[①]就是这一现象的生动写照。中部地区至今还是我国的粮食主产地，承担着重要的商品粮供应任务。

自从鸦片战争之后，中国经济受到的西方外来影响日益加深，现代化与殖民化的倾向在古老的土地上显现，传统的小农经济开始向多元化产业结构演变。但总体而言，清末至新中国成立前夕，中国的工业化进程并不成功，除了几个特大城市之外，现代工业在中部的广大地区基本上处于空白状态。到新中国成立初期，在我国中部地区经济格局中，农业仍占国民经济的主导地位，第二产业所占比重很小，第三产业基本上由传统行业构成。1952年，三产的比例关系为64.3：15.7：20，工业经济规模小，国家整体上没有形成完整的工业体系。从1953年开始，国家进入优先发展重工业阶段，第二产业以比第一产业和第三产业快得多的速度发展。1978年，中部地区第二产业所占比重由原来的最小变为最大，三产比例成为39.2：42.4：18.4，已进入二、一、三的新层次。改革开放之后，随着市场经济体制的确立，中部地区产业格局进一步演化，2001年统计数据显示，三产比例为19.4：44.6：35.7，[②]农业在经济格局中所占的分量进一步减弱，而工业经济所占分

---

① “湖广”指的是明朝的“湖广”行中书省，在地域上属于今天的湖南、湖北地区。

② 李焯章，郭帆，李磊. 发挥产业政策导向作用推动中部地区产业结构布局调整. 经济问题探索，2004，11：12~13.

量同1978年相比大致保持平衡，第三产业获得了长足发展（参见表3.1）。

中部地区几个历史时期三产所占比重 表3.1

	第一产业	第二产业	第三产业
新中国成立初期	64.3%	15.7%	20.0%
1978年	39.2%	42.4%	18.4%
2001年	19.4%	44.9%	35.7%

资料来源：李焯章，郭帆，李磊．发挥产业政策导向作用推动中部地区产业结构布局调整．经济问题探索，2004，11：12~13.

纵观中部地区近50年的产业发展状况，简言之就是原本以农业经济为主导的产业格局演变成一、二、三产并举的态势。但同东部发达地区相比，农业产业的比重过高，且农业尚未形成产业化，劳作方式和技术引用还保留了很多小农经济时代的特征。在工业方面，中部地区的工业主要集中在纺织业、食品工业、饮料工业、化学工业、黑色及有色金属工业和机械工业等，技术含量低，多为传统工业。中部地区的第三产业同东部发达地区相比差距更为明显，东部发达地区在20世纪80年代，其第三产业在国民经济中的比重已经占据主导地位，而中部地区在2001年第三产业仅占GDP的三分之一。尽管中部地区的产业状况滞后于东部发达地区，但随着近年东部地区的快速发展，原有东部地区的土地资源、劳动力资源的成本逐年提高，使得东部地区的劳动力密集型产业和能源原材料指向型工业效益降低，并导致该类型企业向内地的迁移，而中部地区无论从资源成本、文化认同度来说都是东部地区企业迁移的首选之地，从而面临着良好的发展前景。近年来安徽、江西等地工业经济的高速发展正是沿海地区工业转移的结果。

就宏观格局而言，农业经济主要依附于农村，二、三产业的发展主要集中于城镇，中部地区大部分的小城镇发展就是依托于二、三产业的发展而起步的。同时，小城镇工业经济的壮大也可以为农村的发展提供更多资金、技术的支撑，实现以工补农，加速农业产业化和农村现代化的进程。

3.1.2 社会形态演变：从传统小农社会到现代社会

我国农村虽然经历了一个多世纪的现代化变革，但还依然保持了传统小农社会的某些特性。由于中部地区主要都是农业大省，农业人口众多，对外界的信息与技术接纳相对薄弱，所以中部地区农村的现代化进程同东部发达地区农村比较相对滞后，在某些方面，如宗族意识、血缘聚居等方面还保持了很浓厚的传统小农社会的特征。必须指出，我们不能脱离历史条件和发展阶段对小农社会进行价值取向，它在历史上确实有其积极意义。所以，本书只关注于演变的过程，但不认同“小农社会是低等的，而现代社会是高等的”之价值判断。

总体而言，我国农村社会形态由传统小农社会向现代社会的演进过程是一个相当长的历史过程，没有明确的起点和终点。因为，现代化并不是一个固定的发展目标，普林斯顿大学国际研究中心把现代化看作是一个在科学和技术革命影响下，社会已经或正在发生着变化的过程，包括在政治结构、经济结构和增长、社会一体化等多层次上的转变。[①]现代化并非等同于“工业化”或“西方化”，它在很大程度上体现了文化观念、意识形态等软件的变迁，而非硬件的简单升级。关于我国传统小农社会已有很多经典的论述，如费孝通在《乡土中国》里的部分研究，他认为中国传统的小农社会是礼俗社会，而西方国家的现代社会是法理社会。礼俗社会是一种并没有具体目的，只是因为在一起生长而发生的社会；而法理社会是一种为了要完成一件任务而结合的社会。[②]在古代的小农社会中，农民的生活被捆绑在土地上，血缘聚居又保持了村落的凝聚力，农民土地拥有量和劳作半径的局限使村庄很难发展到城市般巨大的规模。在这片土地上，农民保持着较为孤立的社会圈，他们对外面的世界缺乏了解，也缺乏了解的动力。因为这片土地已能基本满足他们大部分的需求，他们父辈传下来的知识经验也基本能够使他们沿着传统的路子继续生存下去。这就是典型的小农社会。

在我国中部地区的当代农村，早已不存在如此“地道”的小农社会，现代化的影响在农村生产、生活的很多方面体现出来，正取代或部分取代传统小农社会所遗留下来的社会特征。例如宗族对村庄治理的影响已大为削弱；村庄中的权势人物也不再是族长这类人物；农民对于土地的依赖性也开始削弱，很多村中的“能人”早已放弃农业生产迁至镇上从事二、三产业。这些现象都是农民现代性增强和农村现代化的反映，但同城市相比，确实还有很大的差距。所以，中部地区村镇的社会形态都处于小农社会和现代社会这两种理想模式的中间点上，至于具体是偏向小农性多些、还是偏向现代性多些，并没有统一的答案。这些村落不管发展程度如何，都无法回避小农特性和现代性的双重影响。有鉴于此，在分析村镇聚落的空间重构时，应将其置于这一特殊的社会背景下来考察。

① 吉尔伯特·罗兹曼. 中国的现代化. 上海：上海人民出版社，1989：3～4.

② 费孝通. 乡土中国. 北京：三联书店，1985.

3.1.3 经济体制改革：从计划经济到市场经济

20世纪80年代初，我国以家庭联产承包责任制为代表的农村经济体制改革开始实行。改革将土地的经营权和所有权分开，使农户成为市场的主体。这一举措极大地调动了农民的生产积极性，使农业整体发展水平产生了较大的飞跃。在家庭联产承包责任制推行之后，我国又对农产品价格体系和流通体制进行了改革，使市场逐渐成为资源配置的主要方式。推出这项举措是因为原有的计划经济体制对农产品的流通管制过于僵化，垄断性的购销体制使得农产品价格不能随市场变化而调节。

改革推行之后，农民得到了充分的生产经营自主权，农村商品经济发展迅猛，农民的收入大幅提高。此外，农村集市贸易恢复很快，商贸业的繁荣加速了小城镇的发展。为了适应市场变化的需要，许多中部地区的农村开始实施农业产业化经营。农业产业化最早源自于东部发达地区，在成熟之后推广到中西部地区，很多学者认为，这是我国传统农业与国际接轨的重要途径之一。农业产业化打破了传统的小农生产体制，仿造现代企业的生产方式组织农产品的生产和销售，依据市场行情来确定生产方式和生产数量，从而在整体上推进我国农业市场化、专业化的进程。

随着农村产业结构的多元化，农民的市场意识也不断增强，他们不仅对农作物的种植效益进行比较，依据市场状况决定种植何种农作物，而且还关注到农业与非农产业的比较利益上。对于农民来说，如果农业比较利益过低，只要有合适的机会，他们更愿意将劳动力投入到非农产业中去。这一过程有两种体现方式，第一种就是农业劳动力向乡镇企业的转移。这种低成本的劳动力供给曾经对乡镇企业初期的发展起到很大的推动作用，这种方式也是农村由计划经济体制向市场经济体制演变而导致的最普遍的一种现象。在东部发达地区，甚至出现了劳动力外出打工，土地被抛荒的现象；在中部地区，虽然情况没那么严重，但也出现了将土地租给他人耕种的现象。

农民把资源投向非农产业的第二种方式则比较“另类”，这里的非农产业不是传统的工商业而是“地产”。这种现象往往出现在城郊的农村，在那里，种田比较效益的低下同城市中高标准物质生活的反差特别强烈，农民早已失去了种田的兴趣，他们利用农村集体土地大量建房，甚至达到见缝插针的地步，以便将来城市扩张时获取高额的土地征用款（参见图3.1）。在中部地区，这种现象并不罕见，武汉晚报就披露了一个案例：“现在，近郊农村有一怪——不种粮食不种菜，种什么呢？专种房子。我就认识这样一个村民，建了五栋房子，面积达到一万多平方米，这么多房子他并不是自己住，而是专等政府来拆迁和出租，光拆迁补偿费就可获利千万元。”[①]这种状况是农村市场经济体制转型下农村空间重构的一种异化现象，如果深究下去，可以发现这一现象的背后反映了农民市场观念的增强：他们的观念不再是传统的“从土里刨食”，对于农民来说，他们只是利用制度的缺陷来获取自己的利益，他们更关心个人利益的最大化而不是土地的使用方式。所以说，由计划经济转向市场经济的经济体制改革对农村社会的影响是多方面的，这一过程的结果好坏兼有，必须慎重对待。

图3.1　某城郊农村的三角房

（图片来源：胡伟鸣摄. 武汉晚报，2004-11-6）

步入21世纪，农村经济体制改革又呈现出新的内容，在原有改革的基础上进一步深化。如2004年中央一号文件提出，年内要推进四项农村改革，即农村税费改革、粮食流通体制改革、土地征用制度改革、农村金融体制改革。纵观20多年的农村经济体制改革，改革的基本方向是由计划经济体制演变为市场经济体制，突出了农村经济市场化的宏观走向。

3.1.4　农村剩余劳动力的迁移

我国人口众多，人均耕地面积仅为1.5亩左右，大大低于国际平均水平。这种几亿人从土里刨食的现状，成为我国农村与农业发展的最大障碍。目前学界基本上形成了统一共识，要使农民致富，最有效的手段是减少农民，也就是加速农业剩余劳动力向城镇的转移，减少农业人口。

2005年的数据显示，我国已有1.5亿农村剩余劳动力。[②]农民外出打工是剩余劳动力向城镇迁移的重要方式之一，这种方式的最大特点就是农民向城镇迁移的临时性，他们像候鸟般季节性往返于城乡之间。近几年，农村地区出外打工的人数有逐年上升的趋势，原来是以青年人为主，现在却形成了中、青、少三代相结合的局面。

① 夏琼，金文兵，刘伟，黄峰. 武汉市长怒斥城中村滥盖私房骗取拆迁补偿现象. 武汉晚报，2004-11-6.

② 十一五规划主题系列论坛：农村的出路不在农村. 21世纪经济报道，2005-10-15.

图3.2 两位由太原来杭州打工的民工怀抱孩子走出杭州火车站

（图片来源：谭进摄．引自互联网http：//cul.sina.com.cn/t/2005-02-17/111233.html）

我国中部地区大都是传统的农业大省，农业人口多，农村剩余劳动力的总量也相当大。由于中部地区的乡镇企业发展滞后，对农村剩余劳动力的吸纳能力相当有限，无法实现诸如东部苏南地区的农村剩余劳动力的就地转移，所以中部地区的村民只能往外跑。在迁移目的地选择方面，农民工是选择小城镇还是大城市呢？从现状来看，中部地区的小城镇虽然有了很大发展，但其镇区的二、三产业还不完善，大都没有形成规模效益，对农业剩余劳动力吸引力有限。据国家统计局农调总队调查，2003年我国有1.139亿农村劳动力外出务工，其中60%的人向地级以上大中城市流动。[①]中部地区几个主要省份如湖南、江西、安徽、河南都是农民工输出大省，农村剩余劳动力迁移的数量很大（参见图3.2）。根据铁路部门的资料，近几年春运高峰时期农民工客流80%以上集中在江西、安徽、湖南、湖北、四川、重庆、河南等省、直辖市。例如安徽阜阳站，现为全国五大民工源头之一。10多年前这里只是皖北青阜线上一个二等站，年发送旅客151万人次；而现在，它已成为连接青阜、商阜、阜淮、阜九、漯阜五条铁路的一等客运枢纽，民工占到了每年客流量的90%以上。[②]

在北京等一些大城市的城乡接合部中，外来流动人口大量聚集，甚至形成了“安徽村”、“湖南村”等外来人员的聚居点。城市中农民工的生存方式迥异于城里人，他们做着城市居民不愿承担的工作，拿着比城里人低得多的薪水，忍受着嘲讽和歧视，他们似乎已经成为城市中的独特“阶层”。所以说，大部分到城里打工的农民工并没有真正融入大城市，这种农村剩余劳动力向大城市的迁移是很不彻底的，他们的收入水平虽然比在农村种田要高，但同城市居民的标准相比还很低。农民工的收入水平无力承担住房、子女教育等消费支出，更谈不上在大中城市定居。他们忍受着城里人想象不到的艰辛，常年在城市中漂泊，为生计而奔波。近些年来，城里农民工心酸与无奈的境遇唤起了人文学术界和媒体的良知，并引发了社会

① 张毅．农民工：城镇化过程中的主流群体．人民日报，2005-2-17．

② 资料引自互联网：http://www.southcn.com/news/china/china01/200202170106.htm．

的较大关注，众多国内外的学术机构纷纷把研究目光投向于此，关于农民工的话题如工地讨薪、民工荒、春运民工潮也时常见于报端。

2004年的中央1号文件第一次把农民工作为我国产业工人的重要组成部分来提出。中央明确提出要公平对待农民工，并出台了一系列保护农民工合法权益、促进农民自由流动的政策措施。从这些政策可以看出，国家已经意识到农村劳动力流动的合理性与积极性，一改我国以往对待这一社会问题偏重于“围堵”的政策导向，而转向“疏导”的政策导向。

从宏观格局来看，中部地区大量农村剩余劳动力的出路，已成为一个不容忽视的社会问题，他们的去向直接左右了中部地区城镇化的进程——他们最终无论是留在大城市，还是通过打工积累资金和技术回去建设家乡，都会对中部地区的城乡格局产生重要影响，这一过程也自然而然地在村镇聚落的空间重构中体现出来。

3.1.5 人口、资源、环境矛盾的日益尖锐

人口、资源、环境三者的关系是相互整合、相互制约的。乡村地区自然资源支撑着农村和城镇的发展，是发展的动力之源，但这一承载能力有一定的限度。从概念上理解，资源承载力是指资源能够承载经济发展规模和速度的能力。这里包括两个内在指标，一个是自然资源消耗的速度，另一个是经济发展产生的废弃物的速度。不同区位条件与地理条件下地段的资源禀赋存在着先天差异，并导致其环境承载能力的差异。我国中部地区的人地关系不如东部发达地区那样紧张，但由于近些年来随着沿海地区的产业升级，许多高消耗、低附加值的劳动密集型产业向内地迁移，再加上当地乡镇企业的发展，中部地区许多乡村的环境品质逐渐恶化，人口、资源、环境的矛盾开始显现。

从人口资源来看，中部六省除山西外基本上都是农业大省。由于国家长期以来城乡二元制度的影响，农民的收入水平总体偏低，农村教育水平严重滞后。虽然农村有大量的剩余劳动力，但这其中真正有较高文化程度和具有特殊专业技能的农民却比较少见，他们很难胜任技术含量较高的职业，这对中部地区的工业化进程形成了很大的制约。

中部地区的土地资源，如同东部地区一样，也面临着严重紧缺。中部地区人均占有耕地面积近年来下降很快，对于国家来说，粮食安全问题的矛盾逐渐突出，这主要是由于各地建设征地过度造成的。

中部地区的农业自古以来保持着精耕细作的传统，由于人口急剧增长和对自然

资源的掠夺性开发，目前农业生态面临着失衡的危险。同西方国家高效的现代农业相比，我国中部地区的农业经济基本上还属于粗放型的经济增长方式。中部地区的乡镇企业也大都以高能耗、高污染企业为主，对生态环境的破坏与污染愈发严重。总体而言，中部地区农村的资源存量和环境承载力都已无法继续传统经济模式下高强度的资源消耗和环境污染，乡村地区人口、资源、环境矛盾愈发尖锐，如果这种状况延续下去，发展前景不容乐观。

3.2 村镇聚落空间重构的多元化表象

当代我国中部地区村镇聚落的空间重构带来了乡村地景的显著变化。传统乡村聚落大都以农业产业为主要支撑，与之相对应也产生了田园式的乡野空间形态；随着当代社会的转型，传统村镇聚落不断分化演变，其空间重构过程也呈现出多元化的倾向，并导致村镇聚落外在表象的分异。

3.2.1 乡村住区

乡村住区是当代村镇聚落最常见的一种空间形态，也是同传统村镇聚落最为接近的一种空间形态，它们通常脱胎于传统农村，至今仍带有较多的小农特性。在我国中部地区，这种类型的乡村住区占据了主要的比例，虽然这些农村中居民的劳作方式、生活水平与过去完全不同，但本质上以家庭为主的小农生产方式却依然未变，所以这种类型的乡村住区空间形态与传统村镇聚落有一定的渊源关系，但也有明显的差异。具体来说，从传统农村到当代农村，乡村住区的空间重构过程主要体现在三个方面。

1. 农村宅基地分配方式上的变化导致村落空间肌理的变化

根据我国现行的土地制度，农村土地为集体所有，农村中宅基地通常是由村集体统一划定的，在划分过程中强调公平性（面积均等）和可操作性（界定清晰），同时为了节约土地，农村宅基地土地边界大都是横平竖直，甚至规划成兵营式的空间肌理。而传统自发形成的村落宅基地布局相对松散而自由，两者空间肌理明显不同（参见图3.3、图3.4）。

2. 建筑材料、技术的革新导致的建筑外在形象的变化

这是乡村聚落空间重构过程中最醒目的变革，比较直观，故无须赘述。

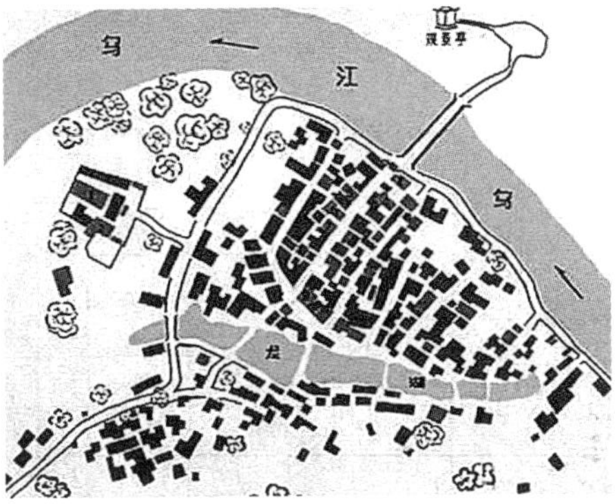

图3.3 江西传统村落流坑

图3.4 某富裕农村的兵营式布局

3. 生活方式的转变导致农宅平面模式的演变

我国中部地区农村住宅大都是农民自建房，这种自建房除了少数地区采用了专业人员设计的户型，大部分都是按照民间通常做法稍加改进，是一种“没有建筑师的建筑”。这种民间“集体意识”思维下的“惯用户型”在不同时代、不同地区也呈现出明显的差异，反映了当地特殊的生产力与文化背景。以徽州地区农村住宅为例，传统民居都为天井院落式格局，占地较多，采光效果不如当代独立式住宅。所以，当代徽州地区农宅的“惯用户型”经过不断演变，虽然其外在形式上还隐约保留了一定的徽州风格，但阳台等适应现代生活方式的建筑构件被广泛运用，基本格局早已不再是天井式住宅（参见图3.5）。

3.2.2 集镇住区

这里的集镇概念是就聚落地理特征而言的，包括了通常所说的小城镇镇和乡集镇。小城镇与集镇的空间形态既不同于城市也不同于农村，这是由其联结城乡、承上启下的地位决定的。我国中部地区大多数小城镇的工商业经济薄弱，无法提供大量的就业岗位。农民为了解决生计，往往在小城镇街道两侧建设商住楼，自己经营小本生意，形成一种非常普遍的现象。所以，中部地区小城镇空间形态的主要特征可

图3.5 徽州地区当代农宅常见形式

图3.6 小城镇中常见的“细纹理”空间形态

图3.7 城市中常见的“粗纹理”空间形态

以总结为三点——低层、高密度、马路经济。小城镇建设资金中来源于个人投资的比例较大，所以各商住楼的高度、体量大体相似，形成了“细纹理”的空间形态（参见图3.6）。与之相对比，城市建设资金主要来源于社会团体（企业、政府等），由于土地使用权与所有权的多样性，街区地块尺度差异较大，各建筑也很难做到体量上的均衡一致，形成了一种“粗纹理”的空间形态（参见图3.7）。

3.2.3 乡村都市混合区

村镇聚落中第三种常见的空间形态就是乡村都市混合区，这个概念由加拿大地理学家麦基（McGee T. G.）等人于1985年根据东南亚地区都市化的研究提出，他将这一特定类型的地区命名为“Desakota”。他认为“Desakota”是指大中城市间人口稠密的农业活动和非农业活动高度混合的地区，这片地域兼有城市性和农村性，城市与乡村的概念非常模糊。根据麦基的经验研究，Desakota包含了以下六个主要特征：

①人口密度高，大多数从事农业产业；

②距离城市核心较近，受城市辐射影响较大；

③交通条件便捷，处在城市核心的交易网络中；

④土地呈现混合型使用特征；

⑤妇女大量参与非农产业的劳动力市场；

⑥政府治理结构的零碎化导致政策的灰色地带。[①]

① McGee T. G. The Emergence of Desakota Regions in Asia: Expanding a Hypothesis. In: Ginsburg; Koppel; McGee. The Extended Metropolis-Settlement Transition in Asia. University of Hawaii Press, 1991.3～25.

在我国，乡村都市混合区概念同我国的城乡接合部、城乡边缘区相似，但又有一定的区别。乡村都市混合区比较强调城乡产业链这一经济特征，而城乡接合部这一传统提法则比较强调空间地理特征。从我国中部地区村镇聚落目前状况来看，虽然大部分农村地区（交通区位条件一般的平原地区、山区）基本以纯粹的农业生产为主，受到大中城市发展辐射的影响很小。但是中部地区多年来的城镇化进程对城乡空间格局的影响也不容忽视：中部地区大城市与特大城市不断涌现，此外一些交通区位条件较好、城镇化水平较高的地区，已经形成了城市群、都市圈等新的空间格局，客观上为乡村都市混合区的出现提供了生存土壤。从湖北的武汉城市圈到湖南的长株潭城市群，从安徽的沿江城市群到江西的昌九工业走廊，中部地区各省份都形成了自己的发展优势带，这些“城市群、都市圈”内部的乡村聚落越来越明显地呈现出乡村都市混合区这一特殊的空间地景，“城中村”、“镇中村”就是这一现象的极端案例。

例如江西景德镇市郊某农村，代表了乡村都市混合区的一种典型景象：村中的农田主要为菜地，村中土地已确定被纳入市区远期建设控制范围，村中到处都是新建的住宅，大多为三至四层，农民期望借此获得未来拆迁的征地款。村民大都有兼业现象，很多人在市区有相关联系或相应工作。又如安徽芜湖市澛港镇。该镇处于芜湖市郊，根据《芜湖市城南区分区规划》，澛港镇将被纳入市区，成为城市南部的重要居住区。随着城南的开发，大量农业用地将转化为城市建设用地，镇区面临拆迁安置任务和城镇建设两方面的新机遇和新挑战（参见图3.8）。该镇也属于典型的乡村都市混合区，这里既有农村传统的独户独院的自建房，也有城市类型的单元住宅楼，居民的生计目前还以农业为主，随着远期镇区向城市的转变，大量农村人口必将脱离农业，就地城镇化。

图3.8　澛港新镇规划平面

（图片来源：芜湖澛港镇修建性详细规划）

综上所述，乡村都市混合区是村镇聚落的一种特定的空间形态，它也是由传统村镇聚落在特定的空间重构机制作用下的产物。这一类型的聚落位于大城市周边，人口密度高，影响层面广，成为多元化乡村地景的重要组成部分之一。

3.2.4 新集体农庄

新集体农庄是我国近年来出现的一种特殊的村镇聚落空间形态，在这种类型的农村中，见不到以往农民自建的低层独户独院住宅模式，村集体为农民统一新建类似于城镇居住小区的多层集合住宅，并为农民统一建设给排水、通信、公路、污水垃圾处理等公共基础设施。目前的新集体农庄的概念并不等同于源自苏联、并在社会主义国家推广的“集体农庄”。这种乡村聚落的主要优点是节约土地资源，是在国家“地根”紧缩，导致用地紧张而产生“发展压力”，以及加速城市化进程而产生“任务压力”的背景下产生的。[①]理论上，农村住宅的形式变化取决于农民生产生活方式的变化，传统的低层独户独院式住宅适应于我国小农经济的农业生产方式，而“新集体农庄”盛行的地区，正是居民生产方式向非农产业转变的地区。所以，在人多地少、城镇化水平较高的东部发达省份，新集体农庄较为常见，目前媒体上宣传报道的新集体农庄很大一部分就来源于江苏。我国中部地区也有不少农村聚落呈现非农产业化的倾向，在这些地区也出现了不少“新集体农庄”。

例如山西晋城市阳泉镇望川村就是一个典型的“新集体农庄”。该村的主要经济支撑为集体经济，采掘型工业和重工业为其主要经济支撑，现有产业有煤矿、建筑公司、铁厂、铸造厂、家具厂、焊条厂等。望川煤炭资源丰富，村集体煤矿为望川村的主要企业，也是村财政收入的主要来源。望川本村居民约1500人，大部分集中居住在村集体统一兴建的多层住宅组团中，只有少数老人因腿脚不便居住在传统老宅中。多层住宅组团大都建于改革开放后，层数为3~6层，上下水设施完备，市政设施基本配套。望川村从空间形态上来看类似于城市中的居住小区，但实质上又是一个地道的农村（参见图3.9）。

图3.9　山西望川村，中部地区新集体农庄的典型

① 倪方六. 大陆学者热议“新集体农庄”. 凤凰周刊，2006，209（4）.

3.2.5 旅游服务+农业社区

近年来，人文旅游日渐风行，尤其是以古村古镇为主要题材的旅游项目不断推陈出新，并受到了旅游市场的追捧。但是，这一类型的旅游资源（传统村镇聚落）却是有限的，在我国东部发达地区，由于经济发展较快，社会转型下剧烈的空间重构导致保留下来的传统村镇聚落相对较少，而中部地区由于经济欠发达，空间重构的步伐较慢，从历史中保留下来的传统聚落反而相对较多，例如安徽的宏村、西递，江西的婺源、流坑，都是非常著名的旅游村落。单就安徽黄山市而言，该市下属的黟县、歙县原本属于落后山区，但遗留下大量的传统聚落——宏村、西递、唐模、棠樾、渔梁、南屏、木坑……随着黄山大旅游圈的构建，这些原本无人问津的村落逐渐成了当地经济发展的金矿。在中部许多地区，这种类型的传统聚落（旅游服务+农业社区）数量繁多，特点鲜明，从类型学上可被算作一类典型的村镇聚落空间形态（参见图3.10）。

在大城市周边，还有一种以体验农村生活为主的“农家乐”旅游项目，也受到了城市居民的欢迎，这类村落虽然大都没有保留传统聚落的空间形态，但都有着良好的生态环境。

总体而言，这类村落有一些共性：村落人口构成不是清一色的当地居民，而有大量的外来游客；这些村落的性质逐渐由单纯的农业社区向混合型的“旅游服务+农业社区”转变。这一特征反映在空间上，就是餐饮服务业、旅游住宿等空间比普通村落高出不少；同时，此类村落比较注重空间地域特色的营造，环境品质较高，生态环境保护意识较强。

3.3 中部地区村镇聚落空间重构当前面临的问题

关于这一论题，可以有两种理解，第一种强调空间重构过程中的问题，强调

图3.10 安徽黟县宏村

“过程”，第二种强调空间重构后产生的空间问题，强调“空间”，两种理解将导致完全不同的分析结果，所以必须加以界定。本书在开篇已提出，文章研究的核心是探求“过程”的机制，而不是研究一种静态的“模式”，所以本书所指的“问题”采取了第一种理解，关注点在于“过程”。

3.3.1 我国村镇建设相关主体的“唯空间论”认识观

我国村镇建设领域中，一些地方政府以及规划设计单位在认识观上存在一个误区，即仅将村镇建设视为空间营造过程，而忽略其社会转型的背景与内涵。该现象具体体现为：地方政府领导在任期内只关心经济发展，眼中只有GDP数字的增长。他们过分强调空间的建设，为了凸显“政绩”，空间营建的过程中普遍有“贪大求洋”的心态。在他们看来，社会发展的成果体现似乎就是盖了多少楼，只要村镇空间环境赏心悦目，社会的一切矛盾就迎刃而解。在建设项目的可行性研究等前期策划中，决策者通常只关注建成后发挥多大效益，至于其是否符合社会需求、是否有利于农民生计、是否适应文化习俗，往往不在决策者的关注目标之中。

在村镇建设中，这种案例并不鲜见。《南方周末》的一篇报道《豪宅的外壳，农民的生活——农民富豪的乌托邦》便生动地描绘了这种景象：山东某富豪，砸下大笔金钱，将他所理解的好房子、好日子，奉送给家乡父老，进而开始了他改造农村的大计划。但是有相当多的村民似乎很难满足。有人抱怨说：“院子没原来的大。没有喂鸡的地方了。我有个推土的小车子，没地方放。”有的村民告诉他，把厕所建在屋子里，导致他的排泄功能都失常了。在新村落成的最初一段时间里，确实有不少村民络绎不绝地到很远的公厕去方便。[①]

前者只是一个充满理想的来自农村的“精英”的乌托邦式的尝试，而在现实生活中，许多村镇地方政府打着“通过小城镇建设促进经济发展”的旗号，盲目地模仿城市中“经营城市”的模式，到处大兴土木，期望通过人为推动的“造镇运动”来实现地方经济的发展，这种行为也是一种“唯空间论”的体现。对于村镇来说，空间建设只是经济发展的一个“壳”，它是后者的必要条件而非充分条件。但这种观点在基层地方政府中很有市场，“以地生财”变成了他们的口头禅，许多建设项目变成了圈地行为的幌子。这种村镇空间营建的方式实质上是一种投机行为，虽然

① 李海鹏. 豪宅的外壳，农民的生活——农民富豪的乌托邦. 南方周末，2004-9-16.

有可能取得某种成效，但实际上掩盖了背后的巨大社会成本，如全国各地农村征地引发的此起彼伏的“群体性事件”。

在近年来开展的新农村建设中，也出现了这种“唯空间论”的流弊，根据笔者在中部农村地区的调研，一些基层地方政府误读了国家新农村建设的宗旨，片面强调“新”、“建设”的概念。中央政策的原本含义并不完全是空间上的，它包括对农民的生计培训、乡风构建等，具有丰富的内涵。但这一概念到了一些地方基层则成了新一轮的“乡村美化运动”，甚至变质为“建设全新的农村”，大兴土木，增加农民负担，引发群众的反感。

3.3.2 城乡资源分配不合理导致“拉美化”的隐患

“拉美化”是近些年来国内一些学者对拉美国家普遍存在的经济与社会之间结构失衡的现象的描述。在这些国家中，经济增长的成果被少数主导性阶层分享，而大多数贫困人口，如城市贫民和农村无地、少地农民没有机会分享经济与社会发展的成果。[①]尽管有一些学者认为这一概念并不准确，提出“拉美化”及“拉美病”的症状不仅仅是拉美地区独有的问题，发展中国家在发展过程中或多或少都遇到了类似的问题。[②]但总体而言，拉美一些国家的收入分配不公、城乡差距拉大确是不争的事实。就空间形态而言，农民大量涌入城市，而城市却没有足够的就业机会，形成“过度城市化”现象。拉美国家大城市中贫民窟的蔓延，已经成为一种非常典型的空间地景，被赋予了地域化的标签。

拉美国家的这种社会问题在我国也有相似的情景。由于国家多年来的城乡二元分割体制和“以农养工”的剪刀差制度使得农村的发展状况与城市差距越来越大，“城市像欧洲、农村像非洲”。由于中部地区乡镇企业发展不如东部发达地区，城乡人均收入差距增大更为明显，农村的生活水准远低于城市，因此大量农民进城务工，而在这种城镇化过程中，城市并没有真正接纳农村剩余劳动力，而是一种非正式的、临时的过程，导致了日益严重的农民工问题。农民工生活在城市的最底层，为城市发展做出贡献，却没有得到城市所应给予的福利。他们往往在城乡接合部、城中村内集中居住，形成外来人员聚集区，最终形成了类似于拉美城市的贫民窟。

对于中部的农村地区而言，由于大多数基层地方政府缺乏财源，同时城乡资源

① 崔效辉. 警惕中国社会的“拉美化”倾向. 决策咨询，2002，2：25～26.
② 孙洪波.“拉美化”命题研究综述. 拉丁美洲研究，2005，27（1）：45.

分配不合理，又导致村镇建设领域基本上得不到国家的投资，使得农村建设呈现出一种“自生自灭”的现象。以安徽农村为例，一些镇政府甚至连编制总规的费用都无法解决，只有等到上级政府出于关照、特批一笔资金才能落实设计费用。与之鲜明对比的是，城市建设（包括中部地区城市）“日新月异”，政府“出手阔绰”，例如大型场馆建设、国际招标项目、战略规划等令人目不暇接。这种城乡建设资源分配的不合理现象若不解决，将导致城乡关系更深的裂痕。

3.3.3 中部地区农村主要矛盾由“税费”向“空间”问题的转移

在2003年农村税费改革之前，我国农村地方财政有很大一部分来自各种农业相关的税费，例如农业税和其他各种地方设立的税费（虽然农业税虽然名义上是上缴国家的，但实际上在有些地区通过一定比例返还部分到乡镇政府），这些税费给农民造成了不小的负担，往往是引发干群关系紧张的导火索。

针对这一问题，中央曾经三令五申禁止向农民乱收费，期望减轻农民负担；同时，从2006年初开始国家取消了存在了几千年的农业税。这一系列举措对于农民来说是一个好消息，而对于中部地区的乡镇政府来说，却使得本已紧张的地方财政更加捉襟见肘。因为在中部欠发达地区的省份，二、三产业不发达，来自工商产业的利税相当有限，所以这部分来自农业的税费收入显得尤为重要。目前，中部地区许多乡镇的财政都是“吃饭财政”，有些欠下大量债务，根本无力进行公共事业（包括村镇建设）的投资，一些学者甚至认为基层乡镇政府在财政上有“破产”的危险。

为了摆脱这一困境，地方政府纷纷把目光投向了土地，希望“借地生财”，从而导致大量的征地问题、圈地问题，从而引发新的社会矛盾。这一过程中最大的受害者通常都是农民。目前，纵观各种关于农村的社会新闻，矛盾最为集中、最为突出的问题大部分都围绕着土地展开，实质上也是“空间”的问题。所以，从某种意义上来看，税费改革之前，农村的矛盾原本主要集中在“税费”问题上，而当前则转移至“空间”问题上。

3.3.4 自上而下的空间重构安排与基层实际问题的冲突

在村镇聚落空间变革的过程中，很多是依靠政府以自上而下的方式强行推动，而来自村镇基层的声音受到忽视。由于参与决策的上层（专家、领导）往往高高在上，对基层实际情况了解不足，在决策过程中难免会出现理论教条化的倾向。一些决策在制定过程中缺乏公众参与的意识，在实施过程中也缺乏基层实践的反馈，在这种机制下的空间重构安排往往脱离实际，与许多基层实际问题相冲突。

例如20世纪90年代中后期是我国小城镇发展的黄金时期，当时各级政府都意识到了发展小城镇对推动城镇化的重要性，出台了相应政策推动小城镇建设。但“发展小城镇、推动城镇化”这一理想到基层落实的时候，许多基层地方政府在执行过程中一哄而上，呈现出较为明显的盲目与冲动，导致造镇运动的热潮。一些镇领导打着“发展小城镇”的幌子，树立自己的政绩工程，而基层群众的利益受到损害，如各地出现的“空壳镇”就是典型实例。从本质上看，这一过程是政府利用手中权力过多干预村镇“社会—空间”的良性互动过程，在社会经济发展条件并不完备的情况下，一厢情愿地强行推动建设，最终结果不容乐观。

在我国村镇建设的很多领域，如重点镇、中心村建设、历史文化名镇保护与更新，都有类似的问题。我国村镇空间重构的主要方式都是以自上而下的方式向下推行，由于村镇领域的相关研究相对城市薄弱，这些来自于“上层”的建设指导原则很多都是借鉴城市的经验而得出的，从这种意义上来说，“自上而下”甚至可被理解为“自城市而农村”，这就不可避免地出现脱离农村实际的倾向。例如，面对富裕地区的农村住宅怎么建设、小城镇如何建设等问题时，许多村镇领导都不约而同地想到了大广场、宽街高楼、城市别墅区的模式，并认为这是最佳的模式，而丝毫没有考虑过它们在农村是否会出现“水土不服”的问题。

3.3.5 空间营建策略对地区差异性的忽视

我国东、中、西部的农村经济发展水平有很大差距，其村镇聚落的空间结构和形态的差异也非常明显。例如东部地区（江浙地区）部分农村的乡镇企业非常繁荣，一些乡镇的富裕程度不亚于城市，村民不愿转为城市户口。在笔者调研过的村镇中，东部地区许多工商业重镇的GDP、镇区建设规模与档次早已超越了中部地区的一些小城市，如中国“五金之都”浙江店口镇、中国“轻纺之都”浙江柯桥镇、中国“光电缆之都”江苏七都镇。这些小城镇的行政建制虽然名为镇，实际上已经很接近城市，而中部地区的小城镇相比之下更加贴近农村，具有更多的乡土意味。

总体而言，东、中、西部地区差异如此巨大，而我国现有的空间营建策略却对这种差异重视不够，往往用固定的模式来套用多样化的村镇聚落。从现有的村镇建设领域的相关技术标准与法规来看，在标准的适用范围上并没有针对不同地域的特殊说明；在指标设置上，也没有考虑针对不同地区通过系数进行修正。事实上，就算在同一地域范围内，小城镇也根据其内在职能不同有很大的差异。例如许多旅游小城镇并无工业产业，而商贸业比例非常高，在规划用地时，就不能用一般小城镇的经验数据来套用这种特殊类型，应根据实际情况灵活调整。

第二篇

剖　析

——对案例村镇的田野调查研究

假如你是个年轻人，我希望你下乡的时候借辆自行车，真正到农民中间去，大家都会跟你说实话。如果你只找统计局，那你得到的就是那些每年都增长的数据。

——温铁军

为了剖析小城镇社会转型与空间重构的过程，笔者于2006年对我国中部地区江西省景德镇市和安徽省巢湖市的五个小城镇进行了田野调查，重点在于取得研究的第一手资料。在研究对象的选择上考虑了类型的差异，五个小城镇分别是瑶里镇（旅游型）、鹅湖镇（商贸型）、洪源镇（城郊工业型）、黄麓镇（工业型）、铜闸镇（综合型）。针对它们各自的特点，笔者对每个镇的“空间—社会”的互动过程用一个关键词来概括，分别是“蓄势、整合、失衡、共生、变革”。尽管这五个案例无法涵盖我国中部地区村镇的所有类型，但基本上为我们展现了当时鲜活的时空图景，也反映了我国高速城镇化背景下的一些普遍规律。

第4章　瑶里镇：“社会—空间”互动中的“蓄势”特征

瑶里古名窑里，在行政上隶属于江西省景德镇市浮梁县。远在唐代中叶，这里就出现了陶瓷作坊，是古代景德镇陶瓷的重要发源地和原料产地。江西省在我国中部地区中发展较为滞后，而瑶里所处地域位于江西省较为偏远的山区。瑶里地处浮梁县东北角，为江西、安徽二省，浮梁、婺源、祁门、休宁四县交汇处，距景德镇市区59公里，距浮梁县城4 8公里，距黄山市约90公里（参见图4.1）。瑶里的一、二、三产比例占GDP比重分别为53.6%、22.6%、23.8%，工商业很不发达。从地貌特征看，瑶里丘陵纵横，有“九分山，三厘田，七厘路河和庄园”之说。瑶里镇政府原处于瑶里古镇内，2005年搬迁至距古镇2公里的寺前村，并开始实施保护古镇、建设新镇的工作。

根据2005年瑶里镇的统计数据，瑶里镇总人口为13000人，其中镇区为2000人，城镇化率为15%。同本书的其他四个案例相比，瑶里镇的镇区人口、镇域人口、城镇化率都比较低，属于典型的山区小镇，保留了较多的农业聚落特征。

改革开放后，我国经济建设取得很大成就，居民物质生活水平提高很快，在解决温饱步入小康生活后，国民对旅游休闲的需求与日递增。在这一社会转型背景

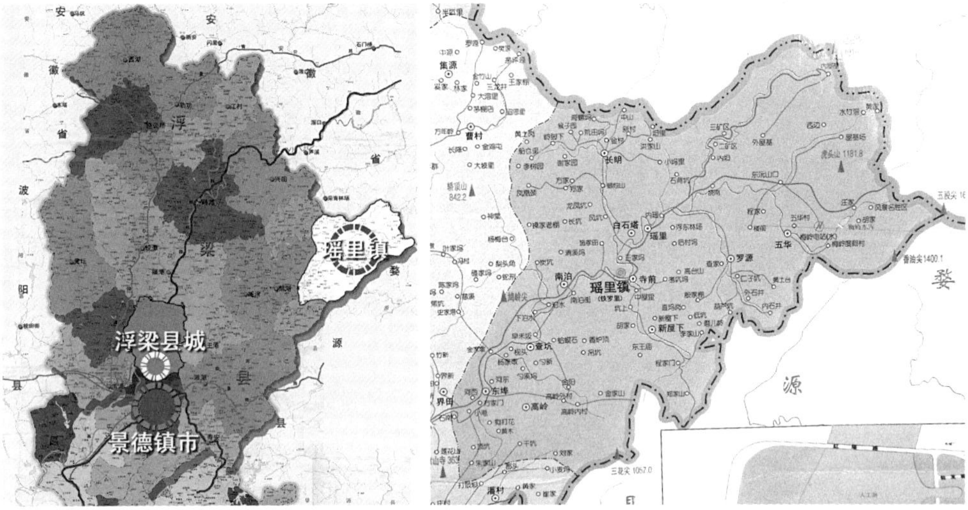

图4.1 瑶里镇区位图与行政区划图

（图片来源：景德镇市政区图和浮梁县总体规划）

下，全国的旅游休闲产业步入发展的黄金时段，各地旅游点都火爆异常，越来越多的地方政府加入到这一“淘金”行列中，纷纷把旅游产业作为新的经济增长点，积极开发旅游资源。

瑶里镇东侧就是号称“中国最美乡村”的婺源县，实际上从旅游资源上分析，瑶里文化同婺源徽州文化相近，自然生态资源也同样优越，同时还有独特的瓷文化。但是婺源县的旅游业发展较早，在国内旅游市场上早已声名鹊起，而目前瑶里的旅游市场主要针对江西省内市场，瑶里镇对于多数国人还相当陌生。最初，艺术家、“驴友”、建筑师等少数喜好古民居聚落的特定人群是瑶里的主要客源，他们通过小范围的传播使瑶里的名气逐渐增大，这一苗头随后引起了政府、旅游公司的注意，催生了瑶里的正规旅游开发。对这一过程，瑶里镇主管建设某领导回忆道：

> 瑶里镇的旅游发展，只是近几年的事，具体说应该是1999年以后，1999年以前没成什么气候，都是一些少量游客如画家这类人自发来玩，没有形成什么产业，对当地的经济也没有影响。2002年瑶里风景区管理局成立后，情况开始有所改观。2002年的旅游门票收入是30万，2005年已发展到200万。近几年，瑶里又评上了全国历史文化名镇、首批国家矿山公园、4A风景区，旅游对政府各项工作包括建设方面的推动就比较明显了。

总体而言，瑶里镇在发展旅游业方面是个后起之秀。各方都已意识到旅游业发展的巨大潜力和滚滚商机，地方政府、旅游开发公司都纷纷介入，主动参与到这一过程中，加速了瑶里镇的社会转型进程。旅游业的发展促进了人们规划意识的增强。瑶里在旅游业兴起之前，从未制定过总体规划，而2003年之后制定过四次规划（据笔者掌握资料）：2003年瑶里古镇保护规划、2004年景德镇—瑶里旅游开发控制性详细规划、2005年瑶秀新区规划、2005年高岭—瑶里风景名胜区规划大纲，与浮梁县其他一些乡镇至今还未制定规划相比较，这种状况在整个浮梁县是首屈一指的。

瑶里镇的社会转型与空间重构之间存在着一种互动关系，但二者都处于一种“蓄势待发”的阶段。就社会转型而言，它的主导产业向旅游业的转型还不深入，也就是说，它所面临的社会转型也只处于初级阶段。在空间重构方面，由于瑶里旅游发展的时间较短，社会转型对其空间重构的影响基本上还未显现出来。瑶里的旅游保护规划对空间的改造（拆新护旧）也只是实施了小部分。从目前情况来看，瑶里镇的空间重构（包括村镇聚落空间扩散模式的改变、新旧区关系演变、环境意向的变迁等）虽然都已发生，但由于变革时间并不长，效果并不强烈。随着社会转型的进一步深化，瑶里镇空间重构的变化在未来将会更加明显。所以，本书将瑶里镇的社会转型与空间重构的互动概括为“蓄势”现象。

4.1　社会转型对空间重构的整体影响

4.1.1　产业特点：农业向旅游业转型

瑶里作为一个山区小镇，是浮梁县主要的林木、油茶、茶叶产地之一。瑶里所在的浮梁在唐代是全国最大的茶叶集散地，《敦煌变文集·茶酒伦》载：“浮梁歙州，万国来求”；唐《元和郡县图志》则有“浮梁每岁出茶七百万驮，税十五余万贯”的记载；唐代诗人白居易名句“商人重利轻别离，前月浮梁买茶去”，正是古代瑶里制茶业发达的鲜明写照。[①]但是，近代瑶里茶叶生产并没有形成产业化和规模效应。20世纪90年代之后，瑶里的茶叶生产发展迅速，制茶业已逐步替代了林业而成为朝阳产业。瑶里境内有茶园6038亩，分散在农户手中，近几年的旅游业发展带动了茶叶销售，茶叶每年给农民带来的经济收入增长迅速，2003年茶叶总产值达

① 资料来源：高岭—瑶里风景名胜区规划大纲。

680万元。

瑶里山川秀丽，民风淳朴，旅游开发潜力巨大。东河源头的梅岭风景幽雅，天然溶洞蔚为奇观；瑶里古镇是当年皖赣两省茶叶、瓷器等商品边贸通道的重要节点，保留了较为完整的商业街和大量的明清民居，具有浓郁的地域特色。同时，瑶里作为古代景德镇瓷器生产链的重要一环，境内存留众多的古瓷窑场。新中国成立后，随着瓷土资源的枯竭，瑶里的陶瓷工业逐渐衰微；同时，周边区域交通的发展导致瑶里所处的古代商道废弃，使得瑶里由一个商业重镇退化为一个普通的农业山区小镇。但是，塞翁失马，焉知祸福，正是瑶里所处地区的闭塞使得它远离工业文明的干扰，积累下大量的历史遗存，成为发展旅游的宝贵资源。

当前，瑶里的产业正由单一的农业转向农业与旅游业并进的发展态势。地方政府意识到，单纯从事农林生产，靠天吃饭，无法改变落后面貌，经过政府招商引资，中国国际旅游信托投资公司已投入资金进行开发，成立了旅游公司，正式向外进行宣传推介。瑶里的旅游发展也受到了景德镇市的重视，2002年成立了瑶里风景区管理局，2003年升级为副县级单位，旅游业作为一项议事日程提上了政府的工作中。

4.1.2 人口数量与结构的改变

瑶里作为欠发达地区的山区小镇，虽然经历了30多年的改革开放，但基本上没有形成规模化的工商产业，从很多方面来看还保持着农业社区的特征。瑶里的城镇化过程相对滞后，2005年镇域人口为13000人，而镇区人口只有2000，同我国中部地区的一般小城镇来比较，瑶里的规模也偏小。随着瑶里近几年逐渐向旅游产业化转型，人口数量的变动主要体现在游客的大幅增长（参见表4.1）。2002年瑶里门票收入仅为30万，而2005年收入已达到200万，可见其发展速度之快。前来瑶里的游客分为两类：一类是普通游客，在瑶里游玩后当天离开；另一类是来实习的美术院校的学生，他们在镇上一般会住上几天。虽然游客只是在镇内短期停留，按我国人口统计的方法，他们不能被统计为"流动人口"①，但是他们又不可避免地给镇区建设带来一定的影响：一方面是随着部分游客住入镇区，分享了部分空间资源；另一方面，他们的到来给当地生态环境保护带来了一定的压力，对瑶里基础设施的建设提出了更高的要求。但是，瑶里这种旅游城镇的人口数量随时间有很大的波动，游

① 流动人口的概念一直比较模糊，但社会上常常用来指没有户籍的在当地短暂居住和工作的人群。从这个概念出发，流动人口不包含短期旅行的游客、商人等群体。

客主要集中于上半年，平时又以双休日和节假日为多。这就使得瑶里镇的空间资源（如宾馆）在旅游淡季处于浪费的状态，空间资源不能保持较高的利用率。

瑶里风景区近年游客量统计表 表4.1

年份	旅游人次（万人）	年递增率（%）
2000	3	—
2001	6.2	106
2002	11	77.4
2003	13	18.2
2004	16.5	26.9

从瑶里老镇区的人口构成来看，2000人口可分为三类：第一类是普通的户籍居民；第二类是附近白石塔林场的职工，大约有300～400人；第三类是外来人口，大约为600人，基本上租房居住。第三类人的组成相当复杂：一些人经商或从事餐饮、住宿等服务行业，一些人是周边农村采茶的季节工；他们上半年农闲时到瑶里镇找事做，下半年回村里做农活；还有一些是周边农村的居民，来镇上陪小孩读书，照顾小孩的起居生活，平时在镇上打工或做点小生意谋生。

瑶里镇是个典型的脱胎于我国传统农业村镇聚落的小镇，由于其地处交通闭塞的山区，经济发展程度偏低，与外界经济、文化的联系也相当有限。瑶里古镇虽为居委会管辖，但其人口结构保留了一定的农村宗族影响的痕迹，据当地人介绍，古镇里有60%的居民属于当地历史上几大宗族的姓氏，只有40%是外地姓氏，说明了瑶里的人口流动程度较低，这种景象在我国经济发达地区的小城镇中是鲜见的。但是，随着旅游业的发展，外地来瑶里经商创业的人逐渐增多，逐步改变了瑶里原有的人口结构。

4.2 宏观、中观、微观层面下的“社会—空间”互动

村镇聚落的空间重构是一个宽泛的概念，涉及的信息量非常大。本书为了便于研究，将空间变迁过程依据不同的尺度分为三个层面，即宏观镇域结构、中观镇区结构、微观空间形态。在宏观镇域结构尺度方面，本书主要关注于各聚落（村落、镇区）之间的结构关系、镇域整体的空间生产力布局、村镇体系的变迁等方面；在中观镇区结构尺度方面，本书主要关注于镇区内部各功能区块（商贸、工业、居住

等用地）的变迁及相互关系；在微观空间形态方面，本书主要关注于建筑及建筑所围合的广场、街道等空间形态与风貌的变迁。

4.2.1 微观层面占据主导影响

在研究瑶里空间重构的过程中，本书重点在于探究该过程与其社会转型背景之间的关联。瑶里镇的空间重构是在全国旅游市场升温这一社会背景下产生的。虽然瑶里镇空间重构在宏观、中观、微观三个空间层面都有体现，但通过现场调研可以看出，微观层面下的空间重构占据主导作用。出现这一现象，是多方面因素混合作用下的结果。

首先，瑶里镇当前经历的社会转型的主要特点是其主导产业由农业向旅游业转型。为了进行旅游开发，镇政府的工作重心在于传统空间资源的保护与再利用，而不是大拆大建。例如将破败的民居、祠堂修复，将破坏传统风貌的少量现代建筑拆除，兴建旅游服务设施等。这些转变大都属于微观空间形态层面的转变，具体可以归类为空间容量的变革、环境意向的变迁等。

其次，瑶里镇空间重构与社会转型互动的“蓄势”特点也有一定的影响。由于瑶里的旅游开发时间并不长，政府在促进旅游产业发展过程中，在空间重构上的工作投入还相当有限，目前只影响到了具体的空间形态层面，对于镇区乃至镇域的影响比较微弱；随着瑶里社会转型的进一步深化，瑶里镇空间重构的主要层面将沿着“微观空间形态层面—中观镇区结构层面—宏观镇域结构层面”延伸。

4.2.2 宏观镇域结构层面

本书所指的宏观镇域结构，在学术上也可称之为村镇体系结构。村镇体系的概念是相对城镇体系概念提出的，村镇体系是乡村一定区域内相互联系、协调发展的居民点群体网络。[①]如果将一定区域内的村镇进行考察，可以发现，任何农村或者集镇都不能孤立地存在，它们相互联系并施加影响，形成一个网络。在网络内部有大量空间结构系统流态[②]（如人流、物流、信息流等）运转，网络中的各个成员构成了一个相互联系、协调发展的有机整体。在村镇体系内部，各村镇由于自身资源禀赋和区位条件不同，发展程度各异，形成了一定的等级关系。根据我国现行的管理体制，村镇体系一般由基层村、中心村、镇区三个层次组成，其网络作用范围通常就

① 王宁. 小城镇规划与设计. 北京：科学出版社，2001：71.
② 顾朝林. 集聚与扩散——城市空间结构新论. 南京：东南大学出版社，2000.

是指小城镇镇域。

1. 聚落之间关系：从孤立发展到协作与竞争

我国传统农业社会的基本特征就是自给自足的小农经济，大多数农民紧紧依附于土地，靠山吃山。就瑶里农村与镇区的联系而言，过去该地区的农民只有等到赶集时才到镇区，他们大多数时间还是待在农村，同镇里的联系相当有限。在古代，瑶里古镇曾经是江西与安徽的瓷茶贸易枢纽，“徽州大道”贯穿其中，具有相当大的影响力，但这种联系主要是与其他地区的商贸节点发生关联，同镇上有较多来往的是外地商人而不是本地农民。直到进入20世纪90年代的现代社会（在瑶里旅游业发展起步之前），虽然村镇之间的交通条件已大为改观，但当地农民也只是偶尔到镇里来购买一些生活必需品。90年代后，瑶里的旅游开始起步，刺激了当地经济的发展，村落与镇区之间的联系更加紧密。

以人口流动为例，现在瑶里镇区内从事餐饮商贸业的人员基本来自周边农村。此外，每当旅游旺季，大量游客带动了当地土特产品的销售，许多农户纷纷带着自己的土产和茶叶在镇区摆摊，他们频繁地往来于镇区与农村之间，早已不是传统意义上的“自给自足”的小农了。当他们有一定的经济基础之后，有些人就到集镇上开店，销售自家的土特产，成为镇区的常住人口，这正是农户城镇化的一个生动案例。

就村落与村落之间的关系而言，在古代，瑶里各村落都从事农业生产，基本自给自足，互不影响。新中国成立后，随着村集体经济的建立，逐步打破了小农社会的封闭圈子，但产业结构基本上还保持着原有的农林业，各村之间没太大差异。从村镇体系的角度来看，普通村落除了与镇区有部分商贸往来，村落与村落之间由于农林产业趋同化、缺乏产业链的衔接，基本上呈现各自孤立发展的状况。当地群众对此现象有一个直观描述：“各村之间除了跑跑亲戚，基本上没有什么关系”。

随着瑶里旅游业的发展，各村落发展的均衡态势被打破。瑶里镇现下辖的自然村中，梅岭、汪湖等村的旅游资源（风景秀美的自然景观和古村落的人文景观）比较丰富，吸引了大量游客前去游玩。游客一般在游玩之余，会在当地购买山货、茶叶等土特产，有些人会在老乡家吃中饭，使得这些旅游村落的村民收入提高较快。事实上，这些旅游村落已被组织到旅游线路中来，旅游线路上的村落之间的联系明显增强。例如，汪湖、梅岭等旅游村落出名后，各村之间人员往来较为频繁，信息流与资金流也迅速增长。在旅游产业日渐成熟的今天，单独的村落景点对游客的吸引力是微不足道的，知名度也无法提升。为了获得旅游业的大发展，它们只有拧成一股绳，为构建一个共同的旅游圈而相互协作，通过整体的发展促进自身的发展。但是，各旅游村落提供的旅游服务内容有一定的同质化现象，它们之间存在“抢客源”的相互竞争。

对于镇域内其他非旅游景点的村落来说，汪湖村的富裕对它们也产生了很大的吸引力，许多村民拿着当地产的土特产到汪湖去买，有的直接在汪湖开店经营。正如瑶里镇居民所说，“不是旅游村的老百姓往旅游村跑，旅游村的老百姓又往镇上跑”，旅游业的发展扰动了瑶里镇原有的村镇体系，形成一个全新的网络。总体而言，镇域结构层面下村落与村落的关系已经由旅游发展前“各自孤立发展”演变为相互的“协作与竞争”。从现状来看，由于瑶里的社会转型与空间重构互动还处于“蓄势”的阶段，聚落之间的关系演变特点还比较微弱，随着旅游业的发展成熟，聚落之间关系的演变趋势将显著加强。

2. 村镇聚落空间扩散模式演变

空间扩散是由瑞典学者哈格斯特朗（Hagerstrand T.）于20世纪50年代提出的概念。空间扩散理论从社会经济角度探讨了网络中各空间节点间的交通流、资金流、信息流、物流的运作，这些流在特定的条件下从空间原生地产生，经过一段时间后扩散到另一些空间节点上。[①]社会中空间扩散的现象较为常见，例如城市的蔓延和时尚的传播。对于村镇体系而言，体现为各村镇聚落相互影响的方式，它们之间的交通流、资金流、信息流可以作为反映聚落间联系强度的指标，空间扩散的方式通常会影响村镇体系结构的调整。

（1）瑶里镇原有的空间扩散模式

瑶里镇经济较为落后，直到2006年都未编制总体规划及村镇体系规划。瑶里现有一条景渔战备公路自西南向东北贯穿全境，构成全镇的空间联系通道。在这条通道上，瑶里古镇作为核心，直接带动了南泊、寺前、白石塔等一批村落的发展，梅岭村由于不处于主要空间联系通道上，发展较为迟缓，而汪湖村虽有景渔公路经过，但距离瑶里太远，受其空间扩散的影响也很小。由此可见，2000年旅游业发展之前，瑶里镇原有的村镇聚落空间扩散方式基本上是由镇中心发散，并沿着主要交通向下一层级的村落发展。由于镇与村之间的联系基本立足于农业技术与资金的服务，所以镇区对不同的村落空间扩散的幅度大体相同；各村落之间由于缺乏交通

---

① Hagerstrand T. Innovation as A Spatial Process. University of Chicago Press, 1968.

流、资金流、信息流的联系，基本上不存在空间扩散过程。

（2）旅游业兴起后瑶里的空间扩散模式

2000年后，瑶里镇的旅游业开始起步，随着镇政府机关搬迁至寺前村，寺前立即被作为新镇进行开发，瑶里古镇对寺前的空间扩散明显增强。旅游业是瑶里社会转型的最主要推动因素，古镇与汪湖村、梅岭村的农业技术与资金服务的联系，逐渐转变为旅游客流、资金流、信息流的联系，而这种新联系比旧联系强烈很多，导致瑶里镇区对一些旅游村落的空间扩散大大增强。统计资料显示，游客优先访问的景点依次为：汪湖（占50%）、瑶里古镇（20%）、高岭（20%）（参见图4.2）。当地村民对此描述道：

> 汪湖村原来是很落后的地方，这个事就是‘三十年河东，三十年河西’。原来落后的东西现在大家都很感兴趣，由于穷，农民没钱盖房，拆不了，只能修修补补，现在反而发展比较快。

对于非旅游村落来说，镇区对其影响依旧保持在微弱的农业联系上，所以，古镇对不同村落的空间扩散幅度出现明显差异。汪湖等旅游村落的发展势头已经超越了一些传统上有交通区位优势的地方，长此下去，必将导致瑶里的村镇体系发生根本性变化。此外，正如前文提及，旅游村落之间由于旅游圈和旅游线路的

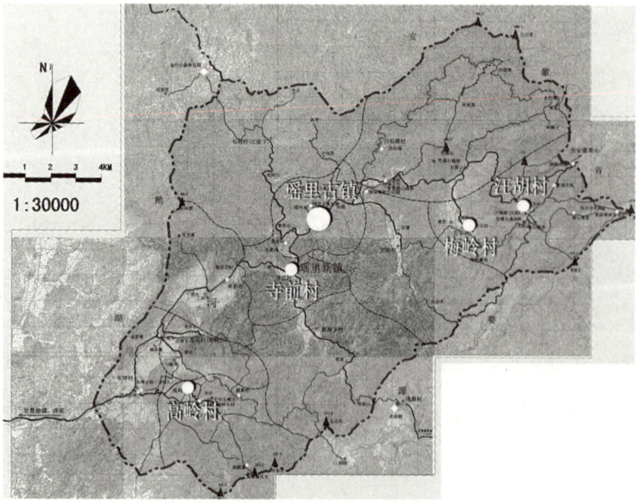

图4.2 瑶里知名旅游景点分布图

（图片来源：高岭—瑶里风景名胜区规划大纲）

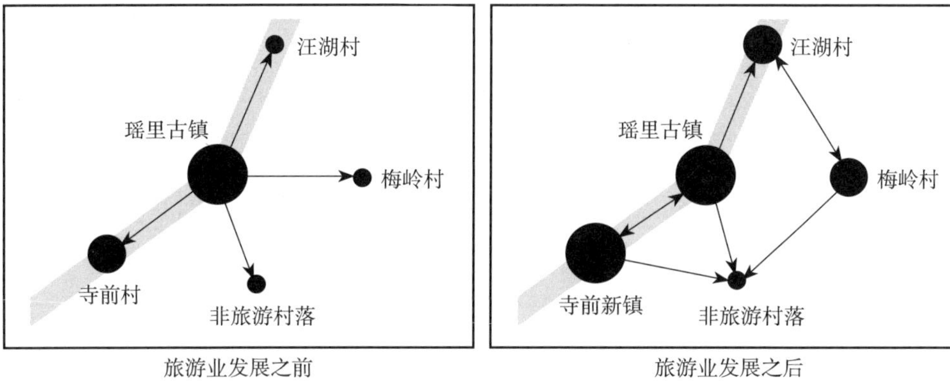

图4.3 瑶里镇空间扩散模型的演变（灰色带为主要公路交通）

构建，也产生了相互的空间扩散。综上所述，伴随着社会变迁，瑶里镇村落与村落之间、村落与镇区之间的空间扩散呈现出一种相互交织、愈发密切的网络化态势（参见图4.3）。

4.2.3 中观镇区结构层面

1. 新区与旧区空间关系

瑶里古镇现在人口密度较大，随着旅游业的发展，大量游客涌入镇区，镇区的环境承载力已快接近极限。镇政府办公人员、居民、外地游客在镇区的活动相互干扰。为了拓展瑶里镇的旅游发展空间，瑶里镇政府在2005年搬迁至距古镇2公里的寺前村，开始实施保护古镇，开发新镇的建设策略。

瑶里新镇建设基址位于寺前村北部。寺前村为行政村，包含6个自然村，与新镇隔河相望。瑶里镇2004年编制的旅游开发控制性详细规划对新区建设进行了统筹安排。此轮规划的主要特点是充分利用寺前村原有的建设基础，将镇区的行政办公、教育科研、医疗卫生机构从古镇迁移过来，并安排了较多的住区，以容纳古镇溢出的人口。规划还安排了少量的特色加工业，如制茶业、花卉种植业、竹制品加工业等。在商贸设施方面，规划主要考虑服务于当地居民和游客。

根据瑶里镇的旅游开发控制性详细规划，新镇建设将定位于“瑶里地区的政治中心，区域旅游经济集散中心，传统文化与现代文化交融中心”。新镇将缓解古镇旅游开发带来的压力，吸纳古镇外迁人口，在便于古镇的开发利用与保护的同时，使新镇成为未来旅游总体规划中的集散中心，良性引导从古镇到新镇的人口流动，完成人口从古镇到新镇的迁徙过程。在功能定位上，新镇将形成与古镇互为补充、相互完善的互利互惠的关系。以此为基础，新镇将逐步完善，最终形成整个区域内的政治、经济、文教生活的中心。在产业定位上，新镇将为古镇提供有力的支撑，并利用其腹地开拓新的经济领域，与古镇错位经营，良性结合，成为区域经济产业链中至关重要的一环。在文化定位上，新镇将极力烘托古镇瓷源文化的氛围，并综合考虑整体、功能、产业等定位，强化和保护古镇地域的整体文化气息。[①]

从目前瑶里镇现状来看，新区建设还未形成气候，新区只有镇政府办公楼和其他行政设施，新区规划中的一些设想，如迁出古镇入口、发展商贸业还停留在蓝图阶段，如何聚集人气、促进新区的健康发展，是当前瑶里规划建设所面临的一个重要问题。

2. 公共服务空间结构演变

中国古代许多小城镇都因商兴镇，瑶里就是一个典型的例子。瑶里位于江西与安徽两省交接处，安徽那边就是徽州地区，有众多实力雄厚的徽商，而江西这边有大量的商品如景德镇的瓷器、浮梁的茶叶，瑶里历史上曾是重要的商贸枢纽，著名的“徽州大道”穿镇而过，构成瑶里古镇的骨架（参见图4.4）。虽然瑶里镇古代的空间格局无从可考，但是“徽州大道”基本上被完整保存了下来。由于古代人畜通行并不需要很宽的道路，所谓“大道”就是几米宽的巷道，但地面为青石板铺装，在古代村镇属于较高级的道路。道路两旁为清一色的店铺，店铺建筑立面特征为宽大的隔扇和外卖的柜台，基本都为两层建筑，呈现“前店后居”、“下店上居”的格局（参见图4.5）。随着近代瑶里商贸业的衰退，街道早已失去商贸功能，如果不经特别提醒，游客只会认为这是一条普通的古巷道。如今，尽管瑶里老街上一些店铺经历过居民多次的重建与改建，已经变得面目全非，但还有半数以上店铺保持原有格局，依稀可见当年的繁华。

历史上，瑶里的老街一直是古镇的核心公共服务空间，其他区域基本上都为住宅。新中国成立之后，随着景渔公路的开通，瑶里镇的公共空间结构发生了根本性变化。随着老镇政府办公楼在河边兴建，一条宽7米的道路从景渔公路引入镇区（参见图4.6），随后，道路两侧的原有民居逐渐消失，替换成了现代的多层或低层建筑，其一层功能大都为餐饮商业。经过若干年发展，这条街道取代了原有的“徽州大道”，成为瑶里镇新的公共服务空间。进入20世纪90年代之后，随着瑶里旅游

① 资料来源：瑶里古镇控制性详细规划设计文本。

图4.4 “徽州大道”今貌

图4.5 传统商铺

图4.6 镇区内的主要商业街

图4.7 景渔公路两侧的“马路经济”

业的起步，景渔公路两侧紧靠着镇区部分出现了许多私人建设的楼房，大都为餐饮住宿，形成了“马路经济”的格局（参见图4.7）。到2006年，瑶里的公共服务空间结构已由古代的“线形”转变为“半圆形”，这是不断的社会变迁作用下的结果。2004年，古镇编制了旅游开发控制性详细规划，将7米主干道两侧的现代建筑拆除，替换为低层传统式样建筑（主要承担旅游商贸、餐饮等服务内容），但原有的公共服务空间结构基本未变（参见图4.8）。

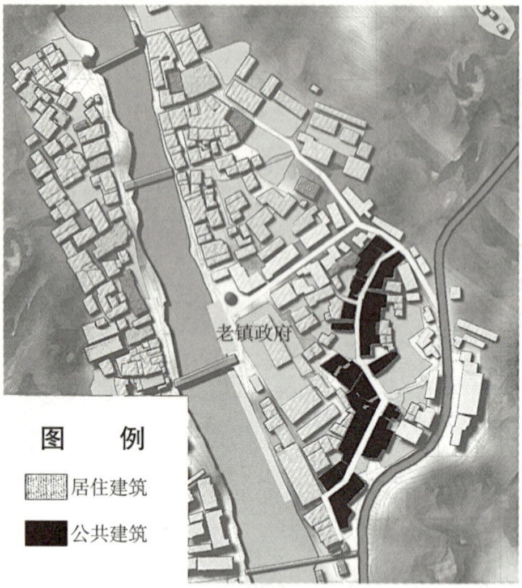

古代的线形格局

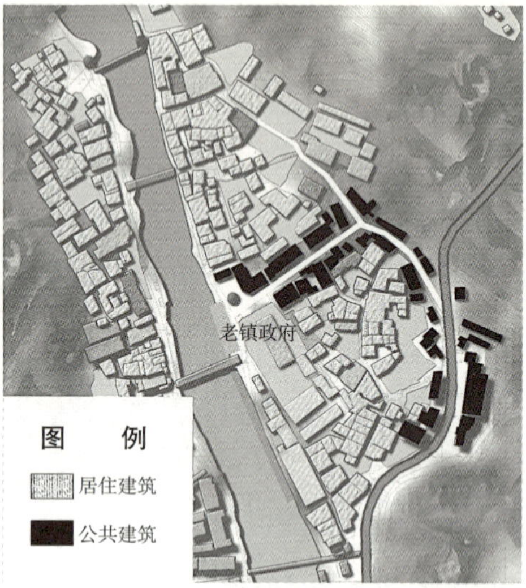

当代的半圆形格局

图4.8 瑶里古镇公共服务空间格局的演变

4.2.4 微观空间形态层面

1. 空间容量的变革

随着瑶里旅游业的发展，古镇里外来游客逐年增多，每当旅游旺季时，还吸引了大量周边村民摆摊销售土特产，古镇里拥挤不堪，对旅游业的发展产生了制约作用；此外，瑶里居民的居住环境原本就比较拥挤，大家都有改善生活条件的愿望。瑶里镇人地之间的矛盾比较突出，对此，镇领导介绍说：

> 瑶里镇的建设目前有三个难题：第一是建筑保护与居民改建的矛盾，民居是私宅而不是博物馆，群众希望对其进行改造以适应生活需要，但却与保护政策相抵触；第二是山区的可利用建设用地不足，新增农户无法安置；第三是外地许多权力单位想在镇区内建疗养院、干休所，也需要征很多地。

在瑶里，用地不足已成为当地建设最主要的问题，为了解决这一问题，瑶里镇空间容量的扩容，迫在眉睫。

瑶里空间容量变革的方式通过两种途径来实现，一种是在市场机制作用下的空间容量扩张；另一种是政府主导的，通过规划手段实现的空间容量扩张。在第一种方式中，随着旅游市场的兴旺，市场机制这支“看不见的手”不断地将空间生产力布局向旅游服务行业倾斜，导致餐饮服务场所大量增加。数据显示，旅游业发展之后，瑶里镇区的餐馆明显增加，由旅游业发展之前的2家发展到2005年的6家；而镇区旅游住宿服务设施的增长更是明显，1999年前，镇区只有几家条件非常简陋的招待所，而2005年已有较为正式的宾馆3家，小型旅店10家。大多数小旅店由私人建设经营，大部分位于景渔公路两侧，形成了典型的“马路经济”。

第二种空间容量变革的方式是政府通过规划手段，自上而下地拓展空间容量，寺前新镇的建设就是典型案例。根据瑶里旅游开发控制性详细规划，寺前新镇规划了29.85公顷的总用地面积，到2013年，新镇人口规模将达到1840人。在新镇建设之初，必须从古镇中迁移一部分人口，这部分迁出人口主要分为四类：① 古镇中部分山货、茶叶销售商，他们将被搬迁至新建的商住结合的市场。② 古镇中行政机关的相关人员，包括机关干部及其家属。③ 瑶里中学和瑶里中心小学迁移到新区，涉及相关师生。④ 古镇保护需要拆除一些破坏历史风貌的多层住宅，这些住宅多属于白石塔林场职工，他们也将被搬至新区。

整体而言，随着镇区主导产业向旅游产业的转型，瑶里镇产生了明显的空间容量的扩张趋势。在实施过程中，对古镇的保护要求限制了在古镇内的大兴土木，所以镇区发展所需土地将在未来新镇区中解决。由于目前新镇区建设还处于起步阶段，瑶里镇空间容量的增容需求暂时受到了抑制，所以这一过程也体现出“蓄势”的特点。

2. 环境意向的变迁

本书中的环境意向是指人们在空间营建过程中对建设方式、建筑风格的一种集体意识的选择倾向。环境意向是社会中公众共同形成的观念，它的转变与社会变迁有相当高的关联度。

瑶里旅游业发展之前（1999年之前），其环境意向经历了一场由传统“地域性”向“现代性”的转变。随着村民生活水平的提高，村民大量地弃老屋建新房，破坏了古聚落的美学价值和文物价值，造成景区内的视觉污染。各村镇聚落新建成区呈现出沿公路蔓延之势，形成“马路形态”村镇，逐步取代了南泊、三墩、寺前、东埠、高岭等古建成区。

在瑶里古镇中，大量新房也不断出现。20世纪90年代之前，当地官员的政绩主要体现在古镇中建了多少栋新房，对多少栋民居实施了号称“危改”的拆旧建新。正如当时镇政府官员所言：

在旅游没有搞起来之前，有些领导并不同意在镇里盖些高楼，这需要拆掉许多老房子。但是当时不建也不行，因为当时考察干部的政绩就从这方面来看，这属于小城镇建设政绩考评的一块。向上级领导汇报，就是看看镇里有没有新楼，农民盖了多少新房。

当旅游业发展之后，瑶里古镇的环境意向变迁最明显的特征就体现为当地政府工作思路由“拆旧建新”转变为“拆新保旧”，人们保护古镇的意识逐步增强，官员政绩考核的评判标准也变成了古镇的保护与利用，这是一个建设指导思想上的大转变。以绕南村与寺前村为例，这两个村落属于浮梁县新农村建设试点村，得到了上级政府财政拨款的扶持，对村容村貌进行了改造。瑶里镇希望将这两个村的新农村建设和风景旅游区建设相结合，使其改造意向符合风景旅游区的定位，保持地域特色。

绕南村拥有丰富的旅游资源，民居、祠堂等历史遗存众多，在瑶里旅游规划中被定位为旅游景点，该村改造将新农村建设与风景旅游区相结合，对民居祠堂进行了广泛的修复，力求原汁原味，通过旅游开发提高村民的生活水平。寺前村的传统面貌保持较好，并有部分经典的传统民居和祠堂，但破损程度较高，村落中还插建了一些现代风格的农宅，其旅游开发的整体价值不如绕南村，在旅游规划中也没有作为景区重点建设，在规划中仅要求与其他景点的风貌保持“协调”。寺前村在新农村建设过程中，其基础设施、公共服务设施建设取得了许多成就，但改造出现了诸多不合理处：一方面，规模宏大的祠堂因为“过于破旧，没有维修价值”被拆毁（参见图4.9）；另一方面，众多平顶农宅上则要求戴上马头墙的“帽子”，有些甚至呈现出不伦不类的效果（参见图4.10）。这是一幕滑稽而又无奈的场景。

图4.9　被拆毁的祠堂

图4.10　平屋顶上的“马头墙”

将绕南和寺前两个村落进行比较，我们可以看出，同样古旧的祠堂，在不同的村落中面临着不同的命运。对待传统建筑的去与留，人们的评判标准不是建立在对文化历史价值的考量上，而是建立在对旅游商业开发价值的考量上。瑶里旅游发展起步后，虽然其村镇聚落环境意向总体上由"现代性"向"地域性"转变，但这种转变是否彻底，则取决于"旅游开发价值的高低"，若是有利可图，环境意向变迁就倾向于"原汁原味"；如果开发价值不大，环境意向的变迁往往会走入误区。由此可见，村镇聚落环境意向的变迁，不能被看作是纯粹的空间问题，它受到市场经济机制下的经济利益的驱动。

3. 聚居模式的变迁

步入近代以来，瑶里镇受制于区位的偏僻、信息的闭塞，发展十分缓慢，但却因祸得福，保留下了不少明清时代的民居。就外在形态而言，瑶里镇区和农村的民居都有院落天井、粉墙黛瓦，形态基本上类似，但其聚居模式有很大差别。农村住宅的聚居模式基本上保持独户独栋的格局，住宅大都为一至二层，此种聚居模式基本上延续了古代的传统风貌。但瑶里镇区的情况则大不一样，其聚居模式随着社会的变迁也发生了转变，并呈现出两种变迁方式。

变迁方式一：镇区中不少民居虽然保持独户独院的形态，但实际上为多户混合居住，类似于北京四合院的"大杂院"。在新中国成立前，这些老宅毫无疑问都是独户的聚居模式，建国之后经历过一系列政治动荡，从20世纪50年代起就作为公房分给镇上的职工居住，前些年又经历房改被分开卖给各家住户。传统民居的各个房间原本是一个有机的整体，但现实的情况是楼上与楼下、厢房与正房却住着不同的家庭，大家共用天井、入口，甚至包括厨房与卫生间，相互干扰比较严重。它的外观虽然同传统民居相同，但在聚居模式上不能再被归为传统民居；此外也不同于城市的单元住宅楼。这种聚居模式的变迁在半个世纪前发生，随着当代瑶里的旅游产业化转型过程，暴露出一系列弊端。例如瑶里的旅游接待能力相对巨大的市场有很大缺口，但民间的家庭旅店却数量稀少，主要原因是多户混合居住的模式不利于家庭旅店的经营。正如居民所说："如果这个房子是自己的就可以搞家庭旅馆，但现在大部分都是三、四家合在一起，怎么弄？""如果是一家一栋的，80%都愿意搞。"只有这些老宅的聚居模式重新回到独户独栋，民居才有可能改造成为家庭旅店。

变迁方式二：瑶里古镇原本为清一色的传统民居，在20世纪90年代，镇中心区河岸附近拆除了一些民居，建了几栋四至五层的住宅，这些建筑大都为现代风格，体量庞大，对古镇的传统风貌造成了严重的破坏。这些建筑为白石塔林场所建。林场是我国计划经济时代的产物，其运作机制类似于国有企业，由国家统一划拨资源，安排其生产。[①]在计划经济时代，国有企业在地方政府的建设方面举足轻重。在瑶里这样的经济不发达的山区，没有成规模的工商企业，林场的经济实力和地位显得更加突出。2006年，瑶里的林场职工居住在古镇内的有300多人，占瑶里1/6 ~ 1/5的人口比例。这种单元式的住宅楼在中国大多数地区已相当普遍，但在瑶里这个山区小镇却还是一个新生事物。传统的独户独栋的住宅适应于农业生产和生活模式，便于居民晾晒谷物、存放农具；与之相比较，在我国土地资源日益紧张的背景下，多层集合住宅在节约用地与经济性方面具有相对优势，再加之它适应于非农化的生活方式，所以这些年增长势头较快。

① 国有林场改革的相关政策的探讨. 林业财务与会计，2005，10：20～30.

第5章　鹅湖镇：“社会—空间”互动中的“整合”态势

鹅湖镇位于景德镇市浮梁县东部，东连瑶里镇、西靠臧湾乡、北接兴田乡，镇政府驻地距浮梁县城30公里（参见图5.1）。镇域人口2.6万人，镇区常住人口9000人（2005年数据）。同其他四个小城镇案例相比，鹅湖镇的城镇化率与人口规模均处于较高水平。鹅湖镇2005年全镇国民生产总值为30232万元，一、二、三产比重分别为27%、38%、35%①。从镇域来看，鹅湖是一个以农业经济为主并有少量乡镇工业的镇；但从镇区来看，鹅湖是一个典型的带有区域服务功能的商贸型小城镇。商贸

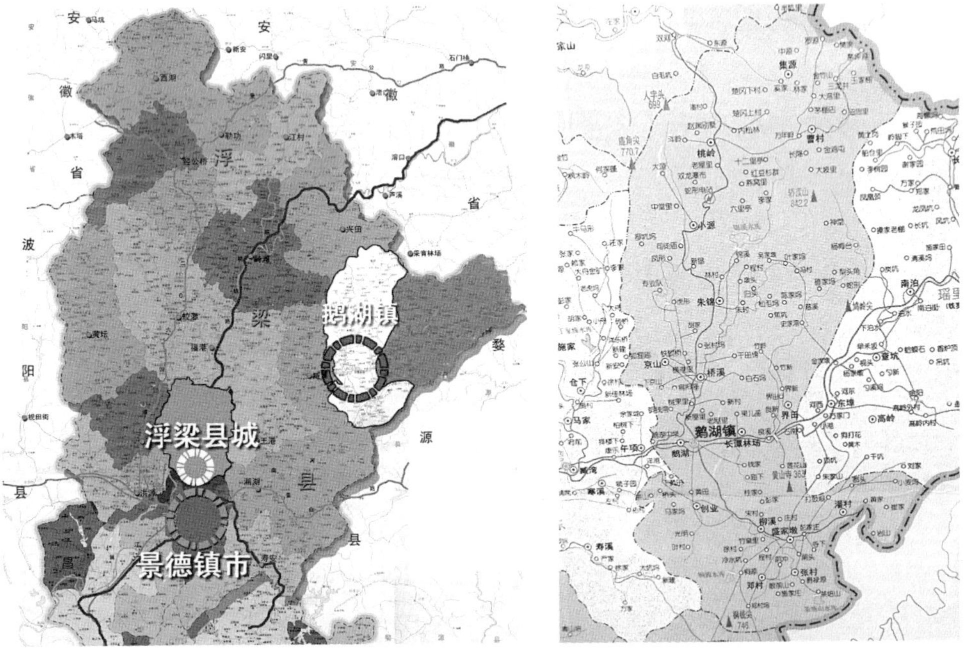

图5.1　鹅湖镇区位图与行政区划图

（图片来源：景德镇市政区图和浮梁县总体规划）

---

① 资料引自浮梁县乡镇综合实例统计调查年报表（2005年）。

云集、喧闹繁荣是外人对该镇面貌的第一印象。

通过对鹅湖镇的田野调查，我们发现鹅湖镇正在经历一场深刻的社会转型，这一过程主要体现为小农社会向商业社会的演变、市场化的加深、人们的市场观念的逐步增强等；与此同时，鹅湖镇的空间重构也是相当显著的——镇区主要道路旁传统的农宅纷纷被拆除，沿街兴建起大量多层住宅与公建，所有建筑下面是清一色的商铺。从整体来看，鹅湖的商铺虽然都以个体经营的模式出现，但众多的商铺聚合到一起已形成相当大的规模，再也不是小打小闹。直至今天，鹅湖镇商贸街的发展已比较完善，在商贸流通方面对周边地区有很大影响力。

从以上分析可以看出，鹅湖镇当前所经历的社会转型与空间重构不是孤立的现象，这两者正处于一种相互整合、相互促进的良好态势。鹅湖镇市场化进程促进了镇区的商贸业的发展，同时引发了空间的重构，如商铺的增多和商贸街的形成；同时，鹅湖镇的空间重构如商贸街规模的持续扩张吸引了更多的周边乡镇的潜在顾客前来鹅湖镇消费，反过来促进了商贸街的发展，加速了鹅湖镇区由小农社会向商业社会的转型。总体而言，鹅湖镇空间重构与社会转型这二者的关系强烈地体现出一种整合的态势，社会转型的过程渗透到了空间重构的许多方面，空间重构的过程也干涉了社会转型的诸多方面，两者相互调校对方的发展轨迹，使其顺应自身的变革。例如在旧镇区向新镇区的空间跃迁、商贸用地的拓展等过程中，都可以明显体现出来这一趋势。

5.1 社会转型对空间重构的整体影响

5.1.1 产业特点：农业向商贸业转型

江西是一个传统的农业大省，鹅湖镇正是江西大批农业小城镇中的普通一员，它的发展轨迹和生存状态在我国中部农业主产区具有一定的代表性。改革开放以来，鹅湖镇在加强农村土地承包责任制的基础上，适时调整生产结构，大力推进农业产业化进程，同时充分利用交通和区位上的优势，积极招商引资，根据“农业稳镇、企业强镇、民营活镇”的理念，带动了镇域经济的发展。近几年，鹅湖镇农业基础地位得到进一步巩固，稳定了粮食生产，大力调整了产业结构，全镇农业步入了健康发展的良性循环，逐步形成了以中药材、食用菌、有机茶为主的特色农业格局。在工业生产方面，鹅湖通过招商引资，形成以建材、中药加工业为龙头的工业

图5.2　鹅湖镇商贸街的商业气氛

图5.3　鹅湖镇商贸城

体系，但鹅湖的工业基础非常薄弱，技术含量低，乡镇企业规模小，目前尚未形成规模效应。

小城镇对农村来说，是一个提供资金技术、生活资料、生产资料服务的平台，商贸业是其基本功能之一。有些小城镇由于特殊的区位条件，其商业服务辐射范围很大，变成较为发达的商贸小城镇。鹅湖镇正属于这一类型。尽管鹅湖镇的传统优势产业是农业，但鹅湖镇区的商贸业自从改革开放以来一直稳步发展，尤其在1998年之后，鹅湖镇区商贸业发展进入了加速发展时期，外来人口增加较快。鹅湖镇区现已发展为较典型的商贸业小城镇，其商业氛围甚至超越了浮梁县城（参见图5.2、图5.3）。鹅湖镇2004年修编的总体规划已将鹅湖镇定位为浮梁县东部政治、经济、文化、交通中心，以生态农业和旅游业为龙头，环境优美、商贸发达的现代化商贸型小城镇。

根据鹅湖镇总体规划，鹅湖镇的下一步城镇发展目标分为两个阶段。鹅湖近期城镇发展以现代商贸城镇为目标，远期城镇发展以区域中心镇建设为目标。由此可见，鹅湖的城镇化过程是以商贸业为先导，吸纳剩余劳动力，待实力壮大后逐步向综合功能性小城镇发展。鹅湖的这一变迁过程，正是我国传统农业聚落向商贸业城镇发展的缩影，也是我国中部地区城镇化的鲜活案例。

5.1.2　农村剩余劳动力的迁移

鹅湖的发展是一种自生行为，它既没有上级政府或国家资金的巨额投入，也没有大工商企业的投资，其发展资金主要来自于当地村镇，基本上可以说是农民建起来的城镇。鹅湖镇在发展中增加的人口主要来自于周边地区的农村剩余劳动力。统计资料显示（参见表5.1），从2001年到2003年，鹅湖城镇人口数量增长了4076人，但非农业人口只增加了1016人。鹅湖是一个商贸型小城镇，从外地迁至镇区的人大都从事商贸服务行业。但是，经商需要资本，也需要一定的商业头脑，只有少数外地农民能成为鹅湖的居民。根据现状调研，搬迁至镇上的农民多半都是常年在外闯荡，眼界比较开阔，并有一定经济资本的人，如在外经过商、跑过运输的人。他们是村里的“能人”，虽然其身份是农民，但在搬迁至镇上之前很早就不从事农业生产了，这类人在农村中的比例一般不超过6%。

鹅湖城镇人口数量　　表5.1

项目（人）	2001年	2002年	2003年
人口总数	3226	4470	7300
非农业人口	1584	1938	2600
流动人口	500	700	900

资料来源：浮梁县鹅湖镇总体规划基础资料

在鹅湖农村，大多数剩余劳动力（普通农民）如果缺乏一技之长，向外迁移的主要去向并不是鹅湖镇，而是上海、广州等大城市，在那可以找到较多的就业机会。以鹅湖镇朱锦村为例，该村人口有4000多人，但有1000人常年在外打工，占全村人口的四分之一，平均每家就有一个人在外打工，打工带来的收入在家庭经济来源中为主要部分。对农村剩余劳动力向外流动的现象，朱锦村委会主任进行了一番生动的描述：

现在村里很多年轻人已经不愿意种田了，都愿意在外面跑。像在我们县，一家人打比方说四口人，种十来亩田，一年也就七八千的收入，但是只要一个人在外打工，有的搞得好的有一万多块钱一年，最好的有几万块钱，最差的也有五六千块钱，这样就可以抵一家人种田了。在我们当地，一般房子的造价都不超过五六万块钱，通常家里父母种田有部分收入，再加上子女的打工收入，三四年就可以造一栋房子。所以，现在打工收入是农村建房的主要动力。

鹅湖镇的调研结果显示，农村剩余劳动力向城市的流动只是临时的，是不稳定的。大部分村民打工赚钱之后最终还是回到了农村,真正留在城镇里定居的人很少。可见,在江西这类中部地区省份,农村剩余劳动力的城镇化转移对本地城镇化进程的推动并没有想象中那么明显。对农民来说,大城市的生活成本太高,那只是他们的临时工作地,不是永久栖居地;此外,农民在农村有赖以生存的土地资本,这是他们最大的财富,对于他们来说,到城市中定居,意味着抛弃这一份财富,需要很大的经济实力和勇气。用一位农民的话来说,"国家分了田给你种,你不但没有负担,国家还补你钱,你如果租给别人,别人要帮你交税,还得给你租钱。如果你转为非农户口,所有这些好处都没有了[①]"。

例如,为了开发鹅湖北部山区的旅游资源,保护生态环境,提高村民的生活水平,镇政府曾经鼓励村民从农村迁移到城镇,并提供相应的优惠政策。从某种意义上来说,这是一个中部地区农村直接城镇化的试验,但这个试验却并不成功。当时政府的优惠政策是在镇区无偿给迁出农户提供土地,让他们自己建房。结果除了一些当地经商农户愿意迁至鹅湖镇区,其他大多数人无法在镇区立足,5000人口中迁出的人不到几十户。

城镇化是当前我国发展的基本战略之一,国家鼓励农民向城镇的迁移。根据这一战略,江西省将2020年的城镇化率定为50%,鹅湖镇的城镇化率在远期总体规划中定为52.64%(2006年为30%)[②]。但根据基层调研的实际情况,在鹅湖镇乃至江西这样的欠发达中部地区,50%的城镇化目标实现难度较大。鹅湖镇领导曾说:"鹅湖现在的城镇化率30%本身就有水分,把一些不应该统计的人口统计进去了,比如学生、通勤人口,依照现在的产业发展状况,将来鹅湖镇区很难承受镇域50%的人口。"在东部发达省份如江苏,由于土地资源紧张,提出了"农民居住向城镇和农村新型社区集中"的口号,他们比较重视土地保护和农民利益保护的"双保"机制,地方政府往往利用征地费用给迁移到城镇去的农民提供社会保险,并给他们安排工作。[③]而中部地区经济落后,外部投资少,地方政府没有足够资金为农民提供社会保险,欠发达的经济也不能提供较多的就业岗位,难以借鉴发达地区的经验。

由此可见,对于欠发达的中部地区,受制于农民的观念和经济条件,"农民向城镇集中"的实施条件在一些地区尚不成熟,如果通过行政手段强行推动实施,

① "补你钱"指国家对农业的各种补助。由于农业税已取消,这里的"税"一般指的是交给村集体的支出,而不是指交给国家的"农业税"。

② 资料来源:浮梁县鹅湖镇总体规划文本(2004版)。

③ 沈建华,陈兵."三集中"的成功实践——看无锡市破解发展与用地矛盾.农民日报,2005-9-29(2).

往往不能取得预期效果，最终变成某种形式的“政绩工程”。农村剩余劳动力的迁移引发的城镇化过程，是农业社会转型的必然结果，政府不能为追求“城镇化率”而推动城镇化，当社会发展到一定程度，城镇化水平的提高就自然而然、水到渠成了。

5.1.3 生产、生活方式的改变

鹅湖很早就是镇政府的驻地，其建设规模就浮梁地区而言较大。但在改革开放之前，镇区所在的鹅湖村和周边其他村落没有多少区别，只有几个农村供销社可以给居民提供有限的商业服务，缺乏城镇气氛。每到夏天，四邻八乡的农民前来镇区赶集，这一过程只持续四五天，平时则冷冷清清。镇上的居民除了少量政府机关工作人员，大部分以水田、林地为生计。可以说，那时的鹅湖镇只是具有行政意义上的建制镇，对周边区域提供资金、技术、商业服务的城镇职能非常微弱。

改革开放之后，鹅湖小城镇发展开始起步。由于地理区位优越，镇区的主导产业从农业转型为商贸业，尤其进入1998、1999年，鹅湖小城镇进入了加速发展阶段，各项服务功能逐渐齐全，城镇职能日益完善。镇区内的鹅湖村居民不再是面朝黄土背朝天的纯粹农民，他们充分利用了小城镇发展的平台，大力发展二、三产业。大量居民经商，有一部分人甚至到外地去发展。从调研结果来看，目前镇区中的年轻人都已脱离了水田，只有部分老人从事农业生产。

在20世纪80年代中期，镇上的商人主要来自本地。据鹅湖镇一位领导介绍：“那时开个小店生意很好，现在这批人都发了，普通百姓受‘文革’的影响对经商还有一定的畏惧情绪。但现在随着市场规模的扩大，商业竞争更加激烈，那些第一批致富的人得到足够的原始积累后，很多人转变了职业，比如当老板、包工头。”目前，鹅湖城镇建设的集聚效益开始显现，镇区的第三产业发展也把城市中的一些服务功能带到了乡村，加速了农民“现代化”的转变（参见图5.4）。虽然这些服务的档次与规模同城市相比还很稚嫩，但毕竟是一个良好的开端。此外，二、三产业的发展也推动了城镇建设，鹅湖的商贸业转型与空间重构形成了一种良性循环。

图5.4 镇区内的婚纱摄影店

5.2 宏观、中观、微观层面下的"社会—空间"互动

5.2.1 中观层面占据主导影响

在鹅湖镇三个层面下空间重构的过程中，中观镇区结构层面占据主导作用。这一局面的形成与鹅湖镇特有的社会转型过程密不可分，因为鹅湖镇的主导产业由农业向商贸业转型，具体是指镇域经济的宏观变化态势。在鹅湖镇改革开放前商贸业未兴起之时，农业占据镇域经济的主导地位，当商贸业发展起来后，从统计数据上来看，第三产业占镇域经济的比例迅速增加，但第一产业（农业）所占份额还保持不小的比例。所以说，商贸业的发展主要是对镇区的影响比较大，而广大的农村地区基本上还保留了原有的农业生产格局。

简言之，鹅湖镇所经历的社会转型在镇区中比较突出，而对农村的影响较小。当然，这并不是鹅湖镇的社会转型对宏观镇域结构层面与微观空间形态层面没有影响，只是这种影响相比较于中观镇区结构来说较为间接一些。同瑶里镇空间重构中"微观"层面占据主导作用相比，鹅湖镇的情况有很大不同，这也正说明了不同镇在不同的社会转型背景下，变迁路径所体现出的差异性。

5.2.2 宏观镇域结构层面

1. 小城镇首位度变化

"首位度"原本是城市地理学的概念，指的是一个国家的"首位城市"在规模与级别上比其他的城市大出很多。马克·杰斐逊（M. Jefferson）早在1939年对这一国家城市规模分布规律进行了概括。他将那种在规模上超出第二大城市很多，并在国家政治、经济、社会、文化生活中占据明显优势的城市定义为首位城市（primate city）。一国最大城市与第二位城市人口的比值，即首位度。[①]城镇体系中大城市与地方城市构成一个空间网络，与此相类似，村镇体系中的小城镇与农村也构成网络。小城镇作为"城市之末、农村之首"，同样在村镇体系中具有首位效应。

但是在改革开放之前，鹅湖镇区的首位效应并不明显。镇区只是政府所在地，对村庄不能充分发挥小城镇的资金、技术、人力资源的聚集作用，也未能体现出城镇功能，实际上是一个放大了的村庄。在我国原来的计划经济体制下，对于鹅湖这样有

① M. Jefferson. The law of the primate city. Geographical Review, 1939.

较好商贸流通先天优势的小城镇，僵硬的机制束缚了小城镇的发展；此外，城乡分割的“二元体制”也限制了农村与城镇之间的人口流动，农民进入城镇经商定居的愿望受到压抑。当时，镇区与农村的联系非常松散，从农村来到镇区的农民只有两类人：第一类是到镇政府办事的；第二类是到镇区采购小商品的。买稍微大件的商品（如家电）都要到景德镇市去买；买服装时，由于镇区里摊位少，款式单一，一般也到景德镇市区里购买。在这种情况下，镇区的发展状况同农村相比并无多少优势。

进入90年代之后，镇域二、三产业蓬勃发展，镇区对农村的商业服务功能充分体现出来。现在，90%的居民生活用品都可以在镇区内买到，农村与镇区的商贸联系愈发紧密，过去常见的农民租车去景德镇市区大采购的场景难以见到了。鹅湖商贸业的发展不但加强了小城镇与农村的联系，也促进了鹅湖镇自身的发展，城镇规模迅速扩张。从深层次意义上来说，鹅湖镇的发展过程实质上是一个由农业社会转型为工商业社会的过程，这一过程使镇区与农村人口的流动机制回归到一种理性状态，鹅湖镇的首位度显著提高。从2001年到2003年，鹅湖城镇人口数量增长了4076人，而农村人口却无太多变化，从一个侧面说明了鹅湖镇集聚效应的增强。

2. 鹅湖镇辐射区域变动

鹅湖镇作为一个以商贸业为主的小城镇，其商业辐射范围（发展腹地）是鹅湖镇的发展之源，决定了镇区建设的规模。目前在浮梁县所有乡镇中，鹅湖镇的商贸业发展最为健康，其繁荣程度甚至超越了县城。这种原因既得益于鹅湖特殊的地理区位，也源于鹅湖特殊的行政区划历史沿革。鹅湖镇位于浮梁县境东部，镇域内的主要公路干线景瑶公路贯穿境内，交通便利。镇域东面与北面环山，镇区所处地势相对平坦。从地理区位来说，鹅湖镇在整个浮梁县西部优势较为明显。民国时期鹅湖镇域属浮梁县第三区，新中国成立后属浮梁县第二区，1954年镇域辖地成立18个初级社，1956年并为5个高级社。1958年臧湾、马家、仓下3个村划入，成立红旗人民公社；次年，臧湾、马家、仓下划出，改名为鹅湖人民公社，1984年，更名鹅湖滩乡，隶属景德镇市鹅湖区。1989年，县建制恢复，为县属，改为鹅湖镇。[①]通过资料看出，鹅湖在新中国成立后相当长一段时间内是区政府所在地[②]，当时浮梁县域被划分为两个区，鹅湖区的管辖范围很大，是整个浮梁县域西部的行政中心。由于这层特殊的历史背景，给鹅湖打下了较好的发展基础，镇区内至今还有很多区里遗留

① 资料引自《浮梁县鹅湖镇总体规划基础资料2004～2020》。

② 这里的区不是指现代意义上的城市辖区。依据当时行政建制，区类似于县，但比县级别低。

下的旧办公楼。

改革开放之前，鹅湖镇商贸业辐射范围基本在本镇域内，其辐射人口与辖区人口相吻合；20世纪80年代，鹅湖商贸业发展很快，成了区域贸易物资集散地，在其鼎盛时期，辐射范围包括整个浮梁县西部、婺源县部分乡镇，以及相邻的安徽部分乡镇，总辐射人口可达10万人，远超其镇域的2.6万人口（参见图5.5）。但是，近些年来鹅湖的辐射区域缩小，安徽、婺源等客商数量大幅减少，商贸业快速发展的势头减缓。

图5.5　鹅湖镇在浮梁县东部的商业辐射范围（20世纪80年代鼎盛时期）

（图片来源：根据景德镇区划图自绘）

鹅湖初期的辐射面积扩张是计划经济向市场经济转型的结果。当时，随着市场的开放，僵化的供销社商业营销体系让位于个体工商户的灵活营销体系。鹅湖得益于良好区位，商贸业迅速发展，其辐射范围也随之扩张。鹅湖后期辐射面积的收缩，源自于两个原因：一是周边地区乡镇的商贸业也有所发展，带走了部分鹅湖的客源；二是小城镇管理制度带来的一些负面效应。关于这个问题不得不提及一些农村商贸业的特点：由于许多农村距离镇区太远，村民去镇区购物不便，通常邀一伙人乘坐农用三轮车上到镇区采购，但极易引发交通事故。鹅湖镇政府为了加强小城镇管理，禁止农用运输车进入镇区（虽然现在的车辆变成四轮车，安全性能提高，但禁行政策并未更改），给村民进镇采购带来了不便；此外，采购货物的车辆乱停乱放较为普遍，城管采用罚款等手段进行管理。但是，就是这些看似合理的小措施却"赶"走了大量客商，并导致鹅湖的商业辐射范围萎缩。镇区一位长期经商的老板谈到这一状况，对此感慨道：

我一直在鹅湖做生意，说实话，鹅湖的市场越大，我们越有赚头，所以我真心希望鹅湖能够健康发展。原来，生意最旺的时候一般是过年。往年春节前40天，镇上采办年货的顾客人满为患，而现在离春节只有13天了，镇上人还不是很多，说明鹅湖的客源正在萎缩。比如原来一些安徽的车到这边来，鹅湖还管人家，罚人家的钱。据我了解，外面对鹅湖产生一种惧怕的感觉，这是做生意的一大忌讳。你这个城管罚了他十块钱，他以后永远不来了，改去别的乡镇进货了，鹅湖的损失太大了。我认为，外地车到我们这来乱停乱放，我们只能好言相劝，他是本地的客人，是我们当地的财源，得罪不得。唉，这样下去，对鹅湖的发展会有影响的。

对此问题，镇领导表示认同，但表现出一脸无奈：

小城镇要发展，就要规范管理。我们也知道一些管理措施对发展小城镇商贸业形成一定制约。但是，政府的年终工作考评内容是多项的，除了经济发展，还有其他的，比如安全问题。只要出了几件交通事故，死了几个人，你这一年的工作就白费了。所以，村镇的问题非常复杂，很多政策不像城里那么好执行，我们在管理的时候只能取个折中点。

综上所述，鹅湖镇商贸业的发展潜力取决于其辐射区域的范围，而辐射区域变动又与小城镇管理机制相关联。改变鹅湖镇区发展的制约因素，首先应从优化管理制度入手。鹅湖的案例说明，镇区的发展不是纯粹的空间问题，社会管理运作机制对其也有很强的影响。

5.2.3 中观镇区结构层面

1. 旧区向新区的空间跃迁

从鹅湖镇总平面图可以看出，鹅湖镇区明显分为新旧两区，其发展经历了两个阶段。鹅湖镇区最初是沿着两条垂直交汇的公路发展起来的，东西方向的公路是联结景德镇和瑶里的景瑶公路，是鹅湖镇的主要发展轴。景瑶公路的南端是老城区，由旧村落演变而来，全部为农宅，建设密度较大，内部道路曲折，规划上确定为二类居住用地。虽然老城内部已经有不少新建住宅，但其传统村落的空间肌理、村落式的空间形态依稀体现出它是传统农业社会的产物（参见图5.6）。

随着新中国成立后东西向的景瑶公路的开通，鹅湖镇作为商贸流通要道的区位优势逐渐显现出来，从20世纪60年代开始，沿着公路两旁新建了大量建筑，形成了马路经济，这是镇区空间发展的第二阶段。从现状来看，道路两边分布了大量公共建筑。各类建筑用地较为零星杂乱，临街多为下店上宅建筑，大部分建筑陈旧，建筑密度大，房屋间距小。街道两边的建筑一部分来自于国家投资，如镇政府、文化

图5.6 鹅湖镇的老城区

图5.7 鹅湖镇新区商业街

活动中心、供销社大楼，另一部分则是吸收民间投资，运用市场手段建立的，如大量商住楼（参见图5.7）。这条街的建设时期主要集中在70年代和90年代，在这期间，大量居民尤其是年轻人从旧村迁出，购买街道两旁的商住楼居住，如今居住在商住楼中的居民已占全镇人口的40%，旧村落逐渐趋于衰败，房屋空置率逐渐升高。由于镇区旧城改造涉及大量拆迁，同时旧村落留下的基础设施条件先天不足，改造过程中投入资金大，见效慢，许多地方政府往往更热衷于新区开发，而对于旧区则往往放任自流，因此出现了旧区的人口、资金向新区跃迁的现象。在鹅湖镇，旧村落向新镇区的空间跃迁正代表了我国村镇聚落由计划经济向市场经济、由农业社会向工商业社会转型的社会背景（参见图5.8）。

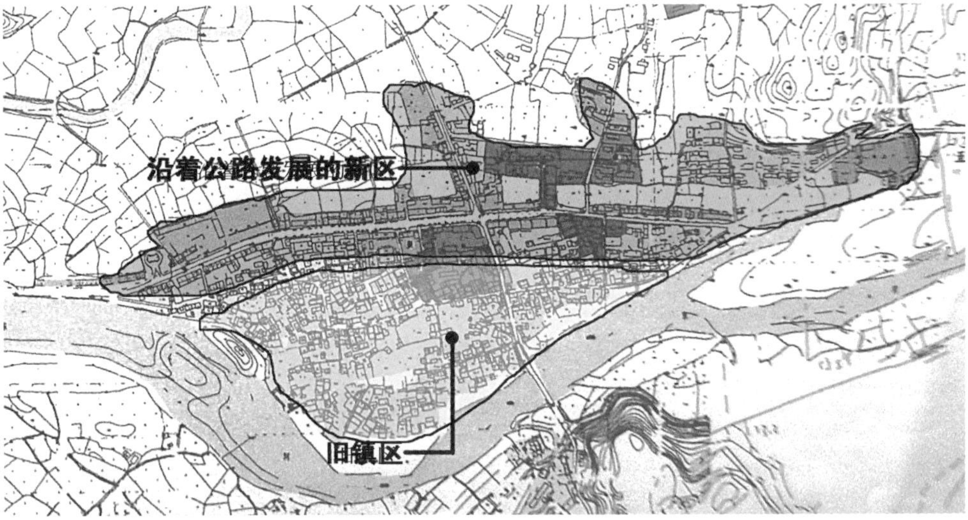

图5.8 鹅湖新旧区空间关系

（图片来源：根据鹅湖镇总体规划图自绘）

2. 商贸用地空间拓展方式

小城镇中最常见的商业建筑是农民自建的商住楼，小城镇商业用地空间拓展通常体现为商住楼的不断增生。由于人们总是希望店铺布置在获取商业利润最大的区域，所以小城镇商业土地的拓展方式主要受到了土地价值规律的影响。从鹅湖的案例来看，其商业用地的拓展呈现出三个阶段的演化：线状结构、星形结构、网状结构。

起初鹅湖的商业是依靠马路经济发展起来的，便利的交通带来了商机。商业店铺最初只局限于十字路口周边，随着商贸业的繁荣，商铺逐渐沿着马路向两侧延伸，呈现出“一条街，两张皮”的状况，成为典型的线状结构（参见图5.9）。但是当商业街沿交通线的长度超过合理值，将会引发城镇供水供电管线敷设过长、基础设施投入增大等一系列问题。在城镇空间形态的计量方法中，有个常用的指标是形状率，即$Q=A/L^2$，式中Q为形状率，A为建成区面积，L为建成区长轴长度。一般认为，区域形态最为紧凑的是圆形，形状率为$\pi/4$，其次为正方形，形状率为0.5。[①]形状率越低，说明城镇发展越不紧凑。

当鹅湖镇商业街沿东西方向延伸至450米时，商业街便停止继续延伸，然后向

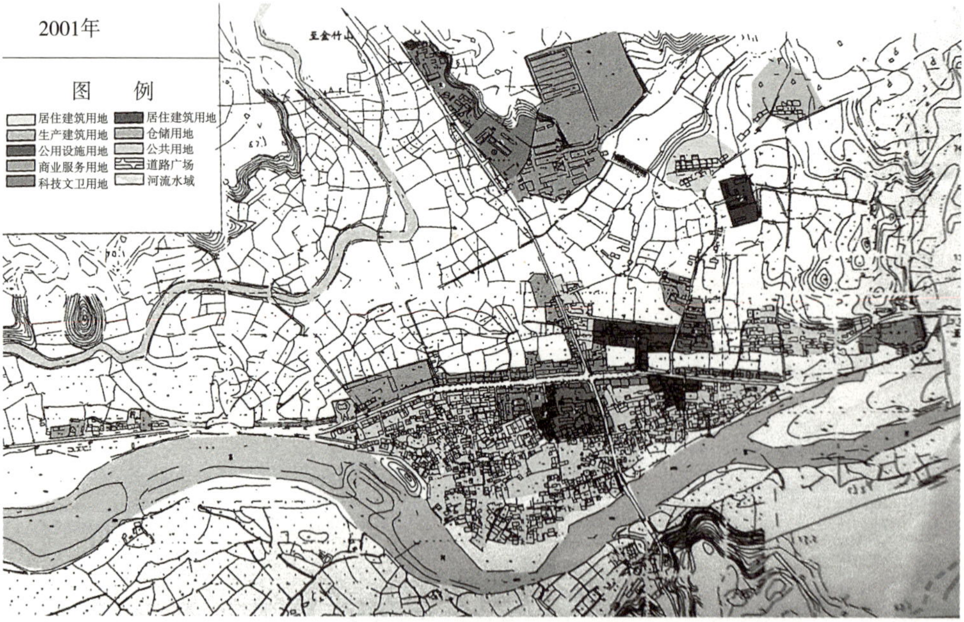

图5.9 鹅湖镇区现状图

（图片来源：鹅湖镇总体规划2001~2015）

① 陈前虎. 小城镇空间形态发展的理念和趋势. 城乡建设，2001，2：19.

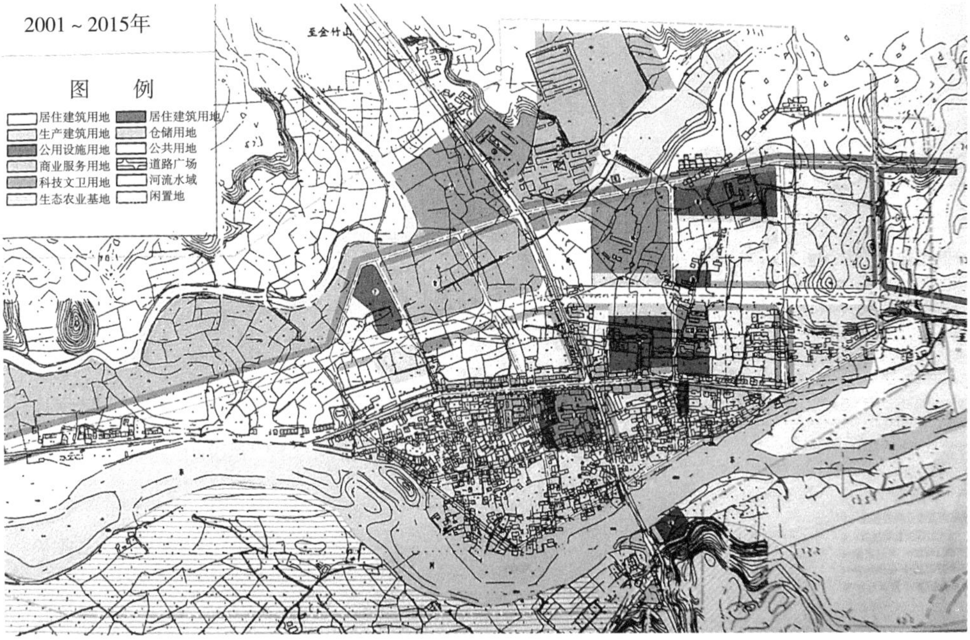

图5.10 鹅湖总体规划图

（图片来源：鹅湖镇总体规划2001～2015）

南北方向新开辟的街道延伸，形成新的发展轴，逐渐由线状结构转变为星形结构。（目前镇区面积为70300平方米，根据计算，鹅湖镇公共设施形状率Q值为0.35，说明鹅湖镇的商业用地很不紧凑。）

为了解决马路经济的交通与商贸功能相互干扰的矛盾，同时扩大镇区发展空间，2001年鹅湖镇编制了总体规划，确定了向北部发展的策略（参见图5.10）。规划将原有景瑶公路改成纯商业街，并在北部新建与景瑶公路平行的鹅湖大道，作为过境公路，并在两侧安排商业用地。鹅湖大道成了新的发展轴，第一批新建的商住楼位于与南北方向的公路交叉的路口上，而后向东西两边延伸。根据已有的发展历史来看，可以预测：鹅湖大道商业街向东西两端的发展也不可能无限延伸，它终将与南部商业街空间相融合，形成一种网状结构（参见图5.11）。

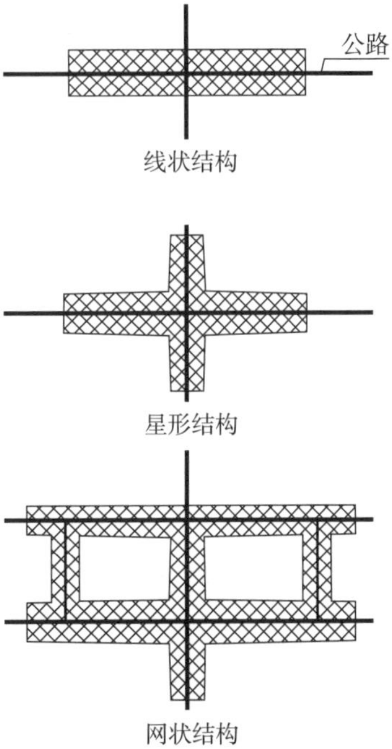

图5.11 鹅湖商业空间拓展方式

同时，发展轴之间的空间会被逐渐填充，受地价因素的影响，土地的利用将出现分化，沿街土地多为商业性质，内部土地多为居住、生产、公共设施等用地。

3. 核心与边缘的互动

核心与边缘理论是一种关于空间相互作用和扩散的理论。该理论认为经济发展是非均衡的。一旦经济在某一地区得到发展，产生了主导工业（master industry）或发动型工业时，则该地区就必然产生一种强大的力量使经济发展进一步集中在该地区，该地区必然成为一种核心区域（core region），而每一核心区均有一影响区（zone of influence），约翰·弗里德曼称这种影响区为边缘区（peripheral region）。核心与边缘的关系是一种控制和依赖的关系。在核心区形成之后，核心区发挥其扩散效应，革新由核心区传播到边缘，核心与边缘间的交易、咨询、知识等交流增加，促进边缘发展。随着扩散作用加强，边缘进一步发展，可能形成较高层次的核心，甚至可能取代核心区[①]（参见图5.12）。

镇区原有的景瑶公路集聚了大量的商业，带动了人气，成了相对的商业“核心”，而北面新建的鹅湖大道则成为“边缘”。新鹅湖大道由浮梁县国土资源局与鹅湖镇政府联合开发，政府主要负责基础设施建设，然后通过向民间拍卖土地回收投资成本。据镇领导介绍，鹅湖大道2005年9月30日竣工，总投资1500万，现在两侧土地已经拍卖出6宗，近7000平方米，售价700万，总体而言，竞拍者非常踊跃，拍卖比较成功。鹅湖镇新区已拍卖出的土地基本上都是盖商住楼，按此状况发展下去，鹅湖大道势必会成为新的商业街。对待镇新区的建设，一个在老商业街经营的商人表达了自己的忧虑：

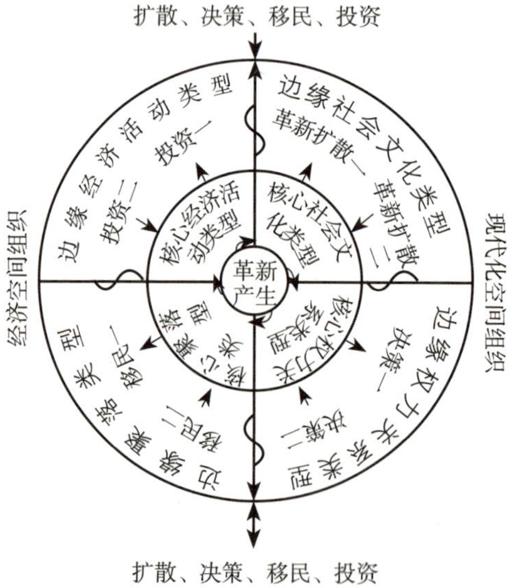

图5.12 核心—边缘模式图

（图片来源：许学强，周一星，宁越敏. 城市地理学. 1997：181）

① 许学强，周一星，宁越敏. 城市地理学. 北京：高等教育出版社，1997，180~181.

根据我们做生意的经验，现在老街的商铺有钱可赚，但新街两边盖楼的地比老街便宜，也就是说做生意的成本要低。如果将来新建的鹅湖大道发展较好的话，肯定会从老街分流一部分客源，我们的生意可能会受一定影响；如果新街的商业气氛没有发展起来，这样反而会拖累了老城商业街的发展。当然，还有一种可能性，就是新区发展特别大、特别快，反而把客流带到我们这来，那我们就沾光了。

由此可见，对于商贸型小城镇，核心与边缘的关系很好地解释了其内在变迁的机制。当核心商业地段的地价逐步升高，商业利润开始下降，原有核心区域发展所得的利益将会扩散到边缘的鹅湖大道，使鹅湖大道的商贸业获得发展，逐步成为次级发展核心。在这个过程中，扩散改善了核心和边缘区的空间地貌特征，人口迁移导致了核心和边缘区聚落类型的变化，投资过程影响到核心和边缘区的产业分布状况。

5.2.4 微观空间形态层面

1. 马路经济的反思

鹅湖镇区的发展最初源自于马路经济。镇区现状商业街为过去的景瑶公路，在20世纪80年代中期镇区商贸业还未形成集聚效应时，公路两侧出现了较多的公共服务设施，包括餐饮、住宿、小百货销售，主要给过境司机提供各种服务。

随着鹅湖小城镇公共服务设施的配套齐全，其作为区域商贸服务中心的地位开始形成，小城镇商贸业的集聚优势逐渐显现。在鹅湖镇目前商贸业消费者中，有备而来的采购商品的乡民比例逐渐升高，但过路客流带来的消费者仍占有一定的分量。尤其是90年代之后，相邻的瑶里镇旅游业的发展带来了大量的过境交通，许多农户纷纷在路边摆摊，生意相当不错。一些游客安排在鹅湖镇吃饭住宿，更多的游客愿意下车到鹅湖的农贸市场购买一些新鲜的土特产。总体而言，鹅湖商贸小城镇的职能分为两部分：主要职能是承担地区综合商贸服务，次要职能是承担过境交通商贸服务（参见图5.13、图5.14）。马路经济对鹅湖的餐馆、旅馆、农贸市场这三类商贸设施贡献较大。但是，不可否认，过境交通带来了尾气污染、噪声、安全问题，也有很大的弊端。

2005年之后，随着旧商业街北部鹅湖大道的开通，过境交通全部被这条新路所分流。镇区的马路经济几乎彻底消失，对于镇区经济来说，影响最大的是餐馆、旅

图5.13 一般小城镇的过境交通商贸服务（马路经济）

图5.14 鹅湖镇的综合商贸服务

馆、农贸市场。虽然城镇发展了，镇区扩大了，但商业销售额却下降了，这似乎是个悖论。镇区农贸市场内的经营户如此描述新路修成带来的变化：

> 我们的生意不如原来好，主要是鹅湖大道搞坏了。那条路只是给瑶里提供了方便，农副特产销售受到很大的影响。原来我们这里栗子是地方土产，大部分路过的游客看到路边的市场，都停车下来购买，原来最高卖到5块一斤，生意多好啊，而现在路修通后，游客从外部绕过，都不知道你这有东西卖。除此之外，镇里的饭馆、旅店损失更大，人家看不到，怎么会到你这来花钱。

从鹅湖镇的案例可以看出，对于我国中部欠发达地区来说，由于城镇建设资金匮乏，马路经济往往是小城镇发展初期建设资金的主要来源。随着镇域经济的发展，纯粹的马路经济形态也可能会转型为其他的经济形态，但在某些特定情况下还会起到一定的积极作用。因此，虽然马路经济有大量的弊端，但我们不应简单地把它看成洪水猛兽，考虑到当前我国中部地区社会发展的现实状况，应用辨证的眼光看待马路经济。对于许多小城镇已存在的马路经济状况，应加强引导，发挥其优势，减弱其负面作用，努力促进社会转型与空间重构的良性互动。

第6章　洪源镇：“社会—空间”互动中的“失衡”隐患

洪源镇位于浮梁县西部，东、北倚靠景德镇市区和市陶瓷高科技工业园，镇域面积83平方公里，总人口为1.5万人，镇区人口3900人。[①]镇区距县城8公里，距景德镇市城市中心区约4公里（参见图6.1）。境内有九景高速公路、206国道、景湖公路穿越镇域，同时正在建设景婺黄高速公路，并且交会于中心镇区及周边地区。洪源镇是景德镇市至九江、武汉、南京、上海等地的必经之处，对外交通便利，地理位置优越。在景德镇市的辐射带动下，洪源镇区正逐步发展成一个工业型小城镇，但目前也面临着诸多问题。

同瑶里、鹅湖镇区的历史相比，洪源镇区的建设史较短。从历史沿革来看，新

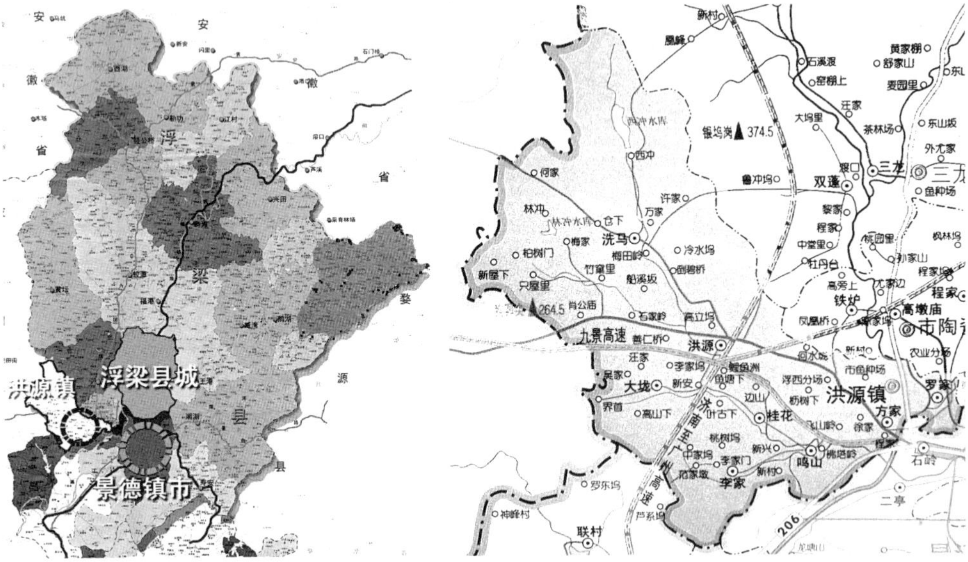

图6.1　洪源镇区位图与行政区划图

（图片来源：景德镇市政区图和浮梁县总体规划）

---

① 资料引自浮梁县洪源镇城镇总体规划2005～2020。

中国成立前，现洪源镇区所在地段只是普通的农村（方家村），1970年洪源公社从原公社驻地洪源村搬迁至现址，才拉开了洪源镇区建设的序幕。从统计数据可以看出，洪源镇镇区人口只有3900人（2005年数据），比鹅湖镇区5896的人口数量少，但是洪源乡镇企业总收入（3.1亿元）却高于鹅湖镇（2.2亿元）。这是因为洪源镇区的发展历史较短，是后起之秀。镇区现所在地在工业经济发展之前一直是典型的农业聚落，改革开放后，洪源镇的工业化势头十分明显，迅速由几个分散的村落逐步发展成为初具规模的镇区。

洪源镇在社会转型的大背景下发展起来，从无到有，白手起家，成效是显著的；然而，在进一步发展过程中它也面临着社会转型引发的许多问题。这些问题体现在多个方面，首先是发展备用的土地资源紧张。由于洪源镇紧邻景德镇市区，同时又有便利的交通条件，土地区位优势明显。目前景德镇市总体规划已将该镇纳入其规划控制范围，同时对洪源镇区的土地直接征用，用于建设景德镇市物流园区。在这一背景下，洪源镇土地的稀缺性愈发明显。镇领导普遍反映，洪源镇建设工作的最大难点就是征地。

其次，洪源镇的圈地现象比较严重。地方政府许诺大量优惠政策，并通过基础设施建设筑巢引凤，结果引来的却是一批圈地企业。许多企业圈地的目的只是为了等待土地升值，并不想真正发展实业。这一现象在中部地区许多城镇中并不少见。如果这一现象继续蔓延，洪源镇的工业发展将出现“空壳化”的问题。

此外，洪源镇因便利的交通条件而繁荣，也受到了过境交通对镇区的分割与环境干扰。镇区被两条过境交通分割成四个象限，影响了镇区各区块之间的联系；同时噪声与灰尘污染严重，降低了镇区的环境品质和城镇形象，不利于镇区招商引资。交通对洪源镇的影响正所谓“成也萧何，败也萧何”。

从上述问题来看，洪源镇的社会转型推动了其空间重构，而出现的空间重构既有积极的一面，也有消极的一面。这些消极因素阻碍了镇区的进一步健康发展，也阻碍了空间重构与社会转型的良性互动。所以说，洪源镇空间重构与社会转型的互动过程中，存在着“失衡”的隐患。

6.1 社会转型对空间重构的整体影响

6.1.1 产业特点：农业向工业转型

洪源地域农业历史悠久，目前是景德镇地区重要的商品粮，蔬菜及“鲜、活、特”农产品供应基地之一。随着景德镇市的发展与辐射、交通条件的改善，洪源的区位优势逐渐显现出来，促进了传统农业向工业的转型。同时，景德镇市物流园的建设与发展，更加促进了本地区的流通功能。2005年洪源镇第二产业占农村经济总收入的比重已达到54%（参见图6.2），现已发展了国家农业部东西合作工业示范区、景德镇高新技术开发区、景德镇市物流园区（江西省最大物流园区之一），目前镇内共有工业企业70余家，企业从业人员7000余人，并已形成了以汽车贸易、仓储物流、陶瓷建材为主的工业格局体系，产品在区域市场占有一定份额。

从宏观经济格局而言，洪源镇发展的产业支撑已由传统的农业经济转型为工业经济，城镇化水平也高于浮梁县其他乡镇。总体而言，洪源镇的经济发展是显著的，镇区的扩张、GDP的增长证实了这一说法，但是这种转型过程中也存在着许多不健康因素。一些企业并未投入太多资金到项目建设中，他们的目的只是圈地。同浙江农村遍地冒烟的乡镇工业相比，尽管浙江乡镇工业也有很多负面影响（如付出了污染环境的代价），但确实是在扎扎实实地生产运作，并吸纳了大量农村剩余劳动力就业，这种当地自发产生的蓬勃发展的“小狗经济”[①]与洪源这种依靠外来投资的工业区建设，两者的工业效益不可同日而语。

从现状来看，洪源镇虽然名为工业小城镇，但很难吸引实力强、效益高的企业，已入驻工业区的企业规模普遍偏小，一些企业如汽车维修厂需要的岗位是专业的熟练工人，无法吸纳当地大量的农村剩余劳动力（参见图6.3）。这一问题再加上部分企业的圈地行为，以及原有乡镇企业的大量倒闭，洪源镇的工业发展呈现出

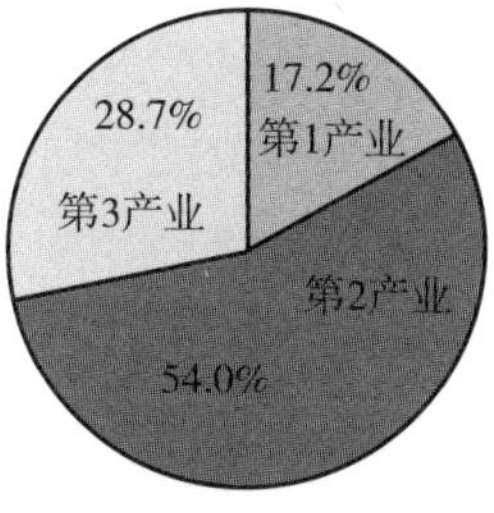

图6.2　2005年洪源镇三产比例

图6.3　镇区内的汽配修理企业

① “小狗经济”模式是经济学家钟朋荣对浙江经济考察和研究多年概括出来的。钟朋荣提出：正如多条小狗可以咬死很大的动物，众多家庭作坊式的小企业在一定地域内形成产业集群，形成整体的优势。小狗经济本质上是全民创业。

"空壳化"的隐患。这一问题如果处理不当，将导致农民失地后无法获取再就业的机会，甚至引发一系列社会问题。在我国中部地区，许多工业小城镇也面临着同样的问题，所以洪源镇的状况具有一定的代表性。

6.1.2 土地资源稀缺与农民失地

洪源镇区中，206国道和九景高速公路的建设、工业园区与物流园区的建设都征用了大量土地，在区位较好地段，农民失地的状况非常严重。按常理来说，位于区位较好地段的农村应该有更多的发展机会，生活更加富裕，居民对自己的生存状态比较满意；而偏远地区的农村经济发展条件缺乏，生活水平低，对自己的生存状态似乎不够满意。而事实是这样吗？洪源镇区方家村（现已成为镇中村）一位村民提出了自己的不满（参见图6.4）：

> 方家村原来的田很多，包括现在的206国道和高速公路的地，都是征我们村的地。搞不清楚是上面没拨钱下来还是给中间截留了，反正是没有什么补偿。地被卖光了，一半以上的人都不种田种菜了，有的去外地打工。镇上有个很大的菜市场，我们村里的人都到那去买菜吃。卖地的过程根本不是你自愿的，你不卖的话某些人坐到你家里给你做工作，不卖也得卖。别人发财，非得我们作出牺牲，这公平吗？

农民在征地过程中利益的受损、政府保障措施的缺失，使得农民怨声载道，这种怒气在访谈中可以明显察觉出来。与此相对比，较为偏远农村的农民虽然总体收入较低，但面对自己的一亩三分地却悠然自得，对自己的生活比较满意。这种状态完全推翻了前文的假设，正是这些农民利益的受损成就了镇区建设的辉煌。对于当地建设的评价，地方政府与民众形成截然不同的观点。一方面，镇里总以农民思想觉悟低来否定农民的不满情绪，并希望通过继续征地来扩张镇区建设；而另一方面，失地农民的不满却在与日俱增，照此发展下去，必将成为一个非常严峻的

图6.4 被"嵌"在镇区中的方家村

社会问题。

随着近年来国家对三农问题的重视，公共政策的制定逐步向农民利益倾斜。“十一五”规划纲要中明确提出了工业反哺农业、城市反哺农村的政策①，在乡镇工作中严格规范征地手续，给予失地农民合理补偿，保护农民利益。这些制度的实施提高了征地成本，在客观上增加了小城镇工业化、城镇化的难度。据镇领导介绍，现在洪源镇建设工作的最大难点就是征地。由于洪源镇靠近景德镇市区，景德镇市总体规划已将该镇纳入其规划控制范围，镇区的土地利用受到浮梁县与景德镇市的双重控制。在这一背景下，洪源镇土地的稀缺性愈发明显。总体而言，随着国家保护农民利益的政策的实施到位和基层政府监管工作的强化，镇区圈地的难度将增大。

6.2 宏观、中观、微观层面下的“社会—空间”互动

6.2.1 宏观层面占据主导影响

在洪源镇三个层面下的空间重构过程中，宏观镇域结构层面占据主导作用。实际上，洪源镇的空间重构在三个层面上都有体现，只是宏观层面的影响相比较更突出一些。

这一局面源自于洪源镇特定的社会转型背景：洪源镇所经历的社会转型是其空间重构的主要推动力，而其中影响最大的就是来自村镇聚落外部的因素。具体为两个因素，一是优越的对外交通条件；二是景德镇市的影响。在这种情况下，洪源镇虽然在行政上隶属于浮梁县，但在空间上主要受到景德镇（地级市）的辐射影响。与景德镇城区便捷的交通导致村镇与外界物流、信息流通的加速，促进了当地经济的发展，所以洪源镇的城镇化率在浮梁县各乡镇中处于较高水平。

就洪源镇的工业发展而言，其主要动力也不是从小城镇内部产生的，而是在外部动力下发展起来的：这一外部动力就是洪源镇作为景德镇西北“门户”的地理区位优势。

同时，洪源镇地处城市近郊的特点为其农业发展带来了很多便利。作为景德镇市的重要蔬菜及“鲜、活、特”农产品供应基地，洪源镇的农业产业结构调整

① 资料引自互联网http://www.chinanews.com.cn，中国国民经济和社会发展“十一五”规划纲要。

比较成功，基本上实现了“一村一品”，初步形成了农业的集约化、市场化。同浮梁县其他乡镇的农村相比，洪源镇村民的小农观念比较淡，市场意识比较强。这一社会现象反映到空间上就是村镇体系的演化：不同村落利用交通区位、资源禀赋的差异，由传统小农社会下的松散联系转变为等级规模关系，呈现出明显的“极化”效应。

由此可见，在洪源镇社会转型的复杂背景下，宏观镇域层面的空间重构占据主导作用。

6.2.2 宏观镇域结构层面

1. 城镇化的总体态势

2005年洪源镇总人口为1.5万人，镇区驻地人口约6400人左右，其中乡镇机构编制人员为262人。由于洪源镇处于景德镇市辐射区域内，属于典型的城郊乡镇，城镇化水平在浮梁县内较高，达到43%。[①]洪源镇现下辖1个居委会、8个村委会，镇区常住人口中除了少部分非农人口，大部分是改革开放之后从农村中迁出的农村剩余劳动力。

镇政府为了发展小城镇，鼓励各村有能力的人迁移至镇区居住，让他们在镇区集中建房。这些人都是村里头脑比较灵活的人，比如手工业者，运输、商贸从业者。可以说，这些人都相对比较富裕，是农村中的“精英”，其人数在原各自村落中的比例不到5%，这一数据同鹅湖镇的情况较为相似。前些年，这些“精英”们在镇区落户的方式为到镇上的马路旁建商住楼，从事商贸服务等第三产业（实质上就是马路经济）；随着近年来马路两侧土地资源的紧张，镇政府开始通过规划独立的居住小区来吸纳这部分农村剩余劳动力，这一举措反映了政府工作思路的进步。但是，这种居住小区不是城市中常见的多层住宅构成的居住区，小区中规划控制高度为三层以下，建筑形式为下店上居或前店后居的商住楼。究其内部原因，城市中能提供大量的就业机会，工作场所与居住场所脱离，居住小区只需要保持单一居住功能；而洪源镇这类小城镇无法提供充足稳定的就业机会，农民出于生计的考虑都偏好商住混合的居住小区。这类居住小区特别强调缩小街区尺度，形成尽可能多的临街面，以便布置更多的商住楼。从空间肌理来看，小城镇中的这类小区与其说是居住区，其实更像一个商贸城（参见图6.5）。

① 资料引自浮梁县乡、建制镇基本情况调查表。

图6.5 洪源某小区效果图，沿街建有大量商住楼

在当前社会变迁的背景下，农业剩余劳动力的城镇化迁移过程还体现出一些新的特征。十几年前，迁往城镇的农民都希望将自己的户口转为非农，镇政府往往将办理非农户口手续作为一项优惠政策吸引农民进镇定居，而现在，农民对户口已经无所谓。这是由于近年来保护农民利益的三农政策逐步出台，非农户口同农业户口的比较优势减弱的原因，比如非农户口在子女参军、入学方面的优惠基本不存在，农民再也不向往非农户口。然而，这一社会现象会不会削弱小城镇对农村剩余劳动力的吸引力，甚至阻碍城镇化进程呢？对这一问题，洪源镇一位领导有其自己的观点：

> 三农政策对从事农业生产的农民确实有很多优惠，虽然农民的种田积极性提高了，但这一点不会影响农民进城的总体态势，不会对城镇化进程产生太大的阻碍。这其中有两个原因：一个是农民再怎么得到国家的照顾，其收入水平远不如在镇区开店的收入；第二个原因是个人形象问题，不管怎么说，摆脱“面朝黄土背朝天”的生活方式，在镇上做个“体面人”，对大多数农民的吸引力还是很大的。

从洪源镇的现状来看，洪源镇未来城镇化的发展形势不容乐观。因为城镇化不仅仅是简单地将农民搬至镇区，改变其生活条件就可以实现的，这一过程的关键是职业的转变，即提供大量非农的就业岗位。但洪源镇的工业经济发展并不健康，虽然征地的面积很大，但新建的优秀工业项目寥寥无几，这种空壳工业无法起到吸收农村剩余劳动力的作用；同时，洪源镇本土的乡镇企业在20世纪90年代后期纷纷倒闭。据了解，当地农民基本没有人在镇区的工厂做工，大多在外地打工。所以，洪源镇目前仅仅依靠有限的商贸业发展来推动城镇化，而其真正的主导工业产业却不能做出贡献，这将导致城镇化过程的持续动力不足。这也正是洪源镇未来社会转型与空间重构互动的“失衡”隐患之一。

2. 村镇体系的演化

城镇体系是建构在区域经济、社会运动背景中的空间组织过程，是社会、经济发展的空间载体与投影。[①]村镇体系的概念类似于城镇体系，但与前者的不同之处在于，其所研究的区域范围通常被限定为小城镇镇域。

洪源镇在工业化进程开始之前，只是一些普通的农业聚落组合体。洪源镇现辖区在古代曾经是稻米主产区，小农经济制度下的农业聚落产业高度雷同，但由于基本都是自给自足，相互之间缺乏竞争。聚落的大小与规模只受制于耕作最大距离与农田数量的影响，大大小小的聚落只有规模的差异，没有性质的不同。现在镇区所在的方家村过去也只是一个从事农业生产的普通村落。随着我国社会转型的变革，小农生产的格局已不复存在，农民种田不只是为了养活自己，而是作为商品供应市场。这样就出现了农产品相互竞争的关系，在某些地区甚至出现“卖粮难”的问题。市场的竞争压力迫使各农业聚落调整其产业结构，产业分工日趋明显。以洪源镇为例，近年来，该镇调整农业产业结构，坚持“一村一品”，积极引进外省、市、县成熟的农业产品和技术人才，初步形成了农业的集约化、规模化、市场化和特色化。农业结构调整面达40%以上，并初步形成了水面立体养殖，农副产品加工，大棚蔬菜、草莓、草坪、芦笋、苗圃花卉等一大批特色种养业，形成特色明显、优势互补的多元化农业产业格局。

从宏观镇域产业布局来看，洪源农村改变了原有的单一的农林产业，形成了洪源镇域生产力布局的三大经济区：西北经济区、中部经济区、东部经济区。[②]西北经济区为林业经济区和生态旅游基地，利用良好的自然条件，发展高效林业，深化林副产品的生产和精加工；中部经济区以洪源村为中心，为景德镇近郊型农业、畜禽

---

① 邹军，张京祥，胡丽娅. 城镇体系规划——新理念新范式新实践. 南京：东南大学出版社，2002：1.

② 资料引自浮梁县洪源镇总体规划2005～2020。

基地，由种植常规蔬菜为主转变为种植反季节大棚蔬菜、畜禽养殖为主，形成成片生产规模；东部经济区以镇区为中心，把城镇工业建设作为战略，转变为工贸、流通基地。

伴随着小农社会向现代社会的转型，洪源镇各村镇聚落之间的关系由传统的松散联系转变为等级规模关系，简言之就是呈现出明显的“极化效应”。在不重视工商业发展的传统的农业社会中，各村落发展的资源禀赋来自于农田及林地，正所谓“靠山吃山”，对于外界的资本技术，即使村民毫不理会，也不会影响他们原有的生活方式和品质。当封闭的小农经济解体之后，随着市场经济的冲击，外来的信息、资金、技术不再是可有可无的点缀，它是一种所有人都想获取的发展资源，这些资源逐步向某些禀赋较好的村落集中，使得部分村镇聚落发展“先行一步”，在空间上体现出来就是村镇体系的极化效应：顶层聚落通过各种途径控制、辐射中层聚落，而中层聚落则辐射底层聚落。以洪源镇为例，其村镇体系分为三个层次：第一层次为镇区，是全镇政治、经济、文化中心，主要发展工贸、服务业、流通业；第二层次为中心村，包括洗马村、洪源村，这些村落镇域的基础设施和公共服务设施建设比其他村落投入多，成为联结镇区与各村的纽带和辐射节点；第三层次为基层村，它们结合各自所在经济区进行相关产业建设，逐步配套初级公共服务设施，许多较高级的公共服务设施由上一级别的中心村来提供。

3. “网络内外”视角下的村镇聚落

本书中所指的网络是村镇体系网络。村镇体系的概念本身就意味着将一定区域内的村镇视为一个网络，探讨其内部各聚落节点之间的关系。在大多数小城镇中，对于村镇体系的研究主要关注于网络内部（即镇域）的问题，因为其内部出现的问题为主要矛盾，外界的作用相对较弱。但在类似于洪源镇这样的小城镇，来自网络外部的作用对其小城镇发展有决定性的作用。洪源镇紧邻景德镇市区，受到城市的强烈辐射，它的发展不仅仅是自身的事，还与景德镇市的发展脉搏紧密关联。在论及洪源镇的空间重构与社会转型的互动过程中，来自网络外部的影响是一个不可忽略的特殊因素。

在洪源镇的案例中，来自景德镇市的网络外因素对洪源镇空间重构过程的影响主要体现在三个方面：土地资源的直接征用、空间重构过程中行政的越级干涉、发展腹地与市区的“冲突”。

首先，关于土地资源的直接征用方面，景德镇市于2005年在洪源镇内征用了2000

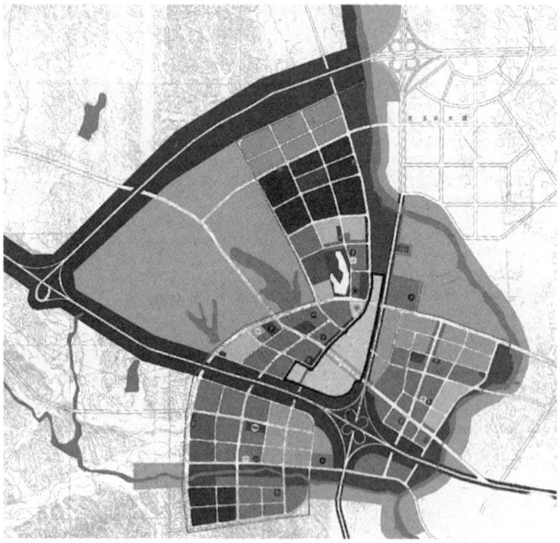

图6.6 坐落于镇区内的景德镇物流园区

亩土地用于建设物流园区，该园区位于九景高速公路与206国道的交叉点附近，即将开工建设的景婺黄高速公路环绕其北。虽然物流园区构成了镇区的一部分，但却不属于镇里管辖（参见图6.6）。

其次，洪源镇的空间重构过程受到了景德镇市的行政越级干涉，镇政府无法独立控制镇区的建设，其空间规划受到景德镇市的强力介入。洪源镇政府一位工作人员透露了镇政府工作中的无奈：

> 市里某个领导假如说“这里不能动”，市土地局随后就将土地圈起来，我们就不能动了。物流园区是洪源镇区位最好的土地，浮梁县并不愿意将这一资源拱手让给别人，但是你没办法，不得不同意。

景德镇市与洪源镇之间存在着一定的利益冲突，类似这种现象在当今中国许多地方并不少见，它折射出了一个更深层次的问题——在现行的行政管理体制下，地方政府为了发展自己，竞相争夺高价值的空间资源，其根本动机就是地方政府“法团化”[①]过程中的利益驱动，这也是影响村镇聚落社会转型与空间重构的互动机制之一。

最后，小城镇的发展需要一定的“腹地”，尤其是商贸业的发展更需要较大的辐射范围，拥有较多的服务人口，才能有足够的发展潜力。洪源镇同浮梁县其他小城镇相比有很好的区位优势，甚至超越了鹅湖镇的区位条件。洪源镇总体规划中的城镇发展定位也提出要大力发展商贸业等第三产业，成为区域性的商贸中心，但实际上洪源镇辐射区域受到了景德镇市的影响，在其“阴影”下生存。镇域内的农民购买商品时除了小杂货在镇区内购买，对于比较大件的商品和服装，大部分人都到景德镇市区内购买。从这一例子可看出，市区商贸业的辐射范围涵盖甚至超越了洪源镇域，两者发展腹地有一定的“冲突”。而前文所论述的鹅湖镇，有较为独立的发展腹地，因此商贸业的发展潜力更大。

① 法团化的概念参见本书第10章的论述（本书158页）。

总体而言，这三个来自网络外部的影响因素对洪源镇的空间重构过程确实产生了较大影响，但其带来的影响并不完全是负面的，景德镇市对洪源镇的辐射毕竟促进了镇域经济的发展。如何应对来自外界的影响，兴利除弊，是基层地方政府应该重点关注的问题。

6.2.3 中观镇区结构层面

1. 公共服务空间结构演变

小城镇作为城市之尾、乡村之首，是承接城市资金、技术、信息的辐射并向乡村扩散的重要载体。大多数小城镇因“市”兴镇，公共服务空间是镇区的灵魂，是小城镇职能的集中体现。洪源镇区的历史并不长，1970年洪源公社从原驻地洪源村搬迁至现址方家村，镇区的发展才拉开了序幕，可以说，洪源镇区公共服务空间的结构演变清晰地反映了整个镇区空间发展的历程。

据资料调查，现状的商业街原先是景湖公路的一部分，当时道路宽度只有8米。20世纪70年代之后镇政府搬至景湖公路与另一条道路的交叉口，此后镇政府周边出现了一系列建筑，沿着十字街向四个方向生长，但大多数是低矮的一两层建筑，商业服务内容也仅限于服务于镇区工作人员的早点摊等。但这一生长过程非常缓慢，直到80年代中期，镇区的发展范围还不超过以十字路口为圆心500米半径的区域，景湖公路在这一范围之外的路段两旁都是水田，至此镇区的雏形已经出现。从这一阶段的演变过程可以看出，在我国“强政府—弱社会”[①]的社会背景下，政府机构的设置对小城镇初期发展有很强的推动作用（参见图6.7）。

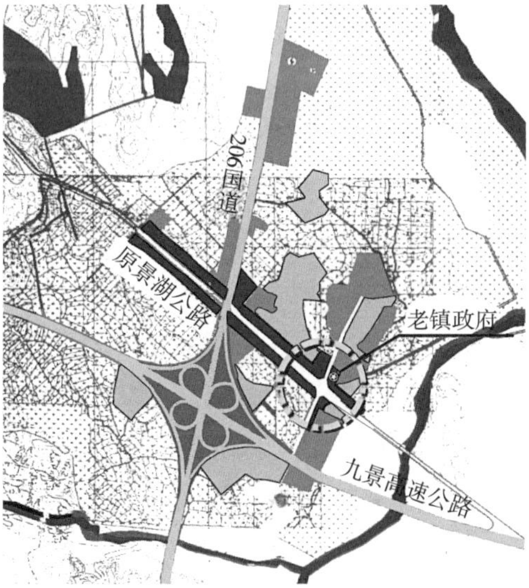

图6.7　2006年镇区公共服务空间发展状况

（图片来源：根据洪源镇总体规划自绘）

1995年，洪源镇对景湖公路镇区

① 在市场机制不完善的背景下，我国一些地区呈现出“强政府”和“弱社会”相结合的特点，在这种情况下，政府力量很强，职能范围广，政府的活动和控制几乎深入到社会生活的各个方面；而社会力量却很小，个人的独立性非常缺乏，社会组织不够发达，均处于依附于政府的地位，是政府控制个人和社会的手段。

一段进行改造，将原有8米道路向两侧拓宽，预留红线40米，道路两侧划分了商住宅基地，鼓励农民购买。整个工程分为两期，一期是206国道东边的景湖公路路段，二期是206国道西边的景湖公路路段。这一政策出台之后，洪源城镇化的速度明显加快，农民纷纷在道路两旁购地建房，镇区的主要框架基本形成。从本质上来说，这条商业街也是马路经济的产物，但是由于40米红线的宽度使得交通与商贸的相互干扰弱化。总体而言，商贸街的形成增加了镇区的信息、资金流量，提升了洪源镇的人气和知名度，但这一繁荣局面是怎样形成的呢？关于商贸街形成的内部机制，镇政府一位工作人员隐晦地将其称为“土地运作方式”，他向笔者介绍了这一过程：

> 商贸街拓展需要征地，还要给失地农民征地款，这个资金从哪来呢？当时有两个来源，一是街道两侧规划了一些建房宅基地，通过土地运作可以形成一部分资金。这些建房土地是集体的，我们只能对土地进行运作。运作是什么意思呢？原来是可以这么做的，首先由村里去征地，从农民手上转为集体土地，然后转让或挂牌出让。不过修路的资金光靠土地当然是不够的，商业街建设的第二块资金来源于乡镇企业。我们当时有几家效益好的乡镇企业，例如洪源瓷厂和绍红酒厂两个大企业，这里也可以抽出一部分资金进行征田征地。

由此可见，商业街建设的启动资金来自于两部分：土地出让收入和乡镇企业的贡献。而根据《中华人民共和国土地管理法》规定：宅基地和自留地、自留山，属于农民集体所有，集体土地不能出让、转让或出租用于非农建设。按照这一规定，村集体将道路两侧农田出让作为商住楼宅基地使用，是不允许的，而这一现象在我国农村并不少见，正所谓上有政策、下有对策。为什么这种现象频频发生？难道没有更好的解决方案吗？目前在学术界内，已有一些学者对此产生了争论，矛头直指引发不规范行为的制度本身，他们认为，中国土地集体所有制度本身就有缺陷[①]。在这一棘手的制度背景下，20世纪90年代的洪源镇政府像许多其他基层地方政府一样，利用管理的漏洞，打了一些擦边球，使得镇区的商贸业得以发展，但也付出了一定代价（一些失地农民的利益得不到保障）。

通过第二阶段的公共服务空间结构演变可以看出：在20世纪90年代的洪源镇，土地的市场机制作用对空间重构的影响已开始逐步显现。在社会转型背景下，由于

① 倪方六．大陆已着手解决土地所有权矛盾．凤凰周刊，2006：2.

市场机制运作过程的不规范，而以一种非正常方式参与到空间重构过程中去，并导致一系列社会问题。目前，随着征地批地手续的规范，利用这种管理制度缺陷来实现城镇化的模式风光不再。

2. 产业土地利用格局演变

洪源镇区的乡镇企业产生于20世纪70年代末，80年代步入了快速发展时期，产生了一批瓷器、酿酒、电子等企业。这些企业大都位于镇区206国道东部，在农村居民点间插花布置，布局相对较分散。90年代后期，随着我国买方市场的出现和国有企业债务带来的三角债等问题，乡镇企业的发展潜力逐渐丧失，洪源的乡镇企业也不无例外地走向了衰亡。在最辉煌的时期，洪源瓷厂和其他几个瓷厂组成了洪源陶瓷集团，在全国都具有相当高的知名度，而如今瓷厂大部分倒闭，其他的酒厂与电子厂也奄奄一息。在当前洪源镇的经济格局中，曾经为镇区建设作出很大贡献的乡镇企业大部分都垮了，其产业土地被大量废弃。

目前，洪源产业发展的工业项目主要来自招商引资，工业园区的规划布局决定了洪源镇未来产业土地利用的格局。按照土地自然现状和基础设施条件进行用地评价，洪源镇中206国道以西、九景高速公路以北的区域比较适合作为工业区的发展备用地。通过调研得知，在近期的一次镇区总体规划编制中，镇政府和规划编制单位确定了镇区的发展方向为北向和西北向。如果按照这一规划实施，未来洪源镇的空间布局将呈现为东西两部分，东部镇区主要为居住商贸职能，西部镇区主要为工业区，中间由206国道分成两个象限。但是，景德镇物流园区的建设完全打乱了这一规划构想的实施，景德镇市土地局将镇区西部条件比较优越的2000亩土地划出，使得洪源镇失去了未来产业发展的宝贵的土地资本，也就是丧失了一个很大的"财源"。为了维持自身的利益，镇政府迫于无奈，将总体规划进行了大调整，主要的改动就是越过九景高速公路，将镇区向南扩展，给自己开辟新的工业发展用地。按一位镇领导的话来说，"既然那里没有我们的地盘，我们就把招商引资的平台移到南边，物流园区我们就不去想了，现在我们重点打造这一块土地，希望能成为我们未来发展的希望"。

如果将两个方案进行比较（参见图6.8、图6.9），从规划专业传统的空间视角来看，第二方案存在许多问题，例如镇区被206国道、九景高速公路分成三块，空间联系弱化，建设成本提高，该方案远不如第一方案紧凑合理。但是透过整个过程的运作机制来看（如上级政府对基层政府的行政管理体制、对空间利益的争夺、操作

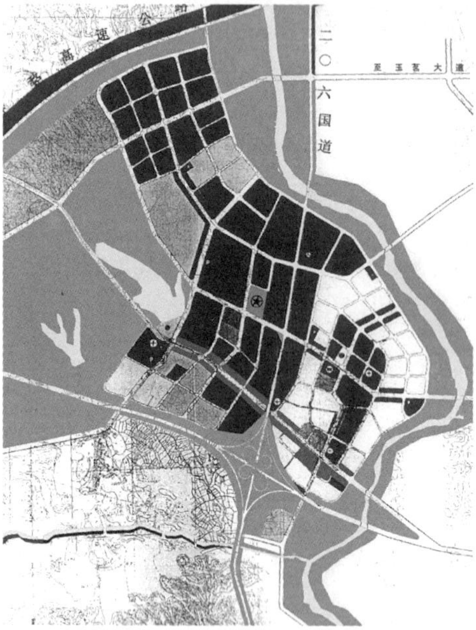

图6.8 洪源镇土地利用规划（修改前）
（图片来源：武汉某设计单位）

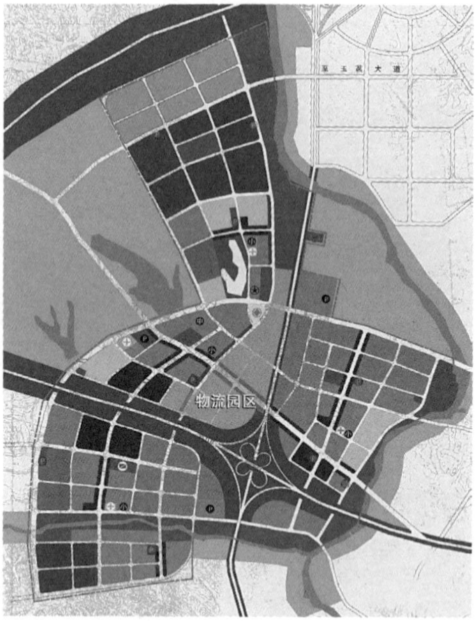

图6.9 洪源镇土地利用规划（修改后）
（图片来源：武汉某设计单位）

过程的不规范化），第二方案是我国当前社会背景下的必然产物，是一种无奈的选择。在洪源镇的案例中，来自外界的因素使得镇区的空间生产力布局发生根本性转变，其本质是自上而下的空间结构安排与乡镇政府地方利益的矛盾。对于洪源镇而言，这也是其社会转型与空间重构之间“失衡”的又一体现。

6.2.4 微观空间形态层面

在微观空间形态层面，圈地现象泛滥。

作为一个工业小城镇，洪源镇充分利用得天独厚的地理优势和优惠政策招商引资，进行工业小区建设。但招商引资并未带来很多优秀的企业，一些企业实力不足，或是有实力而不愿进行投入，具有很明显的圈地倾向。例如洪源镇区内的一个燃气有限责任公司，占地81亩，效益几乎为零，2005年一年向镇里提供的税收仅2000多元，这就是一个圈地的典型（参见图6.10）。纵观一些圈地的企业，其空间表象上都有一定的相似之处：①土地容积率低，圈地的目的不是为了发展生产，而是通过土地投机获取利润，但为了避免圈地之嫌，巨大的场地内往往会象征性地建一些建筑和设施；②效益低或无效益；③对外往往有高耸的围墙和光鲜的大门，是应

图6.10　圈地81亩土地的某企业

付前来视察的领导的“面子工程”。

镇政府其实对前来投资的“客商们”的如意算盘心知肚明，但是，为了维持镇区形象的光鲜，为了增加领导招商引资的业绩，为了出让土地的眼前利益，许多基层地方政府只有纵容圈地行为，表面上是“工业小区的面积迅速扩张”，实质上却沦为圈地现象的泛滥。这一现象让乡镇政府中的工作人员也感到无奈，他们感慨道：

> 目前洪源的门面是撑起来了，但没有什么经济效益。我们这有区位优势，吸引了投资商。但正因为有区位优势，别人来看地，都抱有一种圈地的味道。去年（2005年）洪源地方税收才200万，你想，随便一个优秀点的企业税收也不只200万。现在想找一个真正的好企业是很难的，大部分都是等等、看看，先把地弄下来再说。对于这种现象，国家是不愿看到的，比如《土地管理法》上规定，土地两年不动就要收回，但实际上很难操作。本质上这是一个政策性的问题，对于这种问题我们乡镇一级政府没法解决。

在我国中部地区许多乡镇工业园的建设中，有许多不规范的现象，如“未批地先建设”、“已批地不建设”。这不是个别现象，而是社会的普遍问题。根据国土资源部2006年的统计数据，在全国省级以上900余家开发区中，国家批准规划的近3000万亩开发区，已开发面积仅占规划总面积的13.51%，土地闲置现象十分严重。许多地区借“开发区”之名，行圈地之实，大量开发区低价征用了农村集体用地，甚至是农民的耕地。因补偿太低，被征地农民的出路堪忧，影响了农村稳定。①

在这场圈地运动中，农民是最大的利益受损者，而由此产生的空间问题也不容忽视。首先土地被圈，然后被低效率使用或者浪费，然后圈地范围扩大，如此反复，形成一种空间品质恶化的扩散态势。在工业化较为发达的江浙地区，虽然也存在圈地的状况，但发达的乡镇经济使得其空间地景至少保持了“村村点火、户户冒烟”的景象；而在中部地区，圈地的结局往往使农田转变为荒地，同时留下了建筑、道路构成的物质空壳，反而增加了以后改造的成本。②

中国社会科学院专家张晓山在一次座谈会上提出：税费改革之后，在中西部地区、落后地区、农业大省和农业集中的产区，各地方财政把目光集中在农村的土地上，希望改变土地使用方式，借地生财，这是很多地方政府面临的困境。对于洪源镇来说，它面临着这样两个矛盾：一方面国家为了维护社会稳定，提出了一些约束圈地行为的制度；另一方面是基层政府的财政困境，它们除了依靠圈地别无出路。这一矛盾也是洪源镇在发展过程中，其社会转型与空间重构“失衡”的最大隐患。

① 李自良，陈芳，沈虹冰. 圈了三千万亩，“撂荒”近九成[N]. 新华每日电讯，2003-1-9（2）.

② 当土地被转让时，如果上面有附属建筑，转让费用更高。对于圈地者来说，这是快速增加“附加值”的一条捷径。

第7章　黄麓镇：“社会—空间”互动中的“共生”关系

黄麓镇隶属于安徽省巢湖市居巢区，位于居巢区西部、巢湖北岸，西邻合肥市肥西县，距巢湖市建成区35公里，距合肥市区55公里（参见图7.1）。镇域面积62.1平方公里，总人口为2.8万人（2005年数据）[①]。巢湖是我国五大淡水湖之一，具有优越的农业生产条件和丰富的旅游资源。黄麓镇所处的巢湖市位于省会合肥和工业强市芜湖之间，区位条件较为优越；但从更大的区域来评价，它所处的安徽省中部地区是典型的欠发达地区，经济发展水平同沿海发达地区相比仍有较大差距。

黄麓镇与洪源镇同为工业小城镇，但黄麓镇比洪源镇的发展态势要健康得多，其社会转型与空间重构之间的互动呈良性发展。黄麓镇2004年国民生产总值为10.2亿元，经济实力位于居巢区各乡镇之首。从三产产值来看，黄麓镇是一个以工业经

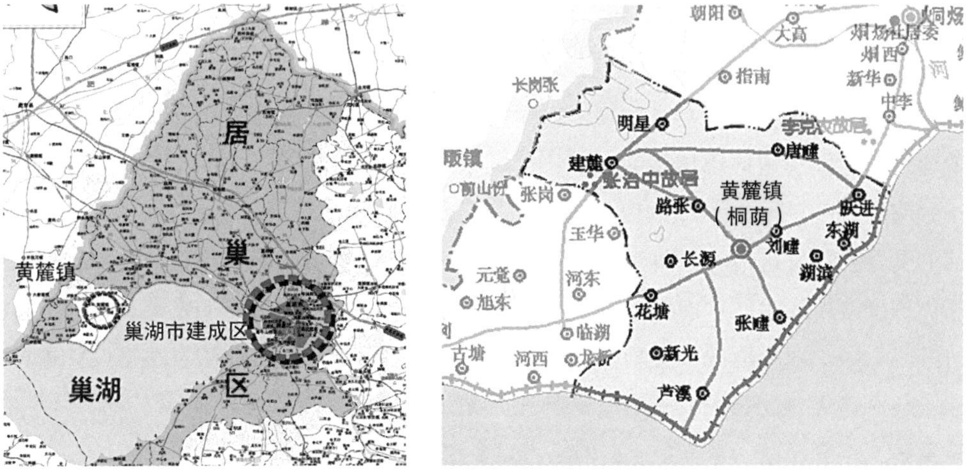

图7.1　黄麓镇区位图与行政区划图

（图片来源：根据巢湖市政区图改绘）

① 资料引自安徽省巢湖市黄麓镇总体规划2004～2020。

济为主的小城镇，但实际上，黄麓的工业经济主要以富煌集团为主，其他的乡镇企业规模都较小，效益不佳。

富煌集团作为黄麓镇的明星企业，它的发展壮大同政府的鼎力支持密不可分；同时富煌集团在发展成功之后，也以多种方式回报政府，对黄麓镇建设起到了相当大的推动作用。在黄麓镇空间重构与社会转型的过程中，最醒目的特点是乡镇企业与地方政府的互惠"共生"。

富煌集团最初脱胎于乡镇企业，其发展初期在获取村集体土地、劳动力等方面，得到了很多的政府支援。直至今天，富煌集团早已实施政企分离的改制，与政府再没有行政管理上的瓜葛，但镇政府对富煌企业发展的扶持力度不断加大，努力保护好这个"摇钱树"。2004年，镇政府与富煌集团共同组建了"富煌工业园区管理委员会"，抽调专人协助、支持富煌办理土地征用、房屋拆迁等相关手续。①作为回报，富煌集团对黄麓镇的发展也做出了巨大贡献：第一，富煌的利税增加了政府的财政收入，企业还经常对镇区的公共设施与基础设施（学校、道路）建设进行公益性投资；第二，解决了当地大量农村剩余劳动力的就业问题；第三，企业园区的建设集聚了几千人口，对镇区商贸业发展也有很大的推动作用。

7.1 社会转型对空间重构的整体影响

7.1.1 产业特点：地方乡镇企业的"一枝独秀"

富煌集团的主要产品是建筑轻钢构架和新型建材，从区域范围看，富煌集团在黄麓镇乃至周边地区都体现为一枝独秀的格局，相对比周围区域乡镇工业的凋敝，富煌集团确实是不折不扣的明星企业，是黄麓镇的"摇钱树"（参见图7.2）。但同江、浙等东部发达地区乡镇企业遍地开花、形成产业集群的态势相比，目前整个巢湖类似于富煌集团这种规模以上的乡镇企业屈指可数，乡镇企业的发展从整体上评价并不活跃。客观地说，整个居巢区包括黄麓镇都不是乡镇企业的发达地区，黄麓出了一个富煌集团，只是一种"必然"环境下的"偶然"现象。所以，笔者认为，黄麓镇虽然有发达的乡镇企业，但它不是乡镇企业发达的地区。

关于富煌集团最初的发展历程，企业领导对此介绍道：

① 资料来源于《黄麓镇七届四次人代会政府工作报告》（2004年）。

图7.2　富煌集团工业园景

20世纪80年代初期有这种提法："大办乡镇企业，脱贫致富奔小康"。在这个背景下，提倡在小乡镇中（由人民公社改名而来的）搞社队企业。那时是以农为主，以工为辅，以工养农。当时的乡镇企业就是在这种背景下诞生的。

20世纪80年代是我国乡镇企业大发展的黄金时期，在当时政策的鼓励下，富煌集团以几万元资金起家，如同千千万万的乡镇企业一样，在市场中摸爬滚打，艰难创业。步入21世纪，随着我国整体经济环境的变化，中部地区的许多乡镇企业难以为继，纷纷倒闭，只有极少数类似于富煌集团这样的幸运儿生存下来，并发展壮大。早在1998年，它的销售收入就已突破一亿元，成为安徽省级著名乡镇企业，今天已成为上市融资的企业集团。它能发展到今天这种规模，除了依靠机遇与企业自身的不断努力，黄麓镇政府对它的支持也功不可没，企业与政府两者之间的"共生"关系由于富煌集团的"独生子"身份而体现得尤为明显。

7.1.2　现行管理体制下空间重构的随机性

在我国现行管理体制下，尤其在欠发达的中部地区，基层乡镇的发展在很大程度上取决于党政领导一把手的作用，包括敬业精神、决策水平、个人魅力等多方面的影响，综合描述就是执政能力的影响。很多重大的决策往往是领导个人的意愿，

"民主讨论、科学决策"非常欠缺。

在这种体制背景下，许多乡镇空间营建过程体现出不确定性的特点。乡镇的经济发展与空间重构往往受到地方领导的主观影响，缺乏统筹考虑的全局意识。许多中部地区的乡镇根本没有编制过规划，建设中头痛医头、脚痛医脚的现象屡见不鲜，等到矛盾积累到一定程度爆发时，甚至成为下一步发展的障碍时，才悔之晚矣。这一过程导致乡镇本身极为有限的建设资源的低效使用，甚至造成大量的浪费，是乡镇低水平建设的重要根源之一。

在一些编制了总体规划的乡镇，虽然有规划作为指导依据，但问题也颇多。总体规划是一个对未来几十年发展的空间指引，实施管理周期长达几十年，而地方领导的任期通常却只有几年，这一矛盾带来的问题更为严重。上一届政府所编制的规划，在下一任领导眼里看来，可能根本不符合他心中的理想目标，于是改弦更张，变更发展思路。这样一来，规划的权威性丧失，乡镇未来的整体发展与空间重构过程受到人为因素的干扰而具有强烈的不确定性，在外界看来，则体现为政府政策缺乏连续性，发展路径经常处于一种摇摆的状态中。这种现象在城市中也偶尔出现，但在中部欠发达地区的乡村则较为明显，黄麓镇就是一个鲜活的案例。2004年，黄麓镇编制了一轮总体规划，之后乡镇各项建设按照这一思路开始实施，当时建设工作归镇长分管。2006年，当地乡镇管理体制改革，建设工作归镇党委书记负责，而新领导的工作重心并不在集镇建设上，他将原有规划放置一边，导致规划实施步伐明显减慢。在这种背景下，镇区新建设项目的安置、镇区发展方向等问题只能暂时搁置，等待新领导的工作思路出台。镇政府中一位领导对这一现象描述道：

> 集镇建设受到一些人为因素的影响较多，主要是取决于领导的观念。现在是一个头头一个观念、一个思路。以黄麓镇总规为例，如果领导对规划感兴趣，或者有这方面的认识，那么集镇建设进展就会比较顺利。如果领导对待规划马虎，或者没有理性认识，那就是另一种局面。人事的变动会带来政策的不连续性，这一现象对小城镇建设的影响非常大。

从黄麓的案例可以看出，乡镇的空间重构过程受到人为因素的影响而体现出随机性，而这些人为因素的干扰往往是现行管理体制下的产物。对于小城镇建设来说，这其中充满了人为的变数，而这一变数实质上是隐含的建设风险成本。这一问题不单单是黄麓镇所面临的问题，它在中部地区小城镇中具有一定的普遍性。作为对策，应在“人治”的基础上增加市场调控的力量，把发展的主导权从行政官员手中让位于市场“这只看不见的手”。

7.2 宏观、中观、微观层面下的“社会—空间”互动

7.2.1 中观层面占据主导影响

前文已经提及，黄麓镇在社会转型与空间重构的互动作用下，由于乡镇企业与地方政府的互惠“共生”，促进了企业园区和小城镇的建设，极大地改变了小城镇的面貌。这一过程中所发生的空间重构体现在了多个方面，但最关键的空间重构在于“中观”镇区层面。

从镇区结构的变迁来看，最初企业园区的空间布局偏于镇区一隅（距离镇区1公里），从镇区结构来看，企业园区是独立于镇区的，两者的空间资源缺乏整合，各自有一套基础设施和公共设施，产生了空间“割裂”的现象。随着经济的发展，企业空间与镇区空间都各自向外扩张。二者有逐渐融为一体的趋势，构成全新的黄麓镇区。在这一过程中，如何整合二者的基础设施和公共设施资源，提高资源利用效率，也是未来黄麓镇发展将面临的首要问题。

7.2.2 宏观镇域结构层面

巢西城镇带为组群发展模式。黄麓、烔炀、中庙三个小城镇相互接壤，均位于居巢区西北部，巢湖北岸，彼此交通距离都在10公里以内。烔炀镇历史悠久，交通条件较为优越，商贸业发展较为成熟；中庙镇具有得天独厚的旅游资源；黄麓镇的乡镇工业发展较好，三者各有特长（参见图7.3）。但从目前的状况来看，几个小镇都期望做大做强，在产业定位上全面发展旅游业、商贸业和工业，力图超越对手。

在区域发展过程中，由于地理区位的邻近、发展环境的类似，黄麓与烔炀、中庙的竞争是无可回避的，在一定时期内可能将非常激烈。但从长远的眼光来看，黄麓镇的发展如果只将对手局限于烔炀、中庙，与烔炀比商贸业、与中庙比旅游业，实施大而全的产业规划，这样势必会削弱自身的工业主导地位。对三镇来说，它们最终的结局可能是一种“内耗”式的恶性竞争，从远期来看弊大于利。只有将这种近域竞争引导到更大的区域范围中去，突出三者的资源禀赋差异，利用这种差异发挥自身的优势，扬长避短，实施产业协作，形成地区合力，才能实现各城镇的共赢

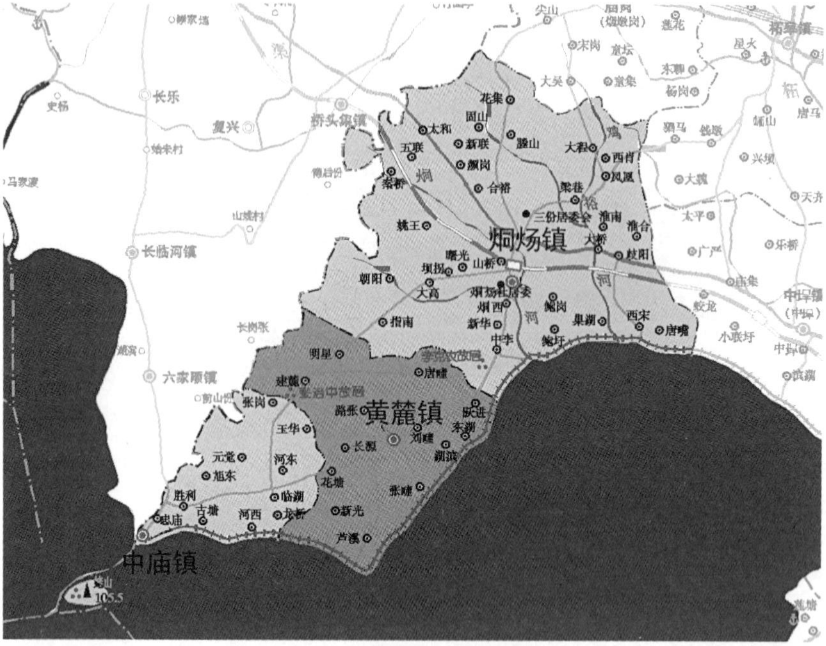

图7.3 三镇地理区位图

（图片来源：根据巢湖市政区图改绘）

发展。协作并不意味着放弃竞争，适度的良性竞争将更加有利于激发各城镇的发展意愿，有效配置区域资源，从而带动区域整体发展。

从现实条件来看，中庙镇旅游开发建设的启动，巢湖国际旅游度假村项目的引入，以及新制定的合肥城市总体规划（2004～2020）将环巢湖地区作为合肥市新一轮开发建设的重点区域等，都表明环湖旅游经济正在逐步形成，为三镇的合作创造了便利条件。在此基础上，黄麓镇2004版总体规划提出“巢西城镇带”的发展概念。黄麓、烔炀、中庙三镇应实施组群式抱团发展，明确各镇的职能分工和功能定位，从城乡一体化的角度，合理配置区域资源、安排基础设施并实现资源共享，提升组群的综合竞争力[①]。

综合分析巢西城镇带中每个镇的优势和区位，各镇的功能定位分别是：烔炀镇界于合肥与巢湖之间，区位和交通优势明显，边际效益突出，烔炀镇应发展成为巢西城镇带商贸、物资的流通、集散中心，巢西城镇带的核心城镇。中庙镇应积极发

① 资料引自安徽省巢湖市黄麓镇总体规划2004～2020。

挥旅游资源优势，成为旅游城镇。黄麓镇应利用其现有的工业优势，充分发挥富煌集团的规模效应，把黄麓镇建设成为巢西城镇带中最大的工业生产基地。在实施组群式发展的过程中，三镇应努力实现生产要素互补、建立统一市场体系、建设共享性基础设施和生态环境等目标。

7.2.3 中观镇区结构层面

1. 镇区空间布局的演变趋势

黄麓镇于1999年和2004年分别编制过两轮总体规划，虽然时隔短短五年，两轮规划的规划背景与意图却发生了巨大的变化。结合镇区空间现状和镇区规划总平面图的变迁过程，我们可以清楚地看出镇区空间布局的演变趋势。

从现状来看，黄麓镇区范围明显分成两个区域，一个是北部的老镇区，一个是东部的富煌工业园区。老镇区是在周边几个村落的基础上，以南北向的一条商业街为主要依托发展起来的。在镇区南端，靠近巢湖水岸有一个规模较大的张疃村，在2004版规划中，该村已被纳入了镇区建设范围。一套“十字形”道路系统将这三片分散的区域联为一体。但是，这三片区域在空间上缺乏互动联系，明显地被分割开来（参见图7.4）。从1999版总体规划可以看出，当时规划的主要思路是完善镇区各项城镇职能，同时进一步扩大工业园的建设规模。在发展方向上，引导工业园区和镇区的相向发展，将富煌工业园与镇区联为一体，实现空间资源的整合利用。在公共设施方面，最大的变动就是将原有位于老镇北端的政府南迁，以带动南部规划新区的发展（参见图7.5）。

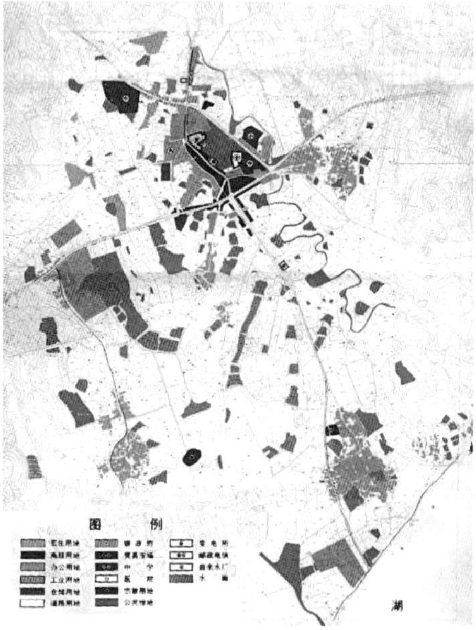

图7.4 2004年黄麓镇区状况

（图片来源：黄麓镇总规2004版）

进入2000年之后，随着黄麓镇经济的快速增长，尤其是富煌集团的快速发展，黄麓城镇化滞后于工业化的矛盾、城镇建设滞后于经济增长的矛盾日趋突出；从宏观背景来看，环巢湖旅游经济带的逐步形成，为黄麓镇发展沿湖经济创造了有利条件。在这样一种背景下，2004版规划出台（参见图7.6）。从总平面

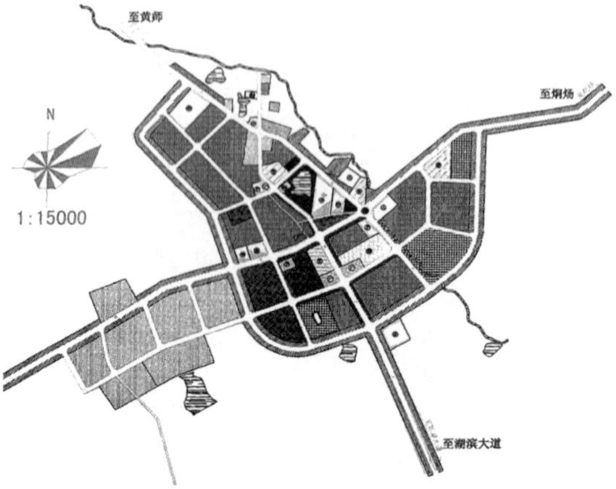

图7.5　黄麓镇区总体规划图

（图片来源：黄麓镇总规1999版）

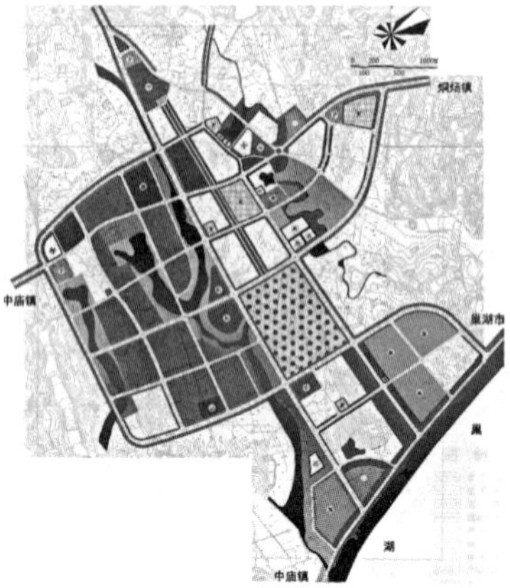

图7.6　黄麓镇区总体规划图

（图片来源：黄麓镇总规2004版）

图可以看出，镇区面积大幅度扩张，空间发展意向主要集中于两方面：一方面是富煌工业园区向南的扩张，另一方面是南部沿湖片区的兴建。南部沿湖片区结合张疃村的改造，将其纳入到镇区空间范围以内。

黄麓镇是一个具有悠久历史的老镇，回顾其空间重构的历史，在改革开放前近百年的时间中，镇区变迁一直都比较缓慢；而在改革开放后短短几十年，镇区的空间重构过程就处于活跃的变迁状态中，无论从空间容量、空间职能方面都与原来的老镇有了本质的不同。黄麓镇之所以产生如此大的变革，主要得益于地方政府与乡镇企业互惠"共生"的机制，这一因素是镇区空间布局演变的关键推动力。对于未来黄麓镇的发展，我们必须意识到两点：①工业化始终是推动城镇化的主导因素；②环巢湖旅游经济带的发展态势，将决定未来南部片区的发展前景。

2. 企业办社会背景下的空间割裂

富煌集团的工业园区距镇区1公里，园区和镇区虽然经历了这么多年的发展，但两者之间是广阔的农田，在空间上并未联结在一起，保持了各自的独立性（参见图7.7）。富煌集团发展初期，企业规模比较小，企业员工所需的公共设施主要由镇区提供，如医疗、商贸设施。随着企业经济实力的逐步壮大，富煌集团有足够的财力来进行企业园区的建设，企业园区内陆续修建了宾馆、职工宿舍、公园、运动场及其他文化设施，建设水平和档次明显高于镇区（参见图7.8、图7.9）；与之相对比，迄今镇区内没有设施完备的运动场地，也缺乏正规的宾馆。由于这些服务设施都是由企业出资修建的，非企业员工如普通镇区居民无权享用。

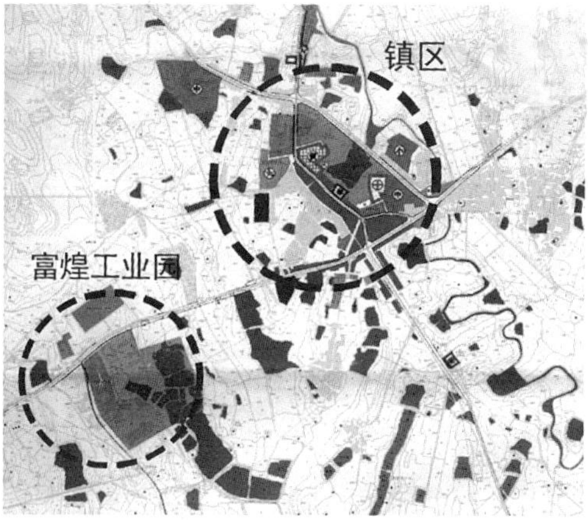

图7.7 工业园与镇区关系
（图片来源：根据黄麓镇总体规划改绘）

总体而言，富煌集团的企业园区与镇区虽然相距较近，但前者基本上独立于后者，俨然形成了“镇中城”。两者在空间上的关系实际上是相互割裂的，它们各自有一套基础设施和公共设施，建设和管理方式也明显不同，风貌特征和环境意向更存在天壤之别。从镇域范围来评价，镇区和园区的空间资源缺乏整合，是黄麓镇下一步发展亟待解决的问题。尽管企业用自己的钱来该改善员工的生活环境是无可厚非的。但如果我们换一个角度来思考：这些资金也可以通过社会化方式筹集（企业作为投资主体，政府也应根据自身财力作相应投入），投入公共设施的建设，建成后为企业和社会共享，必将提高建设资源的利用效率。对于企业来说，可以降低投资成本，减轻负担；对于政府来说，可以在较少的投入下，最大限度地发挥公共设施的社会效益。这种对双方都有利的空间营建方式，为什么却难以实施呢？

其实这不是黄麓镇独有的问题。许多分布在地方上的大中型国有企业也有这样类似的现象，它们有独立的子弟学校、附属医院、甚至独立的交通系统。这种“企业办社会”的行为让企业的发展背负了严重的负担，直接影响企业的效益。作为计划经济时代的产物，国有企业“办社会”是一种无奈之举；然而作为一家已经“股

图7.8 富煌工业园内的体育设施

图7.9 富煌工业园内的休闲公园

份化”的乡镇企业，其动机何在？进一步深究便可以发现，黄麓所处的巢湖地区经济欠发达，市场发育程度不高，企业把建设资金交给社会运作存在太大的风险，觉得自己建设比较稳妥；此外，乡镇企业负责人觉得在自己的厂区内兴建自己“专有”的房子，远比在镇区内兴建“共有”的房子更能满足自身的成就感，更利于提升“企业形象”。

3. 新旧商业街的发展更替

商贸服务是小城镇最基本的城镇职能。小城镇的初始形态——集镇大都是在农村集市的基础上发展起来的，所谓“无市不成镇”。通过商贸服务，小城镇成为地区性的物资集散中心，成为城乡沟通、承上启下的桥梁。从某种程度上说，商业街是小城镇的灵魂。

黄麓镇有一新一旧两条商业街，两街有着共同的起点与终点，长度都为500米左右，在走向上基本保持平行，距离保持在80米左右。老街形成年代较早，早在建镇之初就已出现；新街建成于1995年，那时两侧多为自然村落的农宅，在1999年至2000年期间，镇区建设突然加速，两侧的农宅纷纷被拆迁，转变为两层的商住楼。回顾历史，这一变迁同当时的社会政治背景相呼应，1998年中央在《中共中央关于农业和农村工作若干重大问题的决定》中提出“小城镇，大战略”的口号，鼓励小城镇建设，其作用在于鼓动农村群众建设小城镇的一种集体意识；同时各地财政纷纷在这一方面给予倾斜，成为经济上的有力支撑。由此可以看出，当时特殊的制度背景，是黄麓镇区空间重构过程的主要动力因素。

目前，新街与老街沿街两侧都建满了小城镇常见的商住楼。两街相邻如此之近，在一条街上从支路转入另一条街上也不过一分钟而已，但两街的商业氛围大相径庭，新街热闹非凡，而老街两侧商铺门可罗雀，目前新街商铺价格是老街的三倍（参见图7.10、图7.11）。为什么会形成如此大的差异？从居民访谈中得知，老街虽然建成年代较早，但其两侧商住楼建成却较晚。当新街的商业氛围形成之后，老街居民垂涎于新街所带来的商业利润，自发将原有住宅改建成商住楼，但是黄麓镇区的商贸辐射范围和人口毕竟有限，仅仅扩张商贸设施的空间容量，无法带来市场的扩容。

黄麓镇的新街建设是政府推动的结果，而老街的商业化改造及其成效是市场机制运作下的结果。这两条街的变迁过程，集中反映了行政主导与市场调节两种机制在小城镇空间重构过程中的混合作用。同时我们也看到，就小城镇商贸街而言，商

图7.10　镇区老街现状

图7.11　镇区新街现状

业区的空间容量最终还只能由市场来决定，具体说来就是由商业辐射范围和人口决定。如果靠人为因素强行扩张空间容量，并不会取得预期的效果。概括而言，就是市场规模决定空间容量，而非空间容量决定市场规模。

7.2.4　微观空间形态层面

1. 新农村建设“鱼或渔”的路径选择

时至今日，我国的新农村建设已开展多年。这一工作开展的成效如何？工作中的难点和突出问题是什么？在这一方面，黄麓镇提供了几个很好的研究样本。笔者考察了两个村落，自然村“小河甸村”和中心村“张疃村”。小河甸村规模很小，只有142人，被列为农业部乡村清洁工程示范村，也是新农村建设的试点村。2006年，小河甸村发动村民自筹资金总计7万多元，自发出义务工800多工时，同时在各级政府的资助下，拆除了大量破旧房屋，修建道路及排水系统，修建绿地和村民休闲活动场地，摆脱了传统农村的脏乱差的形象（参见图7.12）。同小河甸村相比较，张疃村规模很大，有2000多人口，它不是新农村建设试点。据村委会主任介绍，这种大村实施新农村建设的最大困难就是资金匮乏。

图7.12　小河甸村内景象

从这两个村的调研情况可以看出，目前，许多地区新农村建设的主要着眼点在于物质环境的改善，而这种改善是需要大量资金投入才能见效的。在这一背景下，资金问题是成为制约新农村建设的首要问题。中央提出的新农村建设“生产发展、生活宽裕、乡风文明、村容整洁，管理民主”20字方针中，“生产发展”实际上是新农村建设的首要问题。在基层工作中，一些地方政府把新农村建设简单地理解为新一轮的村庄建设，而非产业的培育，走入了误区。以目前试点建设的运作方式，现在可以对有限的几个试点投入政府拨款，将来对于量大面广的普通农村怎么办？对此，一位镇领导吐露出他的感慨：

> 在一些试点工作中，从实施成效来看，村庄环境大为改观，受到了群众的欢迎。但从长远来看，不知道这一工作如何开展下去。现在的新农村建设，主要是投钱到试点村里，国家、省、市都有拨款。但一个镇200多个自然村，一个村就要投入几十万，如何持续下去？国家有没有这么大的投入力度？[①]单一地培育几个点，把所有资金投入到这里面去，是能够搞出一点新样子来，只是少部分老百姓得到实惠。但从长远来看怎么办？现在最关键的还是发展农村产业，增加农民收入。现在搞的建设，是“授之以鱼”，他只能饱一餐，“授之以渔”，他可以饱一辈子。

中央提出新农村建设，其最初主旨就是通过一系列举措实现农村地区经济社会协调发展。新农村建设不完全是拆房子盖新房子，而是创造一个可持续发展，和谐有序的农村社区环境，目前许多地方存在的扶贫式的新农村建设方式，往往只能保持短暂热度，当政府提供的资金、技术实施到位撤离后，农村只保持了表面上的光鲜，群众生活水平依旧，随着时间的推移，当外表光鲜不再，而群众却无力进行进一步的维护与更新，也就是说，农村缺乏一种良性空间重构的主动机制，这是黄麓镇乃至中部地区许多村镇面临的共同问题。

2. 乡镇企业对集镇空间营建的推动

小城镇的空间形态是在复杂的社会背景下多方面因素（文化背景、经济条件、

① 中国银监会副主席唐双宁曾表示，建设新农村，迫切需要加大对农村的资金投入。据初步测算，到2020年，新农村建设需要新增资金15万～20万亿元人民币。他同时提出，在农村资金投入方面面临的突出矛盾是，农村有需求但力量不足，财政有意愿但财力不足，银行有资金但手段不足。资料来源：引自互联网http://news.sina.com.cn/c/2006-07-29/224610572625.shtml。

政府规划引导等）复合作用的结果，但在不同小城镇中，起关键作用的因素各不相同。在黄麓镇空间形态的塑造过程中，乡镇企业（富煌集团）起到了关键的影响。

图7.13　黄麓镇公园

① 富煌集团对黄麓镇起到了巨大的产业支撑作用。富煌集团近年来每年销售额为10个亿，缴纳国地税约1700万，对地方财政贡献很大。丰厚的财政收入使得政府有能力支撑较大规模的集镇建设，包括公园、道路等设施（参见图7.13）。

② 富煌集团通过捐赠等公益行为，直接对小城镇空间营建进行投资，例如经常捐款给当地学校建校舍，为村庄修路等。

③ 富煌工业园区自身的建设扩张了集镇空间的骨架，成为集镇的“亮点”。随着近些年富煌集团的加速发展，工业园区的道路、建筑建设不断向外延伸，并显现出与老镇区融为一体的趋势，在整个镇区内愈发具有举足轻重的地位。

④ 巨大的乡镇企业集聚了人气，加速了黄麓镇区的第三产业发展。2006年富煌工业园区已有人口2000人，占镇区总人口的五分之一。这部分人对小城镇商贸街而言是非常稳定的消费群体，而且消费能力比村民要强。

第 8 章　铜闸镇："社会—空间"互动中的"变革"局势

铜闸镇位于安徽省巢湖市含山县东南部，总面积76.45平方公里，辖7个行政村、1个街道居委会、156个自然村，总人口23009人（2005年数据）。全镇距长江黄金水道约17公里，紧邻芜湖、马鞍山、南京。合裕公路、淮南铁路、含芜高速公路、大江公路、牛屯河横穿纵贯，交通便利，区位条件优越。2005年全镇共实现GDP1.308亿元，农业总产值1.3亿元，工业总产值2.18亿元，第三产业总产值0.99亿元[①]，从三产比例的现状看，铜闸镇的工业化与城镇化进程较弱，尚未形成强有力的优势产业。

同本书的其他四个小城镇案例比较，铜闸镇的空间重构过程是最为激烈的，可被描述为一场"革命式"的最彻底的空间重构。之所以这样说，是因为铜闸镇不是以一种渐进的、积累的方式来实现空间变革的。它的空间重构过程是在脱离原有集镇的基础上，另起炉灶建设而形成的，具体体现为镇区的异地新建，从而导致社会、经济、空间的全面变革。从表面上看，这不仅在巢湖地区、即使在整个中部地区也属于非常特殊的案例，是一种偶然的现象；但从深层次分析，在当今中国中部地区农村激烈的社会转型下，随着外部发展条件的变化（交通条件、管理体制），铜闸镇的空间重构又是一种必然的现象。

铜闸镇最早的老镇区位于镇域最东端，伴随着水运而发展起来，20世纪80年代，镇政府搬迁至图8.1显示的铜闸镇区现址，从而拉开了新镇区的建设序幕。撤并乡镇工作实施后，镇区东部原长岗乡于1992年被并入铜闸镇，镇区建设偏于镇域东部一隅，这一状况阻碍了镇区对全镇域发展的辐射带动作用，矛盾逐渐凸显。2000年后，随着一条南北向公路的开通，镇政府结合总体规划编制，打算在过境交通新十字交叉口（塔岗地区）建设新镇区，由此推动第二次镇区的异地新建（参见图8.1）。

---

① 资料来源：安徽省巢湖市铜闸镇2006版总体规划基础材料。

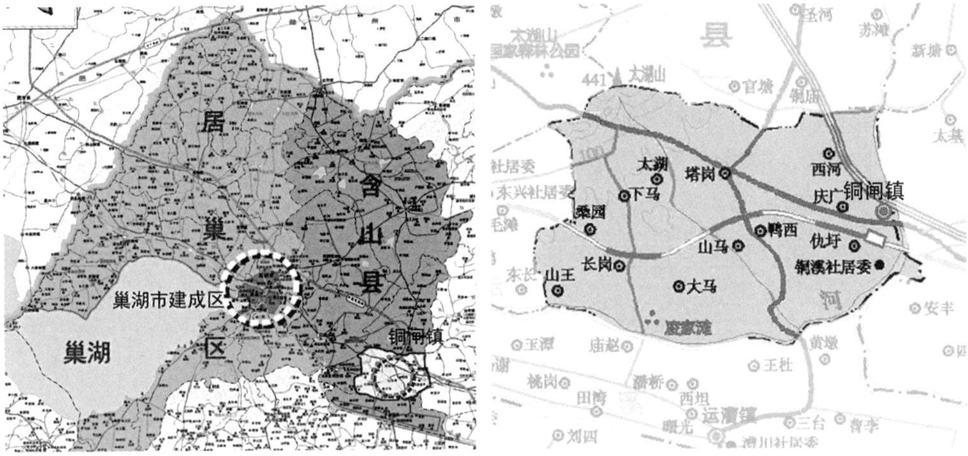

图8.1 铜闸镇区位图与行政区划图

（图片来源：根据巢湖市政区图改绘）

8.1 社会转型对空间重构的整体影响

8.1.1 产业特点：农业向综合工贸转型

同中部地区大多数小城镇一样，铜闸镇经济基本上以农业生产为主，保留了一定的传统农业社会特征。改革开放之后，铜闸镇的二、三产业发展开始起步，使铜闸镇逐渐由一个传统农业聚落转变为一个综合工贸型小城镇。

在工业经济方面，铜闸镇的工业经济从无到有，不断发展，目前在板材业、铸件精加工、棉业和农产品加工业等方面初具规模。但大多数工业企业都存在规模小、技术含量低、附加值低的问题，由于没有自己的优势产业和拳头产品，工业企业效益受市场影响的波动较大（参见图8.2）。同时，铜闸镇的乡镇工业布局太散，不利于减少工业区基础设施投入，为长远的高效管理和集约化经营设置了障碍。

图8.2 铜闸镇的小乡镇企业

铜闸镇的第三产业2005年实现总产值9900万元。目前镇区商贸设施主要集中于老镇区内部一条商业街，但由于老镇地理位置位于镇区边境，所以该商业街辐射范围无法涵盖镇域西部地区，导致这一市场腹地被周边其他小城镇所蚕食。针对这一问题，镇政府已决定在未来的新镇区规划商贸市场，将潜在的交通区位优势转化为实质的经济优势。

总体而言，铜闸镇目前还是一个以农业为主的、乡土色彩颇为浓厚的小城镇，这种类型的小城镇在广大中部欠发达地区具有代表性。虽然铜闸镇正经历着城镇化与工业化的变革，但这一过程还处于初始阶段，其未来的发展走向具有相当的不确定性。

8.1.2 行政区划与对外交通条件的改变

现铜闸镇是在1992年由原铜闸镇、长岗乡合并而成。两乡镇之间只有一条东西向公路将其串联起来。在合并之前，原来的长岗乡集镇和铜闸镇区承担了各自镇域的服务功能；合并之后，由于长岗乡政府撤销，乡集镇商贸业萎缩，而铜闸镇区鞭长莫及，对原长岗乡地区的带动辐射能力很弱。由此可以看出，尽管两乡镇经历行政区划合并已经十多年，但镇域东西部空间存在一道无形的屏障，空间整合程度不高。

对铜闸镇空间重构影响较大的另一个主导因素是对外交通条件的重大变革。随着近年来南北向含山县城到运漕镇的公路的开通，两条主要公路在铜闸镇中部交汇，形成了黄金十字交叉口，使得铜闸镇成为含山县境内为数不多的区位条件优越的小城镇，这也就为铜闸镇区最新一轮的异地新建埋下了伏笔。

8.2 宏观、中观、微观层面下的“社会—空间”互动

8.2.1 宏观层面占据主导影响

在铜闸镇特殊的社会转型背景下，该镇空间重构呈现出剧烈“变革”的局势：镇区被多次搬迁，政府机关、商贸设施、公共服务设施也随之被迁入新镇区。现状表明，新片区形成后，旧片区还继续使用，由于镇区的人口与经济总量并没有随着空间的扩张而提升，实际上导致整个镇域的空间资源过度分散，削弱了城镇的凝聚力。

虽然铜闸镇实施空间“变革”的初衷是积极的，但实施后的结果却暴露出了很多问题。就铜闸镇未来的发展而言，其发展动机、发展阻力、发展途径都与镇域结

构息息相关。所以，铜闸镇空间重构的主导层面是其宏观镇域结构层面。为了使铜闸镇未来的空间重构与社会转型实现良性互动，要必须抓住主要矛盾，从镇域结构的重新优化入手，这也是笔者在参与铜闸镇新一轮总体规划编制时的关注点。

8.2.2 宏观镇域结构层面

1. 镇区异地新建——“革命式”的空间重构

前文已经提及，铜闸镇的空间重构过程不是以一种渐进的、积累的方式来实现空间的变革，而是在脱离原有集镇的基础上，另起炉灶建设而形成的，所以称之为“革命式”的空间重构。铜闸镇共经历了两次镇区迁移，一次早已完成，另一次实施于2006年（参见图8.3）。

铜闸镇的老镇位于镇域最东端的牛屯河岸边，是一个千年古镇。牛屯河上引巢湖、下接长江，在古代以水运为主要运输方式的时候，铜闸老镇区的交通区位条件异常优越，它依托一个水运码头逐步发展成商埠，形成了铜闸镇的老镇区。新中国成立以后，公路交通方式逐步替代了水运，老镇区所处地域原本是水运黄金码头，如今却变成了公路运输的盲肠，原有的交通优势逐步变成了劣势。1988年，当时的地方政府决定摆脱原有的发展桎梏，沿着横贯镇域的东西向公路修建新镇区，并将镇政府及相关机构迁入新镇区，在公路两侧修建了大量商住楼，希望将原有老镇的商贸服务设施转移到新镇区内。十多年后，原有老镇的市场却没有按照决策层的思路迁移到新镇，新镇的商贸业发展完全失败。在发展过程中，新镇建设逐步暴露出一系列问题，首先是发展用地的局限。由于1996年新镇北部新修了一条合肥至芜湖的高速公路，加之南部又有铁路，新镇的空间发展被局限于一块狭长的用地内，失去了进一步扩张的可能性。此外，随着1992年长岗乡的并入，新镇区的地理位置相对于整个镇域过偏，起不到对镇域东部的辐射带动作用。

图8.3 铜闸镇区的二次异地新建

（图片来源：根据铜闸镇现状自绘）

2000年后，南北向的含山县城到运漕镇的公路开通，使得铜闸镇的外部发展条件再次发生重大变化，两条主要公路在铜闸镇中部的塔岗交汇，使得铜闸镇的区位优势迅速提升。此时，尽管塔岗地段现在还未开展大量

图8.4 塔岗公路交叉口景象

建设，但是民间的私人运输车将其作为载客点，在此大量聚集，这一现象从侧面反映了该地段潜在的区位价值（参见图8.4）。2006年，镇政府领导决定结合总体规划编制，将塔岗地区规划为未来的新的镇区中心，也就是将镇区进行第二次搬迁。规划在十字路口附近安置大规模农贸市场及其他公共服务设施，并将镇政府搬迁至新区。从两次镇区异地新建的过程来看，每次迁移过程都伴随了公共设施的迁移，第一次迁移实施过程中虽然政府机构迁移过去了，但原有老镇的市场却没有按照决策层的思路迁移到新镇；第二次迁移虽然已在规划布局上体现，但其最终效果需要很长一段时间才能体现出来。

铜闸镇区经历了二次异地新建，并呈现为三个发展阶段，它这种“革命式”的空间重构，始终与当地农村的社会转型背景相关联。第一次变迁方式本质是由交通方式的变革引起的，第二次变迁的动机源自于行政区划的调整（行政区划的调整实质是农村税费改革的一项举措）。由此可见，考察乡镇聚落的空间重构，应该放到社会转型的背景中去考察，单纯地就空间而论空间，无法全面地理解其空间变迁的过程。

2. 支离破碎的空间布局

铜闸镇的空间布局过于分散，这是一个不同于其他大多数小城镇的特点。整个集镇建成区分为五片：镇域东部就包括老镇片区、新镇片区、火车站片区；镇域西部包括工业区及宿舍、原长岗乡集镇片区（参见图8.5）。铜闸镇包括原来的长岗乡地区以前从未编制过总体规划，当时的建设决策主要由领导拍板，“想在哪建就在哪建”，缺乏科学的统筹规划。回顾历史，现铜闸镇是由原东部老铜闸镇和西部原长岗乡于1992年合并而成，在合并之前，长岗乡重点建设了乡集镇，并通过招商引资建立了一个工业区；而东部的铜闸火车站在70年代修建时也发展了自己的一个片区；镇域东部于80年代在老镇区基础上跳跃式发展形成了新镇区，至此，镇区分散的格局开始形成。

从这些镇区的现状来看，长岗地区由于乡政府的撤销，原有的集镇已开始萎缩，沿街商铺纷纷关门，一副破败景象（参见图8.6）；而工业区由于国内整体市场

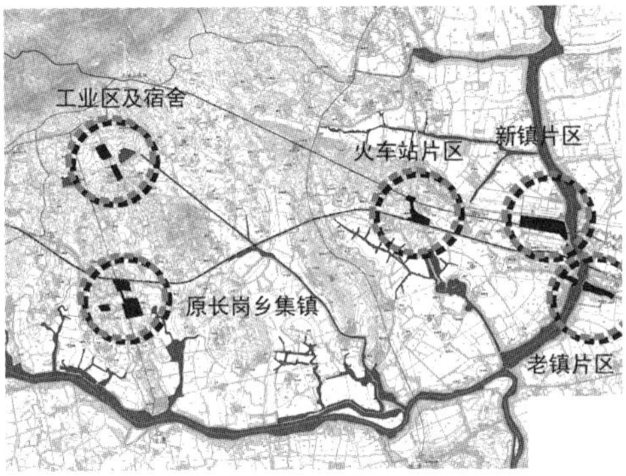

图8.5　支离破碎的空间布局

（图片来源：根据铜闸镇现状自绘）

图8.6　原长岗乡集镇衰败的店铺

环境的恶化，乡镇企业纷纷倒闭，留下一副烂摊子；火车站片区由于铁路部门已取消铜闸站的设置，也开始衰败；老镇区限于空间阻隔无法拓展；而新镇区成了一个典型的马路经济失败的案例。总体而言，铜闸镇五个片区的空间重构过程都不容乐观，其整体环境品质逐渐呈现恶化的态势。从镇区人口统计数据来看，2005年镇区人口只有2009人，低于同等经济发展水平的周边各乡镇；同本书所研究的江西省另外三镇相比，铜闸镇区人口也低于洪源镇、鹅湖镇，只比处于偏远山区的瑶里镇略高。之所以出现这种情况，主要是因为镇区的过度分散导致了城镇职能的弱化和人口集聚效应的弱化。

铜闸镇五个片区的发展困境，表面上看来是因为一些各自孤立的历史原因造成的，似乎是一些偶然现象；但放到一起看，就会发现这不是偶然现象，而是一种必然现象。实际上，造成这种结局的关键问题在于集镇建成区的过度分散，其本质就是空间生产力布局的过度分散。因为公共设施与工业企业的散布，增大了小城镇建设的成本，无法实现空间资源的集约利用；此外，人口的过度分散，不利于凝聚小城镇人气，不利于城镇职能的形成。对于铜闸镇而言，应把有限的空间资源凝成合力，投入到小范围的空间中去，使空间资源发挥出集聚效应。2006年版总体规划的在构建未来新镇区的过程中，应将现有的五个片区同新镇区相整合，弱化五个片区的发展，突出新镇区的发展优先度，使铜闸镇早日形成强大的集聚能力和辐射能力。

3. 迷惘的产业定位

中部地区省份大多为粮食主产区，传统的“小富即安”的小农意识左右着人们的观念，导致市场观念淡薄，竞争意识和创新意识不强，所以工商业发展缓慢。东部发达地区如江、浙一带的小城镇发展的经验证明，小城镇的发展需要产业的支撑，中部地区小城镇如要摆脱发展滞后的困境，就必须形成自身的优势产业。这一产业可以是二、三产业，也可以是在传统农业基础上农业产业化的进一步提升，如观光农业、生态农业。从目前现状来看，中部地区大多数小城镇的主要经济架构还是建立在以传统农业为基础的平台上，二、三产业的发展都没有形成气候，成为中部地区农村发展滞后的关键因素。

在2006年版铜闸镇总体规划编制过程中，对于铜闸镇未来的产业定位，就遇到类似的困惑。总体而言，铜闸镇工业化与城镇化进程均比较落后，不但远不如东部发达地区小城镇，就算在巢湖地区也属于后进地区。但是，铜闸镇现状产业分布涵盖门类广泛，如采掘加工业、板材业、农产品加工业、商贸业，所以镇对外宣传称为综合工贸型小城镇。但从产业发展质量来评价，铜闸镇既缺乏高技术含量、高附加值的工业产业，又没有形成像江、浙地区那样以低技术含量组合而成的产业集群（如纽扣等小商品加工），此外商贸业发展也未集约化、规模化。这种产业发展态势用四个字概括就是“杂而不精”。纵观国内许多发展较为成功的小城镇，如河北白沟镇箱包市场、江西文港镇文具市场，山东寿光蔬菜批发大市场，产业专业化、“一镇一品”是小城镇经济发展的长远战略。

从理论上讲，铜闸镇的招商引资工作不能搞“四面出击”，应“有的放矢”。但实际上，目前小城镇之间招商引资的相互竞争也到达了白热化的状态，地方政府对招商引资项目几乎都是来者不拒，甚至到了“饥不择食”的地步。许多高能耗、重污染的被大城市所放弃的企业，在小城镇领导眼中都是一块“宝”。在这种发展背景下，中部地区小城镇包括铜闸镇如何形成自身的特色产业，还具有很多的不确定因素。对于规划编制者，应该综合考察小城镇资源优势和区位优势后，结合现实情况再做分析研究。

8.2.3 中观镇区结构层面

中观镇区结构层面是“造镇运动＋马路经济”的实效反馈。

铜闸新镇建于1988年，位于镇域东西向的一条公路北侧。镇区自东向西长1000米，坐北朝南宽100米，征用土地100亩。当年该项目启动时，主要依靠镇政府的大力推动才得以实施。镇区建设之初，镇政府办公楼首先从古镇迁入新镇，然后吸引村民在镇区内建房，逐步发展成今天的规模。镇区主要建筑包括镇政府办公楼和相关政府部门如税务局、广播电视站等，此外也包括政府家属住宅和部分商住楼，镇区南部为大量沿着公路自建的商住楼，目前经营状况普遍不佳（参见图8.7）。总体而言，铜闸新镇既是政府主导下的造镇运动，又带有典型的马路经济的特征。

从学术意义上探讨，铜闸新镇区建设与发展的过程是一个很好的“造镇运动”成效反馈的研究范本。之所以这么界定，是因为该镇区作为研究样本具有两个明显的优势：第一，该镇区已建设多年，发展较为成熟，空间重构已趋于稳定；第二，该镇区是从原有的老镇中独立发展出来的，这样就存在着新旧两个商贸区的发展成效比较。

如果将老镇与新镇从形成机制上比较，我们可以发现，老镇由古代一个水运码头逐步发展成商埠，是在优越的地理、交通区位下自然形成的，所以老镇一直是铜闸镇的商贸中心，商贸服务内容主要是零售和饮食业。目前老镇的商业街道上约有60%的居民从事商品批发，老镇内还建有一座占地约1000平方米的农贸市场。而新镇是由政府主导推动下的“造镇运动”，是在一种行政体制下“自上而下”的空间重构过程。虽然政府在新镇建设的蓝图中有意图将老镇的商贸业搬迁至新镇区上，并在实施过程中通过优惠政策也确实吸引了一部分住户在公路北面新建了大批的商住楼。但20多年过去了，公路边的商贸街始终没有形成繁华的商业气氛，也没有起到集聚人气的作用，大量的商住楼处于半营业状态；与此同时，老镇区“成熟商圈”的地位始终未被动摇，保持着旺盛的人气（参见图8.8、图8.9）。

政府虽然能将商业街区的空间躯壳从老镇复制到新镇，却无法将商贸产业移植过来，当年政府的理想蓝图完全变成了泡影。按照政治经济学的理解，1988年新镇建设的公共投资并未取得预期效益，这种在空间上的投资是典型的“空间生产”过程，但这一投资是失败的。

图8.7　造镇运动下的公共设施，镇广播电视站

图8.8　造镇运动形成的马路经济

图8.9 老镇商业街繁华的商业气氛

结合中部地区小城镇发展的实际情况来看，在许多小城镇的发展过程中，马路经济有时候能起到促进镇区经济发展的作用，所以造成铜闸新镇发展失败的原因不能完全归咎于马路经济。通过对铜闸镇的进一步分析，我们发现铜闸新镇商贸业发展的失败在于以下三个原因：① 铜闸老镇区已有成熟的商贸区，客观上发展新商贸区的动力不强；② 马路经济作为商业空间本身就有很大的缺陷，不如老镇区的商业街那样容易形成商业氛围；③ 老镇作为商贸区历史悠久，在居民心目中已形成根深蒂固的概念，这种习惯思维不容易改变。

从铜闸新镇"造镇运动"与"马路经济"混合作用下的空间重构的案例可以看出，在中部地区小城镇中，马路经济虽然是一种生命力顽强的"野生"空间重构方式，但也有多方面的制约因素会影响这种空间的形成过程；同时，在空间重构的过程中，人们观念所形成的集体意识的作用也不可小视。

8.2.4 微观空间形态层面

1. 历史"碎片"的未来

铜闸老镇位于一条重要的水道旁，因历史上曾在这建造铜城堰闸而得名。铜闸老镇的兴衰深刻地反映了社会转型下的村镇聚落空间重构过程，它在古代因水而发展，新中国成立以后，随着公路交通方式逐步替代了水运，它又因水而衰败。铜闸老镇依托于水运在明清时期就发展成为繁华的商埠，直至今天，老镇商业街中的传统街巷尺度与偶尔显露出来的"马头墙"，都验证了铜闸老镇的悠久历史。

在铜闸镇"革命式"空间重构的背景下，政府把注意力和发展资源主要投向了新镇区，对老镇的发展与更新缺乏兴趣。这种行为虽有不利的一面，但也有积极的一面。积极的一面就是铜闸老镇没有经历像周边其他村镇中常见的大拆大建，老镇商业街的空间肌理和街巷尺度基本保持了传统聚落的特征。但是现在，老街的建筑大部分已被更新为砖混结构和钢混结构，只有少量残破不堪的传统民居点缀其中（参见图8.10）。在中部地区的村镇聚落中，这种现象是普遍存在的，在笔者调查的江西、安徽、山西等省的许多小城镇中，都曾见过这样的介于历史和现代之间的特殊空间形态，这类空间之所以特殊，是因为它虽然没有是完整保留具有传统风貌的历史地段，但又依稀保留了一点历史的记忆。学者单德启将这种类型的历史建筑群及其环境定义为“历史风貌片段”，用一个形象的词来描绘就是“历史碎片”。“历史风貌片段”同“历史保护区”或“历史地段”的区别主要体现在历史价值和规模大小上。[①]

图8.10 老镇商业街中残存的传统民居

由于中部地区乡村的小农社会现代化转型的滞后，其空间重构过程也体现为历史与现代混杂的一种过渡阶段，这就是中部地区村镇聚落中历史“碎片”大量出现的根源。在类似于铜闸镇这样的村镇聚落中，这些历史“碎片”何去何从？这也是铜闸镇2006年总体规划在编制过程中对老镇区定位所面临的问题。像铜闸镇这样的小城镇，对待“历史碎片”的保护面临着三个困惑：① 镇政府不可能有财力去进行大规模的保护；② 没有多少历史资源可供保护；③ 由于铜闸老镇的旅游开发环境基本不存在，保护的动力缺乏。但是，从某种意义上来说，这些“历史碎片”也是“文明的碎片”，难道我们眼睁睁地看着仅有的这些碎片随着时代的变迁慢慢消亡，最终从地图上抹去？这些困惑不仅仅是铜闸老镇所面临的，也是中部地区许多村镇聚落同样面临着的。

对待许多村镇聚落量大面广的“历史碎片”，全面保护是不切实际的；而不作为、任其消亡也是一种错误。此外，考虑到目前我国大多数小城镇建设的特色危机已到了相当严重的地步，这些“历史碎片”对于解决这一危机很可能起到关键性的作用。在乡镇财力有限的情况下，可以考虑保护其整体的传统风貌，重在延续其原有的空间尺度和肌理，尤其是对道路格局的保护；此外，对于仅存不多的民居，给予住户适当补助以加强保护，而对于大量需要更新或已经更新为现代住宅的住户来说，通过教育宣传和制度约束两种途径，在住宅更新时保持与传统风貌的协调。

2. 村集体对空间约束力的下降

我国农村大都未编制过集镇建设规划。在这种背景下，村庄建设主要依靠村集

① 单德启，王心邑．“历史碎片”的现代包容——安徽省池州孝肃街“历史风貌”的保护与更新．小城镇建设，2004，5：30～33．

体组织协调管理。而近年来，我国村集体组织管理涣散，对乡村空间约束力下降，究其原因，主要在于村集体调控权削弱和村民个人权益的增强。村庄中的这一权力变动是20世纪70年代末农村包产到户改革的结果，这一变革对基层农村工作各方面都产生了影响，当然也包括了空间营建过程。

改革开放之前，我国的村集体组织是国家权力机构向基层的延伸，在那个计划经济时代，集体对个人拥有很强的控制力；而现在，中部地区很多农村的集体权力弱化，逐渐失去调控权。例如在五六十年代的人民公社时期，在“一大二公”的政治理想下，集体权力至高无上，村集体组织可以对任何资源进行调控。这些资源不但包括生产资料、生活资料，也包括空间资源（如土地与建筑），那时的人民公社食堂就是生动的例子。现在，随着农村改革的进程，村集体的空间约束力大为下降，虽然土地所有权是村集体的，但经营权是个人的，任何单位无权干涉。笔者在调研时，曾听到一位村干部非常有代表性的话：

> 现在搞村庄建设，要动员群众做事，是很难的。村干部做工作时，如果老百姓不理他怎么办，就要凭老关系、老感情。原来的权过分集中于集体，个人没有积极性，而现在把原来过大的权下放到个人，集体的事就不好办了，集体利益与个人利益的关系又不平衡了，这就是工作难开展的原因。

同时，我们也发现，在富裕地区的农村或城郊的农村，村集体对空间的约束力普遍更强。这是因为富裕地区的农村往往拥有一些乡镇企业，掌握了全村的经济命脉；而城郊的一些村因为靠近城市，土地特别贵，当企业需要征地时，需要和村委会谈判，村委会就通过这一过程掌握了权力。例如江苏的华西村，它拥有很强的集体经济，因此对村庄也有很强的空间约束力，所有的农民住宅都是整齐划一的别墅。

第三篇

凝　炼

——对案例的理论探讨

空间，它看起来同质，看起来完全像我们所调查的那样是纯客观形式，但它却是社会的产物。

——H.列菲弗尔①

① H. Lefebvre, Reflections on the politics of space. in: R. Peet, eds. Radical Geography. Chicago: Maaroufa Press, 1977：34.

第9章　村镇聚落空间重构与社会转型的案例总结

9.1　“社会—空间”互动的变革趋势：从同质同构到异质异构

中国自古以来以农业立国，在长达数千年的时间跨度中，由于不发达的生产力背景和人多地少的资源背景，催生出了独具东方特色的小农社会，它的关键特征体现为三点：小农耕作、自给自足、血缘与地缘的紧密捆绑。在某种程度上，这些特点成为外国人眼中的东方文明的一部分。在中国古代的这种小农社会中，尽管朝代在不断变化，尽管地域性导致了各地农作物的差别（如北方的小麦、南方的水稻、山地的杂粮），但是其本质都是小农经济的耕作方式。所以说，不管时间和空间如何变化，中国古代农业社会中上述的三点关键特征基本未改变。

基于以上思考，中国古代各地的乡村虽然由于地域性的差异在形态上存在差异，并形成了丰富多彩的民居与聚落，但这种传统聚落的生成机制（即“内核”）却还是基本一致的——它们都是小农社会的产物，其聚落规模、聚落间距都受到传统耕作方式（如耕作距离）的影响。这一点无论在北方平原的四合院聚落还是南方的徽州聚落，概莫能外。在我国中部地区，由于地理条件的类似（都是农业主产区）、文化的相似（都是汉民族聚居区）、人口密度的相似，这一特征体现得更加明显。

为了便于理解，我们假设一幅中部地区农业聚落的古代生活场景：一个从事小农生产的农民，他自己只有一亩三分地，他要经常照料他的农作物，为了方便，也为了减少奔波劳顿，他的居住地选择不可能距离生产地（农田）太远，同时由于古代交通不便，所以耕作半径不可能很大。在这种条件的约束下，尽管人们有聚居的需要，但村庄规模不可能无限扩张，存在一定的限度。

在这种生产力背景下，中部地区农业聚落大都呈现出“大分散、小聚居”的格局。从地理景观来看，典型农业区的村庄分布呈现出星罗棋布的特征（参见图9.1）。同时，由于古代农村自给自足的经济特征，需要进行交换的商品较少，导致乡村集镇的发展也很有限，在空间上体现为规模小，数量少[①]。在这种小农社会中，不同地区的村落与村落之间，由于产业相似（都为种植粮食，差别只在于粮食品种不同而已），再加之小农生产自给自足的特点，村落相互之间基本不存在产业的协作与竞争；集镇则多为地区性基本生活用品的交易场所，其职能也大同小异。所以，从区域范围来观察，古代村镇聚落之间的关系，尽管存在形态上的差异，但从结构上体现为一种“同质同构”[②]的关系，这种关系也导致了各村镇聚落相似的发展路径。这一特点无论从小范围比较（一个镇域内部的村落），还是从大范围比较（中部地区省际的村落），都基本存在。

图9.1　中部地区典型的农业聚落呈现“大分散、小聚居”格局（河南省）

（图片来源：google earth）

20世纪后，我国的社会转型过程不断加速，乡村也面临着由传统小农社会向现代社会的转型。中部地区各村镇聚落在转型过程中，首先是产业结构发生了巨大的变化，农业迈向产业化道路，同时二、三产业的比例增加，生产力要素逐步实现优化配置。

其次，交通方式和交通体系发生了改变。传统小农社会与外部交通联系较少，主要依靠水运（漕运）、官道、驿站等方式。现代交通方式由水运向公路、铁路、高速公路、航空渐次发展，交通工具的革新引发了交通效率的提高，内部封闭的交通逐渐演变为区域性的交通网络，商品经济的繁荣促进物流业的发展。

最后，乡村内外的生活需求发生了改变。内在改变体现在对生活品质的现代化追求（水、电、文化、教育、卫生、体育），导致对基础设施和公共服务设施的空间需求不断增长；外在改变体现为城市居民对旅游、休闲度假的需求，导致了对乡

① 古代农村集市多为临时的“草市”，多依附在较大的村落周边，部分村落因此而慢慢演变成集镇，但其中的大部分人还从事农业生产。从某种意义上来说，它更像一个农村。

② 本书的“质”概念具有“特质、特性”的含义，具体是指村镇聚落在类型学上的差异；而本书的“构”概念主要是指构成村镇聚落的要素（村落、镇区）在空间结构上的相互关系。

村田园观光与传统聚落旅游的热衷。

在这一系列乡村社会转型的背景下，中部地区各村镇聚落在不同的资源优势和区位优势下，空间重构过程也体现出明显的差异，其发展路径呈现出多元化态势。简言之，当代我国中部地区村镇聚落已由过去的“同质同构”向“异质异构”转变。

在村镇聚落的社会转型过程中，生产力是一切发展的根本动力，经济转型通常是发生变革的“先锋”，然后再延伸至文化转型等其他方面。社会转型的关键因素是人，一切经济、文化、制度的变迁需要靠人的介入才能推动。所以，本书在界定研究内容时未采用孤立的经济转型、文化转型等概念，而是采用了社会转型的概念。

下面结合村镇聚落的具体案例来分析“同质同构”向“异质异构”的转变。

9.1.1 空间构成要素的变化

在传统的小农社会中，中部地区小城镇聚落大多是农产品的集散地与商品的交易场地，同时也是手工业作坊的集聚地。在那个年代，小城镇镇区的空间构成要素大都是住宅、商铺店面，以及部分家庭手工业作坊，而随着时代的变革、社会的转型，这一切发生了巨大的转变。

图9.2 瑶里镇近年来大量出现的家庭旅店

以江西的瑶里镇为例，在改革开放之前，瑶里旧镇区内的建筑大都为居民住宅，镇区中心矗立着镇政府的行政办公楼，主要道路两旁分布了供销社等公共服务设施。改革开放后，镇中心区主要道路两侧出现了大量个体经营的商铺；尤其是近些年，随着旅游业的兴起，瑶里镇区餐饮娱乐等服务业发展迅速，私人营建的家庭旅店、餐馆如雨后春笋般大量出现（参见图9.2）。同时随着镇政府迁至新区，原有办公楼的功能被置换为旅游公司的办公楼。出于旅游开发的目的，镇区中修复了不少祠堂等历史建筑，作为服务于游客的公共展示空间。这类空间要素在传统聚落中是从未出现过的。

鹅湖镇最初是在镇区所在的鹅湖村基础上发展起来，改革开放之前，镇区的主要公建就是镇政府办公楼、供销合作社。除此之外就是鹅湖村的村民住宅。改革开放后，随着商品经济的活跃，鹅湖镇出现了大量个体经营的商铺、餐饮、旅店，这些铺面沿着镇区主要道路蔓延生长，逐步形成规模较大的商业街。在住宅方面，随着镇区所在的鹅湖村居民职业的逐渐非农化，住宅的类型逐步由农村独院式住宅向城镇集合式住宅演化。

洪源镇所处的几个村落原本与周边其他农村聚落没有多少差别，改革开放后，洪源镇地处景德镇郊区的特殊区位优势逐步显现出来，逐步走上了一条不同于周边其他农业聚落的发展道路。洪源镇境内有多条高等级公路穿越，其公路交通运输优势十分突出（参见图9.3）。其中，东西向九景高速公路和南北向的206国道在镇区交汇，对于镇区的发展来说，这既是优势，也是弊端。洪源镇的发展之源是交通，交通区位优势带来了工业园区和物流园区的建设，镇区发展受惠于这一优势。但十字交叉的过境公路将镇区分割成支离破碎的四个象限，所以这又是很大的一个弊端。同浮梁县其他小城镇相比较，洪源镇出现了一些独特的空间构成要素，如高速公路、物流园区等，这也体现了不同小城镇异质异构的发展特点。

安徽省巢湖市黄麓镇是一个历史比较悠久的小城镇。长期以来，黄麓镇作为农业地区的普通小城镇，主要承担了区域性的商品集散功能，其发展态势是波澜不惊的。但是改革开放后，尤其是近几年，黄麓镇的支柱乡镇企业——富煌集团的崛起，极大地改变了镇区的面貌，成为镇区发展的推动剂。富煌集团的工业园区建设从规模来看已经与老镇区并驾齐驱，工业厂房、员工集体宿舍都是黄麓镇建设史上从未有过的全新事物，成为黄麓镇全新的空间构成要素（参见图9.4）。

图9.3　穿越洪源镇区的九景高速公路

图9.4 富煌集团工业厂房

9.1.2 空间结构关系的变化

通过对案例小城镇镇区空间结构的演变过程进行分析，本书提炼出五个镇区空间结构变迁的模型。通过抽象化的模型，可以更加清晰地观察各村镇空间结构关系的变化特点。

在分析之前，有必要对空间结构模型图示进行背景介绍：模型中镇区空间范围用圆圈来表示，横穿镇区的一条水平线代表镇区对外的主要道路。由于小城镇功能通常并不复杂，主要划分为居住区、商业区、工业区三部分，各部分在圆圈中所占比例用不同图案来表示，但这只代表各部分空间大小的相对关系，不反映绝对的数值比例。总而言之，该图示是一种抽象化的模型，与真实的空间地理位置没有一一对应的关系（参见图9.5）。

1. 瑶里镇空间结构变迁模型

近些年来，瑶里镇的旅游业发展迅速，镇政府已将其作为当地的支柱产业。在这一背景下，老镇区服务于旅客的商贸区规模不断增长。为了保护老镇的民居资源，同时解决镇区发展用地不足的问题，瑶里镇在老镇区外部发展了一片新镇区，并将镇政府迁至新区，同时规划安排工业、商贸、居住用地，避免对老镇区的干扰。

2. 洪源镇空间结构变迁模型

洪源镇最初是依托一条过境交通发展起来的，改革开放之后，其特殊的区位

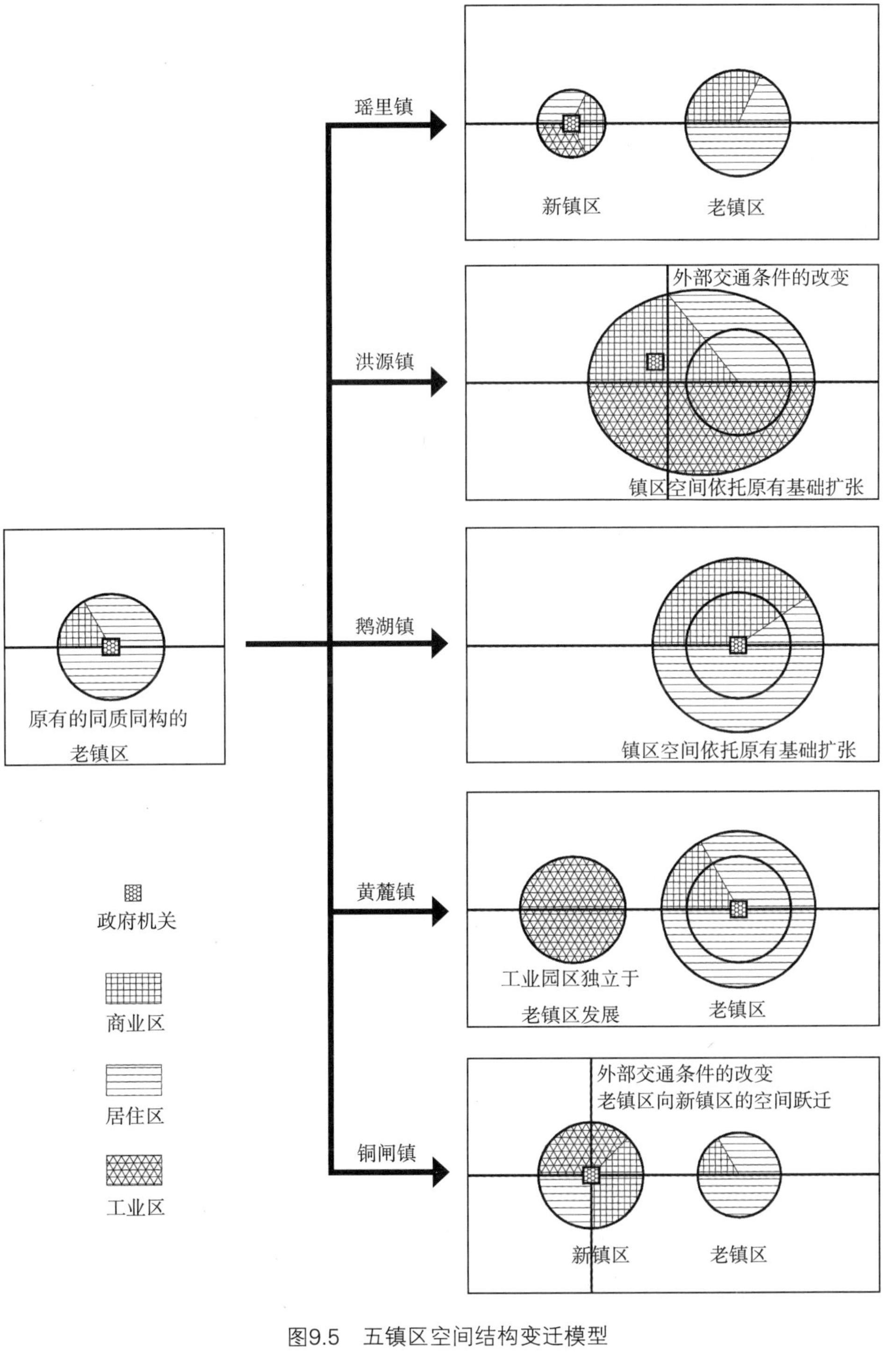

图9.5　五镇区空间结构变迁模型

优势（位于景德镇市郊）逐渐显现，再加之九景高速公路的开通，形成了区域性的交通枢纽，土地利用潜在价值迅速提升。因此，洪源镇的工业园区、物流园区建设进入了一个高速发展的时期，工业用地大幅增长，这是洪源镇空间结构的最明显的变化。随着对外交通条件的改善，围绕着交通干线的工业与物流园区建设使镇区发展重心逐渐偏向一边，同时也导致了过境交通对镇区的严重分割，并带来了一系列问题。

3. 鹅湖镇空间结构变迁模型

鹅湖镇特殊的地理区位、广大的辐射地域决定了其发展商贸业的潜质。但在改革开放之前，在僵化的计划经济的统购统销体制下，鹅湖无法发挥其潜在优势。改革开放后，鹅湖镇的市场活力被激发，商贸业发展迅速，商业空间迅速扩张，已成为浮梁县西部的商品集散中心。镇区从事第三产业的常住人口不断增长，也带动了镇区整体规模的增长。

4. 黄麓镇空间结构变迁模型

黄麓镇区的空间结构原本与其他镇区没有太多差别，在空间上体现为村民住宅区与商贸街的混合，随着镇域经济的发展，镇区的规模稳步增长，但商业区与居住区的相对比例没有发生太多变化。20世纪80年代后，乡镇企业（富煌集团）迅速发展壮大，在镇区外部独立发展，形成了自成一体的工业园区。该工业园区与镇区都各有一套基础设施和公共服务设施，两者空间资源缺乏整合。

5. 铜闸镇空间结构变迁模型

铜闸镇是依托水运发展起来的商埠小城镇，该镇出现了两次主要的空间结构变迁。第一次是当水运交通方式转变成为公路交通时，铜闸镇在老镇区之外另辟新区建设，同时，镇政府也迁至新区；第二次是2000年之后，新的过境公路修通后，与老的过境道路形成十字交叉的黄金交叉口，镇政府决定利用这一区位优势再次兴建新镇区，镇政府也将进行第二次搬迁。铜闸镇的空间变迁特点体现为随着外部交通条件的改变，老镇区向新镇区的异地新建。

纵观本书五个小城镇镇区的空间重构历史，在变迁之前，各镇的结构都体现出一定的同质同构的特点。而伴随着社会变迁，各镇的发展轨迹各不相同，其空间结构明显地体现出异质异构的特点。

9.1.3 空间尺度与风貌的变化

小城镇大多数脱胎于农业聚落，在古代小农经济自给自足的条件下，其空间构成要素主要是独户住宅及个体经营的商铺，空间尺度大都以家庭为单位，体量小巧；即使村镇中也有少量公共建筑如会馆、祠堂，限于古代欠发达的生产力，其建筑体量与普通住宅相比，并未超出过多。在建筑风貌上，各地在特定的地域文化与技术条件作用下，也形成了统一和谐的整体特色。而步入当代，中部地区村镇空间尺度与风貌之间的差异日趋明显。

江西瑶里镇由于地处偏远山区，经济落后，空间重构过程相对比较缓慢。目前老镇区的空间形态基本上保持了清末的传统风貌，木构民居、粉墙黛瓦。但是，现代化进程也在这个古镇中不可避免地留下了痕迹：镇区里建设了不少多层住宅与办公楼，对古镇的传统风貌造成了极大的损害。20世纪90年代之后，随着旅游经济的兴起，瑶里镇的政府与民众都开始意识到保护古镇的意义，计划陆续拆除影响风貌的现代建筑。所以，从发展趋势来看，瑶里镇的空间形态还是体现出传统民居的高密度肌理和小尺度的特征（参见图9.6）。

江西鹅湖镇最初是依托于鹅湖村发展起来。镇区在改革开放之前多是低层农宅，当鹅湖镇发展成为商贸小城镇后，商业街逐步成型，在土地价值规律的影响

图9.6　瑶里镇区的传统尺度与风貌

下，镇区商业街两侧的建筑逐渐更新为多层住宅和公建（参见图9.7）。空间尺度比传统村落中的尺度明显增大，而镇区的建筑风貌受到外来文化的影响，传统地域特色早已荡然无存。

安徽黄麓镇与江西洪源镇都是以工业经济为主导的小城镇。以黄麓镇为例，该镇支柱乡镇企业富煌集团是一家大型建材企业，远远望去，体量庞大的钢结构工业厂房同周边小尺度的农宅形成了鲜明对比（参见图9.8）。在中部地区村镇中，发展比较成功的乡镇企业同东部地区相比在数量上还是比较少的。这些工业厂房是黄麓镇的标志性地景，也是黄麓人对外宣传引以为傲的资本。

就安徽铜闸镇而言，其空间变革经历了旧镇区向新镇区的异地新建。在这种情况下，政府把建设工作的重点置于新镇区中，所以铜闸老镇的空间更新速度较慢。

图9.7　鹅湖镇区商业街空间尺度

图9.8　黄麓镇大尺度的钢结构工业厂房

直至今天，老镇区商业街的空间肌理和街巷尺度基本保持了传统格局，但大部分建筑已被更新为砖混结构和钢混结构（参见图9.9）。铜闸老镇的建筑风貌呈现出一种传统与现代的混杂，从深层次意义上来说，这一空间现象有其社会背景的合理解释：这正反映了一个小农社会向现代社会转变中的过渡阶段。铜闸新镇区的空间尺度明显超出老镇区，其空间风貌也完全失去了传统特色。

图9.9　老镇商业街中的传统街巷尺度

通过对案例的比较研究，五镇原有的“同质同构”的空间尺度与风貌在不同的社会转型过程中，差异逐渐增大，乃至形成了完全不同的地理景观。从该层面上来看，五镇也显现出“异质异构”的特点。

9.1.4　聚落外部关系的变化

本书提及的聚落外部关系是指村镇聚落同其外部的其他村镇和城市之间的相互关系。本书五个案例小城镇地处我国中部地区江西、安徽两个农业大省，它们仍旧处于传统小农社会迈向现代社会的转型过程中，所以这一转型过程并不彻底。在传统农业社会中，自给自足的自然经济是其重要特点，虽然在这种经济模式中也需要提供地区性公共服务的小城镇，但这些小城镇大都服务于本镇域，与外界其他城镇的联系较少，也就是说，聚落与外部及其他聚落的联系是相对有限的。然而，在20世纪80年代之后，在巨大的社会转型推动下，不同村镇聚落的内外关系呈现出很大的差异。

江西瑶里镇在改革开放前的计划经济时代，由于商货的流通，公共服务的提供主要结合计划经济行政管理体制来运作，聚落内外关系体现为上级政府（浮梁县）的管理与控制，平级之间（与周边镇之间）的空间联系相对较弱。步入20世纪90年代之后，随着旅游产业的兴起，瑶里镇逐渐成为中国旅游市场中的一枚棋子，它的空间重构逐渐受到了景德镇外甚至是江西省外的影响。

鹅湖镇作为商贸小城镇，其商业辐射范围的变化能够清晰地反映该聚落内外关系的变化。研究表明，改革开放初期即80年代，鹅湖镇的商贸业发展迅速，其辐射地域迅速扩张，覆盖了周边许多乡镇，鹅湖镇区商贸街也随之勃兴，这一过程是市场经济作用下空间重构的自适应更新。然而近些年，鹅湖镇的辐射地域有所缩减，这是因为周边产生出了新兴的商贸小城镇，蚕食了鹅湖镇原有的辐射范围。但总体而言，鹅湖镇同外部聚落的关系是相当“外向”的。

洪源镇虽然地处景德镇市郊，具有发展工业的较高的土地利用价值。但在改革开放之前，洪源镇作为景德镇的“近邻”这一优势并未在空间上体现出来。它同外部的联系对象主要是上级政府（浮梁县），其空间重构过程受浮梁县的影响比较大，受景德镇市的影响并不多。而改革开放后，随着土地作为市场资源的概念的确立以及交通条件的改善，洪源镇的空间重构越来越受到景德镇市的影响，工业区发展迅速，遍地开花。可以说，目前决定洪源镇空间重构走势的主导者不是浮梁县而是景德镇。

安徽黄麓镇位于巢湖西北岸，北邻炯炀镇，南邻中庙镇，三个小城镇相互接壤，同属滨湖小城镇，彼此交通距离都在10公里以内。改革开放之前，三个小镇之间并没有太多联系，它们保持各自的发展态势，其产业特点呈现出趋同化。改革开放之后，黄麓镇的乡镇工业初具规模，炯炀镇利用交通优势发展商贸业，中庙镇充分开发旅游资源，三镇的空间重构走向不同的道路。这滨湖三镇充分发挥自身的优势，产业发展呈现出互补的态势。步入21世纪，环巢湖旅游经济带的形成更为三镇的合作创造了便利条件。在此基础上，黄麓镇2004版总体规划提出“巢西城镇带”的发展概念，黄麓、炯炀、中庙三镇应实施组群式抱团发展，提升组群的综合竞争力。

以上几个镇的研究表明，村镇聚落在改革开放前大都保持各自孤立发展的态势。改革开放后，在不同的社会转型背景下，在不同的资源禀赋和政策支撑下，村镇聚落与外部城镇之间的关系比过去更加密切，它们之间既存在着合作，又存在着竞争，而且外在表现方式也更加复杂，很难再用一种固定的模式来概括它。所以说，村镇聚落内外关系也体现了一种多元化的转变态势。

9.2 空间是社会结构和社会关系的载体

从空间政治经济学的视角来看，人类所创造的空间不是孤立的物质实体，它的形成受到社会结构与社会关系的影响，换句话说，空间是社会结构和社会关系的载体。当社会结构与社会关系发生变化，即社会发生了转型，其所支配的空间也会发生相应的变化。同理，村镇聚落的空间重构过程也不是一种孤立的事件，它与发生这种空间变迁过程的社会转型背景紧密相关。

因数据资料有限，下文以江西浮梁县三镇（洪源、鹅湖、瑶里）为例，来探讨村镇聚落空间重构程度与社会转型态势的关联。由于住宅和公建代表了小城镇最主要的两种空间类型，本书从两个切入点（住宅更新的快慢、公共服务设施在乡村的普及程度）进行数据分析，开展实证研究。

笔者所理解的空间重构，既包括空间形体层面的改变（如农村新房建设所导致的建筑体量、风貌、平面格局的改变），又包括村镇结构的改变。由于数据资料有限，笔者只是以空间形体层面的改变为例，说明农村整体空间重构的变化，进而论述这些空间重构与其背后的社会转型之间的关系。在欠发达的中部地区村镇聚落中，住宅的建设在村镇建设中占有很大的比例，所以笔者从住宅的更新程度这个切入点来观察镇区的空间重构速度。

由于混合结构住宅基本为20世纪80年代中期以后建造，而其他砖木结构的住宅建于20世纪70年代之前，所以混合结构都是比较新的住宅。本书通过分析混合结构住宅面积占总住宅面积的比例（以下简称为L值）来反映空间重构的程度，如果这一百分比值较高，说明空间重构比较剧烈，程度较为广泛，同时速度也较快（参见图9.10）。

综合来看，洪源镇的空间重构程度最为剧烈，无论是镇区还是农村的L值均是最高的，这是由于洪源镇的区位条件最好，生活水平较高，人们观念更新也较快，发展变化在三个镇中是最大的。这也说明了地区区位优势对空间重构的重要影响。

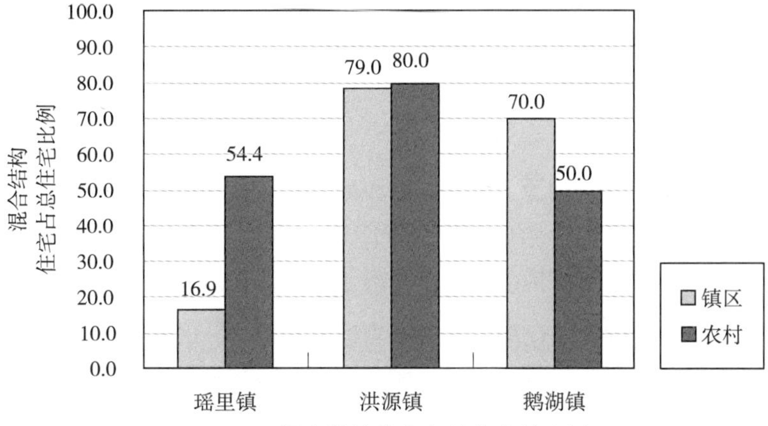

图9.10　混合结构住宅占总住宅的比例

相比之下，鹅湖镇区位稍差，所以其空间重构程度就要相对弱一些；而瑶里原本是闭塞落后的山区，区位条件最差，空间重构也最弱。

洪源镇中，镇区与农村的L值较为接近，主要基于两个原因：① 洪源整个镇域处于景德镇市辐射区域内，农村与镇区受到市区资金、信息、技术等辐射的程度较为均衡，也就是说发展禀赋较为均衡；② 洪源农村较为发达的乡镇企业也提高了农民的收入，所以镇区与农村的发展比较平衡。洪源镇空间重构的这一态势，正好与洪源镇农业向工业转型的整体态势相吻合。

鹅湖镇区的L值较高，是由于商贸业等第三产业高速发展的原因，鹅湖镇区正由农业向商贸业转型，所以空间重构程度也较高，接近于洪源镇。图表显示，鹅湖镇农村的空间重构程度较低，这是因为鹅湖农村基本保持了农业生产的格局，社会结构并没有发生大的变迁。此外，也说明一个现象——镇区的商贸业转型对农村并没有产生大的影响。

数据显示，瑶里镇的情况非常独特，这是一个正由农业向旅游业转型的小镇，在中部地区旅游型小城镇中具有一定的代表性。由于镇区是个古镇，旅游开发禁止传统民居的更新，所以瑶里镇区的L值非常低，较新住宅在全部住宅中只占16.9%。瑶里农村的空间重构程度远超越镇区，这点与其他两个镇明显不同。由于镇区中许多住宅的用地性质是国有土地，而村落中的宅基地是集体土地，土地性质决定了村民对自己的土地拥有较强的控制力度。这种状况带来的负面影响就是旅游开发所要求的民居保护对村民的约束力非常微弱，长此下去，很不利于瑶里乡村整体传统风貌的保护，不利于旅游业的发展。

公共建筑主要承担对居民的公共服务职能，如教育、医疗、商业、金融等职能，是居民生活中不可或缺的一部分。公共建筑面积的多寡在某种程度上体现了居民生活程度的便利与否和生活品质的高低。从社会的视角来看，公共服务在小城镇中的普及程度反映了该地区现代化的程度，也是社会转型进程快慢的重要体现之一（参见图9.11）。

通过对瑶里、鹅湖、洪源三镇公建面积的比较后发现，三镇的农村公共建筑面积相差不大，数值比较均衡。在我国现行的规划体制中，农村的公共设施通常参考服务人口数量和服务半径两个因素来进行资源配置，如小学、幼托、商贸设施；在规划时还常常结合地理区位优势、发展潜力进行布局，一般建议布置于中心村。从这三个镇的案例可以看出，村级公共设施的空间容量与当地小城镇社会转型态势没有太多关联，主要取决于人口、地理区位等方面的因素。

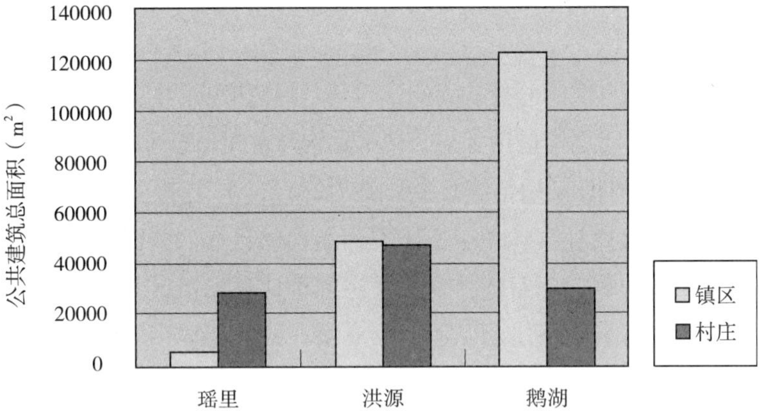

图9.11　三镇公共建筑面积比较（2006年统计数据）

从三镇的镇区来看，其公共建筑总面积相差极大，瑶里镇的面积为6000平方米，洪源镇的面积为49500平方米，鹅湖镇的面积为123700平方米，三者根本不处在同一个数量级上。这种差别与三个镇的社会转型态势有高度的关联性。瑶里镇经济原本比较落后，工商业衰败，全镇处于鹅湖镇的商业辐射区域内，所以公共建筑尤其是商业建筑较少，虽然瑶里正由传统农林业向旅游业转型，但还处于转型的初期，旅游业发展对空间重构的推动作用还未显现出来。鹅湖镇区商贸业发达，正处于农业向商贸业转型的高速发展过程中，所以公共建筑总面积非常高，这也是合乎情理的。通过公共建筑面积的数值可以看出，鹅湖镇区与农村给居民提供的公共服务水平相差极大，镇区与农村的发展很不平衡。

从三镇的数据分析可以看出，我国中部地区村镇聚落在社会转型的宏观背景下，其社会结构面临着深刻的变化，原本单一的小农社会在不同的资源禀赋和发展机遇下呈现出不同的变迁路径，导致空间也呈现出明显的个性差异。同时，蕴含着不同社会结构与社会关系的村镇聚落，其外在差异又是通过空间这一媒介体现出来。当村镇聚落发生社会转型时，空间也发生相应重构，这一动态变化过程非常直观。

此外，由于村镇聚落是一个网络系统，包括位于顶端的小城镇和底端的自然村，它们内部的社会结构是错综复杂的，不是一种单一的模式。所以，在镇域内部，不同级别的聚落其社会转型与空间重构的互动过程也体现出非均衡性特点。例如鹅湖镇通常被归类为商贸业小城镇，但并不意味着全镇域都正在经历从农业向商贸业的转型，它内部各子聚落的社会转型与空间重构态势各不相同，呈现出多元化的格局。

9.3 社会转型、空间结构重构与空间形态重构三者关系探讨

通过对五个案例村镇的分析，我们认识到，村镇聚落的社会转型与空间重构存在着必然联系，而空间重构包括了空间结构重构与空间形态重构两项子内容。这三者相互作用，构成一组互动的整体（参见图9.12）。

首先，村镇聚落的社会转型引发了空间结构的转变，从而间接地影响空间形态。以江西瑶里镇为例，原有的村镇聚落空间结构是以镇区为主，各村落与镇区之间有一定联系，但各村落之间基本没有联系；随着瑶里当代的旅游产业化的转型，由于部分旅游景点分布在村落之间，当旅游线路开通后，这些村落之间的联系也逐步显现。同时，围绕着这一系列旅游线路，进行了相应的保护规划和景区配套建设，最终导致空间形态的重构。又如安徽铜闸镇，最早的老镇区是在河道旁伴随着水运的兴旺发达而繁荣的，步入近代社会后，以水运为主的交通方式逐步让位给公路运输，老镇区丧失了进一步发展的动力，于是镇政府决定在公路旁重新修建新镇，使得铜闸镇的空间结构和形态发生了巨变。

在另一方面，社会转型也通过文化、习俗、价值观的转变直接影响空间形态。又如瑶里镇，在旅游产业兴起前，镇领导在集镇建设工作方面关心的是如何尽快“拆旧建新”，以体现政绩；而镇区向旅游业转型之后，领导的工作思路转变为“拆新护旧”，这一转变导致瑶里镇的整体风貌经历了“传统—现代—传统”的反复波折。

在通常情况下，村镇聚落空间结构的重构都将引发空间形态的重构。在目前的规划建设体制下，小城镇也要经历总体规划—详细规划—建筑设计的自上而下的空间营建过程。城镇结构一旦确定，城镇形态也应运而生，所以这不仅是一个结构层面上的问题，也是形态层面上的问题。

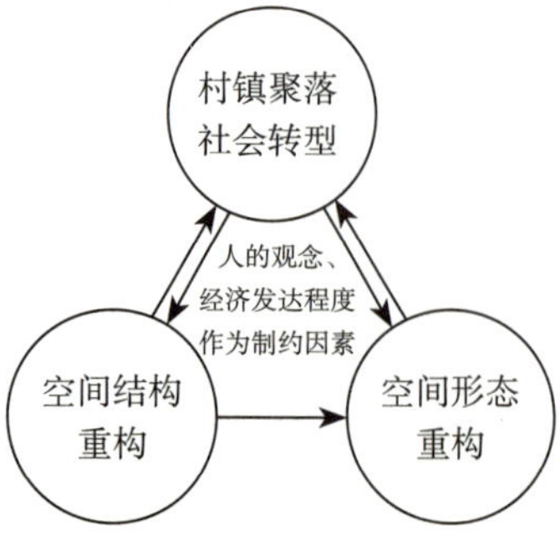

图9.12 三者关系图

社会转型对空间重构的影响不是单向的，村镇聚落空间重构也会对社会转型产生反作用，推动或阻碍着社会转型。例如江西鹅湖镇，作为商贸小城镇，近些年来该镇的商贸用地不断扩张，吸引的顾客人数也不断增加，这一空间变革扩大了市场规模，增强了农村地区的市场经济意识，将一部分农民转变成商人，加速了该镇由传统农业镇向商贸小城镇的变迁。

在三者的交织作用过程中，社会中人的观念、经济发达程度是其关键的制约因素。许多村镇聚落经历了相类似的社会转型，但其空间重构过程大相径庭，主要就是因为人的观念与经济发达程度的差异，例如东部地区与中部地区小城镇的普遍差异。

9.4 社会转型背景下村镇聚落多元化的空间重构方式

9.4.1 行政主导下的“造镇运动”

新中国成立以后，我国从苏联移植过来一套完整的计划经济体制。国家对社会发展各方面包括建设方面全面统筹，一切尽在“安排”中。在这种体制中，何时建设、在何地建设，只是计划中的一部分，空间规划也只是实现计划的一种工具，各地的城镇建设完全取决于国家宏观空间生产力布局的需要。

改革开放后，这种国家统管一切、只靠行政手段配置资源的经济体制的弊端逐渐显现，经济发展的活力受到了抑制。20世纪80年代之后，我国开始实施经济体制改革，将这一僵化的体制加以变革，逐步树立了社会主义市场经济体系。但是，在城镇建设领域中，很多政府投资的公共项目还是受到传统的计划审批等一整套严格程序的控制，带有一定的计划色彩。这种现象较为常见。

本书将这种计划控制下的政府推动的村镇建设描述为“造镇运动”，在这里，“造镇运动”并不是绝对的贬义词，它只是用来描述当前普遍存在的一种社会现实。“造镇运动”是计划经济体制遗留下的产物，客观地评价，它也曾起到一定的积极作用，例如新中国成立以后许多被“造”出的城镇中，有相当一部分发展得非常成功；当然，“造镇运动”失败的例子也为数不少。在我国这种特殊的社会背景下，计划经济向市场经济的转变过程是一个长期的过程，“造镇运动”作为一种主要的空间重构的方式也必将在较长时间内影响着我国村镇聚落的人居环境。根据实施过程的不同，“造镇运动”包括四种模式：

① 政府指导，市场运作，居民参与；

② 政府指导，市场介入，乡民运作；

③ 政府指导，政府操作，居民参与；

④ 政府指导，政府操办。

根据运作机制的不同，“造镇运动”通常体现为四种外在表现方式，下面分别

图9.13 “造镇运动”的常见形态——某中部地区新建小城镇

进行分析。

1. 新镇开发

新镇开发是小城镇空间重构最常见的方式之一，在空间上主要体现为“量”的直接增长（参见图9.13）。目前，新镇开发的建设资金来源主要集中于两块：除了部分由民间集资建设的商住楼、商业街，大部分的基础设施和公共设施还是由政府投资。在中部地区大多数村镇聚落，经济发展薄弱，市场发育不完善，所以，国家的计划控制在空间营建中起到了关键性的作用。村镇建设工作主要根据上级主管部门的行政命令推动，在具体操作上往往由是几个主要行政官员定夺，项目决策的科学性不足。

2. 撤并乡镇

乡镇行政区划的形成涉及自然、经济、文化、民族的同一性等因素，同时也是历史长期作用下的结果。随着地域社会经济发展条件的变化，行政区划也经常会进行必要的调整。目前，我国一些地区的乡村区划过密，村镇行政机构过于臃肿，既不利于提高工作效率，也极大地增加了农民负担。2004年，中共中央、国务院下发的《关于促进农民增加收入若干政策意见》指出：“要进一步精简乡镇机构和财政供养人员，积极稳妥地调整乡镇建制，有条件的可实行并村”，这一文件对撤并乡镇提供了政策支持。撤并乡镇也是村镇聚落空间重构的一种内在的构建方式。它对空间的影响按照实施过程的不同可分为隐性和显性两类。

第一类的撤并乡镇只是把乡镇行政区划进行合并，原有的村镇聚落在空间上并没有发生直接变化；由于行政机构的撤销，地方政府在资源调配方面对驻地优先照顾所带来的优势丧失，削弱了当地经济发展的资源禀赋，从长远来看，会对其空间重构过程产生消极作用，所以这种影响是隐性的。

第二类的撤并乡镇不仅仅涉及行政区划的调整，在空间上也进行了直接的整合。在土地资源紧张的我国东部地区，这种状况较为常见，例如浙江诸暨市店口镇，该镇于2001年由两个紧邻的镇（店口镇、湄池镇）合并而成。原两镇产业发展雷同，相互竞争，同时面临着土地资源严重不足的问题，镇区建设不断向对方延伸。在诸暨市市域城镇体系规划的指导下，两镇开始走合作之路。合并之后，新一轮总体规划结合区划调整，将两镇的公共资源和发展资源进行整合，加强原两镇镇区的联系，将二者合为一体（参见图9.14）。这种类型的撤并乡镇对空间重构的影响是显性的。①

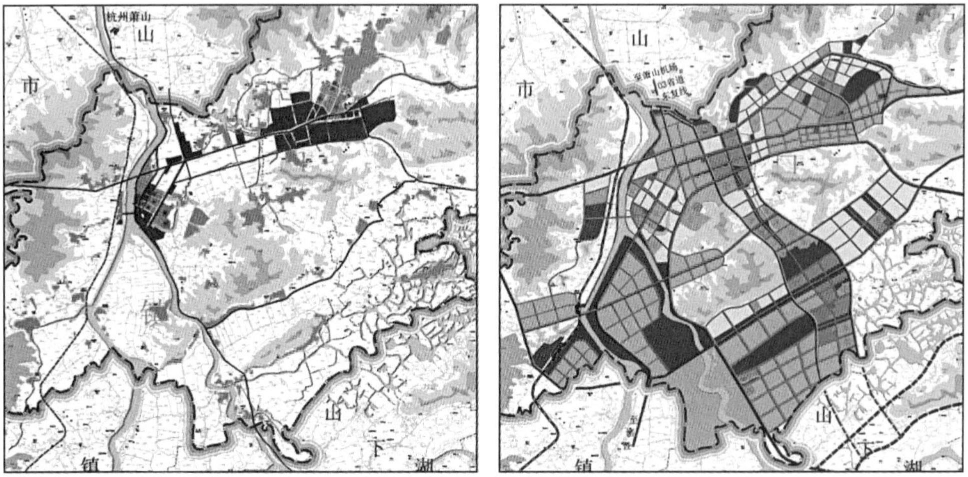

土地利用现状　　　　两镇合并后新一轮总体规划

图9.14　店口、湄池撤并乡镇后的空间重构

（图片来源：浙江诸暨市店口镇总体规划）

① 资料来源：诸暨市店口—湄池组合城镇总体规划（2000～2020），浙江省诸暨市店口镇总体规划（2003～2020）。

3. 迁村并点

在我国当前城镇化的宏观背景下，农村人口向城镇集中，基层村人口向中心村人口集中，这是一个长久趋势。在小城镇总体规划中，村镇体系规划往往涉及中心村、基层村的结构调整，在一些条件许可的地区，可实施迁村并点工程；目前的新农村建设也鼓励结合迁村并点建设中心村。

从空间重构的方式来说，迁村并点同撤并乡镇有较多的相似之处，两者的差别主要在于实施对象的不同。迁村并点主要是将过于分散的农村聚落按照合理的规模进行合并，起到节约土地资源、优化农业生产力布局的作用。在具体操作过程中，主要是将人口由基层村迁入发展潜力好、发展成本低的中心村。据李沛锋等人的研究，迁村并点应考虑自然村庄的农作半径，一般控制在1平方公里范围内，在此基础上，将人口少于500人的自然村撤并，使其人口集聚到中心村内部。①

迁村并点对当代我国农村空间重构的影响是十分显著的。它从根本上变革了我国数千年来以小农生产为主要特性的农村散居模式。以往阡陌之间星星点点散布的乡村聚落的田园景观，有可能将成为历史的回忆。迁村并点工作往往是同中心村建设紧密结合在一起的，随着农民向中心村的集聚，农业生产效率将不断提高，农村二、三产业加速发展，甚至推动中心村向小城镇的转变。迁村并点工作通常是依据村镇体系规划的指导，依靠政府推动实施的，所以也带有一定的计划调控色彩。

以安徽巢湖地区农村迁村并点的实施情况为例。该地区迁村并点工作通常是根据区域和水系条件，将有联系的两个自然村并在一起。而巢湖地区农村的生产方式仍旧是以传统的粮食种植为主，农民的耕作方式保持了小农生产方式。现在的农村中机耕路并不普及，拖拉机等农业机械也不足，很多农业生产还是靠人挑手提，没有实现农业产业化。对于农民来说，离开原来的小村迁移到中心村居住，就意味着耕作距离的加大。与其住在中心村中每天来回奔波，还不如只在小村中耕作居住舒服，这就给迁村并点工作增加了难度。

迁村并点意味着旧村中的老房必须拆除，在新村中建新房。而从调研中农民的实际生活状态来看，农村中拆房建房的主要动力不是为了自己生活条件的改善，而是为了儿子结婚建新房。正如一位村民所说：

农村中，结婚盖房是头等大事，这是面子问题，其实平时农民生活不那

① 李沛锋．区（镇）域村庄布点规划与迁村并点建设初探．规划师，2006，22（2）：36．

么讲究。所以现在农村盖房子不是为了自己舒服，主要为了儿子娶媳妇。如果不是为了这个，光自己住，很多人都懒得动。不想盖房的人（他的旧房）根本就拆不掉，就算是个茅棚都拆不掉。

在这种状况下，迁村并点的实施难度可想而知。如果强行推动，给农民带来的只是生活上的负担，而不是乔迁新居的喜悦。

4. 移民建镇

移民建镇是在某些特殊原因推动下的空间重构过程。它不同于一般小城镇那样循序渐进地发展，而是通过政府的组织在短期内以资金、技术的密集投入来建设全新的聚落，其具体运作方式通常是把原有聚落（通常是农村聚落）中的所有居民通过政府组织动员迁至其他地方，这是最为彻底、最为剧烈的一种空间重构方式。

移民建镇的产生动因通常都是一些影响到国计民生的大事，如自然灾害移民、水库建设移民、机场和高速公路建设移民。中国人向来有浓厚的地域乡土情结，叶落归根、寻根认祖，是传统国人的精神归宿。在这种文化背景下，可以试想，要世世代代祖居于此的农民放弃自己的家乡，搬迁至另一个环境、语言、甚至文化都不同的地域，将会面临多大的难度。在移民建镇过程中，政府的宣传、引导、资金扶持等起到决定性的作用，我国的社会制度与土地制度则为其提供了政策实施的可能性，这种状况在其他国家是比较少见的。例如我国的三峡工程建设就包括了百万移民的艰巨任务，[①]中部地区许多省份如安徽、江西、湖南、湖北都接纳了大量的三峡移民。江西浮梁县新农村建设的试点村—下高沙村就是一个移民村落，村中既有20世纪50年代浙江新安江水库修建时迁来的老移民，也有近年来迁入的三峡移民。

水灾而导致的移民聚落在中部地区也较为常见，例如1998年长江流域发生了百年未遇的特大洪涝灾害，中部地区安徽、江西、湖南、湖北等省受灾极其严重，无数村庄被洪水吞没。为了根治水患，提高国土的生态环境质量，中央提出了“平垸行洪、退田还湖、移民建镇”的方针，指导灾后重建。以受灾最为严重的江西省为例。江西省计划在鄱阳湖区及长江干流、赣抚信饶修五河516个圩堤实施平垸行洪、移民建镇，涉及三个地市，20多个县（市、区、场），完成移民安置90万余人，在3～5年内分四期逐步完成，并将其列为省政府的重点工程。[②]

① 资料来源：人民网http://www.people.com.cn/GB/jinji/222/10814/10824/10835/20030529/1003399.html.

② 资料来源：江西省移民建镇工作文件汇编（三）. 江西省移民建镇工作指挥部办公室. 2000.

图9.15　中部地区某省两个移民建镇聚落的建成实景

移民建镇同普通小城镇建设相比，在构建方式上有几个显著的差异：实施周期时间紧迫，计划调控因素较强，在实施过程中市场化程度偏低。这些因素反映在空间形态上，也使移民建镇聚落反映出一些不同于普通小城镇的特点，甚至成为某种负面形象的标识（参见图9.15）。从许多移民建镇工程实施状况来看，移民建镇规划往往过于粗陋，规划只强调满足人生理的最基本需求（卫生、交通），环境品质低劣，缺乏文化特色。究其原因，一方面是因为当年灾区规划大都为国家各省市设计单位的技术扶贫项目，为了尽快让灾民安置入住，设计周期过短，规划质量难以保障；另一方面，移民建镇地区大都为贫困农村，再加之受灾，建设资金极其有限。从实施成效来看，移民建镇在短期内起到了安置灾民、稳定社会的积极作用；但从长期来看，移民建镇聚落的文化缺失与环境品质的不足，不利于其未来的可持续发展。

9.4.2　市场调节下的自适应更新

改革开放后，我国原有的刻板的计划经济体制被逐步改变为市场经济体系。在这一社会转型的过程中，社会资源的整体配置过程不再由政府部门来决定，而让位于市场这支“看不见的手”，简言之就是由政府行为转变为市场行为。我国的这一变革对社会各行业的发展都产生了影响，在村镇建设领域内也毫不例外。例如在村镇规划、建筑设计和施工等各方面，市场机制所起到的作用也越来越明显。同东部发达地区相比，中部地区乡村的市场发育程度偏低，市场机制在村镇聚落空间重构过程中的作用相对较弱，但从我国改革的长远目标来看，农村经济的市场化是一个宏观走向，行政因素的主导地位迟早将被市场调节所替代。

从目前状况来看，在中部地区村镇聚落发生的空间重构过程中，已有不少现象是源自于市场调节的发展与衰败。例如近年来工贸小城镇的快速发展，就是这一案例的生动体现。小城镇作为联结城乡的纽带，承担了一定的农村地区商品服务中心的职能。而在“文革”之前，国家工业生产主要由城市来承担，小城镇工业无从谈及，而农村商贸业又被计划经济的供销体系所垄断，所以小城镇的发展动力被严重抑制了。随着计划经济的放开，市场机制的引入，许多具有区位优势的小城镇的二、三产业蓬勃发展，从而带动了这些小城镇在空间上的快速扩张。中部地区的这类小城镇也为数不少，例如江西进贤县的文港镇，是一个以生产毛笔发家、逐步扩展到整个文化用品产业的工业小城镇，号称“华夏笔都”。在市场化的产业的推动下，镇区人口由1986年的1000人增加到2006年的23000人，城镇化水平由1986年的6.1%提高到2006年的45.1，镇区面积由1986年的0.06平方公里扩大到2006年的3.2平方公里。①

“空心村”则是市场机制下村镇聚落空间重构消极化的典型案例。“空心村”现象通常是指村庄内部建设用地闲置而导致聚落空间形态的异化现象，旧村中心衰败不堪，无人居住，而新建住宅往往在旧村外围建设，外部边界呈现出“摊大饼”状的无序蔓延。这一过程是在我国农村经济市场化背景下自发产生的，它的出现也与农村基层政府管理的弱化有一定关系。

江西省鹅湖镇桥溪村就是一个典型的“空心村”。该村位于鹅湖镇镇区西部，一条县级公路由南至北从村落东部穿越。村落人口共 310户，计1301人，2004年人均纯收入2800元。桥溪村经济格局以农业生产为主，在鹅湖镇总体规划中被定性为水果蔬菜基地。

桥溪村落结构分为两个层次：一部分是沿公路两侧发展的村落新区，道路两旁建筑基本为20世纪80年代之后修建的商住楼，已初步形成马路经济形态；第二部分是内部的“空心村”，这一区域保留了传统农村聚落的空间特征，保留了大量的传统民居和一座祠堂，并夹杂少量二至三层现代住宅。“空心村”内部人口稀少，建筑衰败，基本失去了生活气息（参见图9.16、图9.17）。

“空心村”的成因颇为复杂，在不同地域的形成原因也各有差异，但主要原因都是农村传统聚落在现代文明的冲击下，其空间功用与现代生活方式越来越格格不入。对于农村而言，旧宅基之间缺乏规划，与周围左邻右舍之间的纠纷较多，翻建不易。在这种社会背景下，农村中许多青年嫌弃老宅，不愿居住在其中，纷纷在交通条件、卫生环境较好的地段兴建新宅，随着老宅中老人的逐渐去世，旧村逐渐残

① 资料来源：http://www.jx.xinhuanet.com/mz/2003-12/16/content_1351154.htm.

破与荒废，一派衰败之气，久而久之，村民忌讳旧村中“阴气太重”，更不愿在旧村居住，这样恶性循环，“空心村”便由此出现，造成土地资源的大量浪费。从深层次探究，农村空心化的实质在于：在计划经济体制向市场经济体制转型的过程中，农村空间分配机制也随之产生变化，两种机制交替过程中的管理缺失与不规范运作，导致了“空心村”现象的出现。

图9.16　空心村的衰败场景

图9.17　桥溪村“空心村”现状平面

（图片来源：桥溪村改造规划）

第10章　村镇聚落社会转型与空间重构的互动机制

10.1　互动机制的分类剖析

通过对中部地区五个小城镇的案例研究，本章试图提炼出该地区村镇聚落社会转型与空间重构的互动机制。鉴于这些机制涉及的范围较广，笔者为了便于论述，将其归纳为三类，分别为行政范畴、市场范畴、社会范畴。

10.1.1　行政范畴

1. 行政干预与市场调控的并存

我国在新中国成立后直接从苏联移植了一套完整的计划经济体制。在这种体制下，国家对一切事务进行统管，在空间营建方面也不例外，从宏观的国土规划，到具体的建筑施工中的材料选购，国家通过各个相关职能部门实施全程控制。以建筑行业为例，从项目立项、前期策划、申请拨款、规划设计到建筑施工等各个环节中，都免不了与各种类型的政府部门打交道。在村镇建设领域也是如此：项目的投资方是国家，受益者也是国家，国家在哪投资，投资多少，村镇基本没有什么支配权，只能按照上级部门的意图来实施。在这种自上而下的空间营建方式下，“全国一盘棋”，无论省、市、镇、村，都是国家空间生产力宏观布局下的棋子。作为最底层的村镇，很难主宰自己的发展态势。

“文革”后，鉴于计划经济体制僵化的弊病愈发突出，国家引入了市场经济来激发社会的活力。但是一种制度实施多年，具有一定的惯性，它们在人们的观念中往往形成思维定式，机制的改变不是朝夕之事。在当前村镇聚落空间重构过程中，行政干预与市场调控两种机制处于一种并存状态，共同施加影响。必须指出，虽然市场调控替代行政干预是一个长远趋势，但计划手段不可能彻底消失；此外，计划手段本身也不是一无是处，我们不能谈“计划”而色变，尤其在规划建设领域，计划控制对空间资源的统筹安排有一定的积极意义，例如村镇体系规划就是村镇聚落空间重构过程中带有明显的“计划控制”色彩的技术手段。从中部地区村镇聚落调研情况来看，行政干预有多种外在表现方式，如以下几个方面。

① 地方政府机关利用体制所赋予的权力，调动地方资源，推动空间重构的进程。如安徽铜闸镇的两次镇区异地新建，其主要决策者和推动力量都为镇政府。

② 由于存在地方政府领导的人为因素（执政能力问题及人事变更），乡镇空间重构过程受其影响而具有不确定性。

③ 行政区划调整导致了空间重构的变革，如被撤销乡镇的集镇空间的萎缩。

在行政主导的空间重构过程中，实施主体是政府各职能部门，所以管理体制就成为影响其空间重构过程的关键因素。而目前出现的许多问题，多半是由于政府管理体制的原因而导致的，如交叉管理、越权管理、职责不清、管理空隙等。

新农村建设中暴露出来的一系列问题，就反映了管理体制中的一些弊病。很多地区都是从上级政府（县、镇）各职能部门抽调力量支援建设，这种工作方式确实发挥了很大的积极作用。但是有些地方由于政府各部门条块分割，只关注于自己所管辖的那一摊，各行其是，如电力部门负责埋设电缆、市政部门负责开挖下水沟渠、城建部门负责修路，再加之农村缺乏总体规划（不像城市那样能够统筹安排，将各种基础设施管线安置于道路下方），所以各种基础设施管线四处开挖，造成土地的浪费和工作成效的降低。解决这一问题有两个应对策略：一是运作机制的创新，应在新农村建设中成立一个临时机构专门负责协调各职能部门；第二应加大村庄建设规划的普及面，避免无序建设。

在中部地区乡镇中，行政干预在空间重构过程中虽然占据主导地位，但不能忽视市场调控的作用，在某些特殊情况下，市场调控的作用也相当明显。以江西鹅湖镇为例，地方政府原本希望通过行政手段一厢情愿地将部分农民迁入镇区，推动实施城镇化，但最终并不能取得预期效果。农村剩余劳动力的迁移引发的城镇化过程，是农业社会转型的自然结果。

在未来相当长的时间内，我国村镇聚落空间重构的总体发展态势是行政干预逐渐弱化，市场调控逐渐增强。对于欠发达的中部地区而言，由于市场观念淡薄，农村经济的市场化进程同东部发达地区农村相比，还处于初期阶段。在这种背景下，在当前中部地区大多数村镇聚落中，行政干预对空间重构的影响占主导地位，而市场调控的影响相对有限，体现出“强政府、弱社会”的特征。此时，政府应该发挥其主导优势，利用行政资源打造发展平台，营造良好的市场氛围，充分吸引、调动市场力量（外部投资、民间资本等）参与到空间重构过程中；同时对市场力量进行监管，避免空间重构的失控。

2. 城乡户籍制度的空间阻隔

我国的户籍制度将国民分为农村户口和城镇户口，这一制度与粮食供应政策、教育、医疗保障等多种政策相结合，限制了农民在空间和产业上的自由流动，导致我国城乡二元结构的形成。新中国在成立初期，面临着一穷二白的境地，政府要从农村集聚资源，以农养工，推进城市工业化，便推行户籍制度来营造一种特殊的制度环境，以保障这一过程的顺利实施。

在我国工业化进程中，农民做出了巨大的牺牲。这种“牺牲”导致的直接后果就是：对于农民个人而言，体现为收入和生活品质的低下；在空间上，则体现为城乡的空间隔离。有人戏言，中国“城市像欧洲、农村像非洲”，这一现象在欠发达的中部地区则更加明显。中部地区许多地级市二、三产业并不发达，它们的城镇建设能够发展到今天这种规模，不是公平的市场机制下的运作结果，而是城乡二元体制下空间资源过度集中于城市后的结果。近年来，大城市中不断大兴土木，刮起了会展中心建设之风、中心广场建设之风，居然有170多个城市声言要打造国际大都市；与此相对比，中部地区小城镇甚至缺乏资金编制总体规划。这种强烈的反差就是社会资源分配不公在空间上的体现。

我国的户籍制度导致了城乡空间的阻隔，这一现象在中部地区体现得尤为明显。中部地区农村中产生了大量的农村剩余劳动力，他们有进入大城市谋生的愿望，而大城市却无法接纳他们定居，他们只能像候鸟一样来回奔波于城乡之间。对于他们来说，表面上，城市空间是可触及的，但在实质上，他们是被隔离的。他们在城市的“贫民窟”中临时聚居，享受不到本属于公众资源的各种基础设施与城市福利。

我国当前城镇化政策的目的，是引导部分农业剩余劳动力转入小城镇这个“蓄水池”，避免全部涌入大城市。为了鼓励农民进入小城镇定居，加速小城镇发展，许多地区都放松了小城镇户口的控制。以江西鹅湖镇为例，现在鹅湖镇区经商定居的住户很多都曾在外地城市中打过工，当年他们以农村剩余劳动力的身份涌向了城市，在接触了外面的世界之后，利用打工所赚得的第一桶金，到家乡的镇区中落户，从事个体经营。这些外出务工者真正到城市中定居落户的比例非常小。

在城乡二元分割体制的长期作用下，户口凝聚了十分丰富的内涵，城镇户口不仅意味着丰厚的社会保障，对于农民来说，在某种程度上甚至成为社会地位及身份的象征。以往，农民对拥有一个城镇户口非常向往，而要使自己转变身份是非常困难的，只有通过有限的几种途径如征地安排、参军、读大学等才能转变为非农业户口，在某些地区曾经出现过花钱购买小城镇户口的现象。20世纪90年代之后，形势发生了变化，一方面，城镇的医疗、教育等福利在改革过程中被减弱，城镇户口所附加的各种社会保障减少，尤其是小城镇户口对农民的吸引力下降很多。同时，随着农业税的减免，农民种田积极性的提高，土地作为农民的“安身立命”之本，其社会保障的价值凸显，更使农民舍不得放弃自己的土地。在中部地区的许多小城镇中，即使农村剩余劳动力众多，但对当地城镇化进程的推动十分有限，导致小城镇积聚人口、扩张空间的动力不足。

随着我国社会的剧烈变迁，由于人口、资金、技术在城乡之间流动加快，户籍制度所带来的城乡空间分割效应也逐渐弱化。这一转变趋势在村镇聚落空间特征上体现为城乡空间界限的模糊，如城乡插花地带、城中村、镇中村、村中城层出不穷，农民可能被“城镇化”，市民也有可能被“逆城镇化”。在大城市周边的小城镇例如江西洪源镇的农村中，就存在着这一现象。

3. 地方政府、村民组织、村民的权利博弈

前文已论及，在中部地区村镇聚落空间重构的过程中，政府通过自上而下的行政干预施加了重要的影响。但是地方政府不是唯一的角色，村民自治组织（村委会）与村民个人也参与到这一过程中。它们三者的关系不是简单的决策者与执行者的关系，在不同的场合下具有不同的身份，有时候来自最基层的农民意见也会反馈到高层去，左右高层的决策。

地方政府包括很多等级，如地级市、县、乡镇。基层地方政府（乡镇）在村镇聚落空间重构过程中，既是本地事务的决策者，也要兼顾上层的安排。镇政府在编制镇总体规划时，应遵循县级市或地级市总体规划对该镇的职能安排。实际上，上级总体规划对各乡镇的职能安排是从统筹全局的角度来考虑的，对于乡镇本身来说可能不是利益最优的选择，有时矛盾就此产生。在这种情况下，空间重构以何种方式进行，实际上由博弈结果所决定。以江西洪源镇为例，景德镇市在洪源镇征用了2000亩的土地建设物流园区，当时洪源镇的总体规划快要编制完成，镇区用地与其发生矛盾，但上面行政命令一旦下达，镇政府不得不更改规划，调整用地。

村民自治组织具有多重身份，一方面，它在我国传统的科层官僚体制下，仍然继承了一定的“官气”，是上层权力机构的命令执行者；另一方面，它又是村民选出来的组织，是村民的利益代言人。以新农村建设为例，就笔者访问的几个村委会主任而言，他们普遍反映工作开展难度大，“上下都不好伺候”，一方面要贯彻镇政

府所安排的工作任务，应付上级的检查，另一方面苦口婆心地做村民的工作，组织大家出工出力。有一位村干部曾感悟道："村镇建设工作的关键在于协调上下，是一个妥协的结果"。著名的华西村村支书吴仁宝也曾说出经典之语：一个好干部，"既要同各级党组织保持一致，又要同人民群众保持一致"，只同上面保持一致，这不是个好干部，但只同下面保持一致，这干部当不长。所以，农村空间重构过程的背后，也隐含了各方的权利博弈。

就最常见的一个现象——农村征地而言，目前也包含着许多矛盾和争议。近年来，农村征地中屡屡爆发出农民利益受损的问题，导致大量农民上访，甚至引发"群体性"事件，影响社会的稳定。目前，学术界对现行农村土地制度也有很多争议，尚未形成定论。政府征地的原因大都冠冕堂皇，例如城市要发展，城区要扩张，工业园区要兴建，等等。对于农民来讲，土地是农民的命根子，失去土地便意味着失去了下半生的生活保障。在目前这种体制下，政府利用极低的成本从农民手中获得土地。"别人发财，非得我们做出牺牲，这公平吗？"（一位被征地村民原话）在这种情况下，村民反对征地，反对他们的良田、住宅被"重构"成厂房、道路，这种征地引发的空间重构，实质上也是村民同政府博弈的结果。

总之，在我国中部地区农村中，地方政府、村民组织、村民的三方权利博弈，对其空间重构与社会转型的互动有着深刻的影响。三方在争夺空间重构主导权的过程中，最终通过妥协达到一种动态平衡，正是这种平衡，从深层次决定了当前村镇聚落的面貌。

10.1.2 市场范畴

1. 市场经济条件下资本主导的空间生产

"空间生产"是法国人文马克思主义者列菲弗尔提出的理论，按照城市社会学中空间政治经济学的理解，空间不仅具有物质形态上的意义，空间的构建是资本进行再生产、获得更大剩余价值的工具。空间既是一种生产资料，也是一种消费对象。

随着我国由计划经济向市场经济的转型，中部地区农村所经历的最主要的社会变革就是市场化进程的逐步深入。前文已经提及，目前，在我国中部地区村镇聚落的空间重构过程中，行政干预与市场调控两种机制并存，但后者早晚会成为主导机制而取代前者。在这种背景下，随着农村市场经济的不断发育，资本不仅是一种经济资源，而且以空间生产的方式直接介入村镇聚落的空间重构。以江西瑶里镇为例，为了开发旅游镇的旅游资源，旅游公司同镇政府合作，使瑶里的空间经历了一

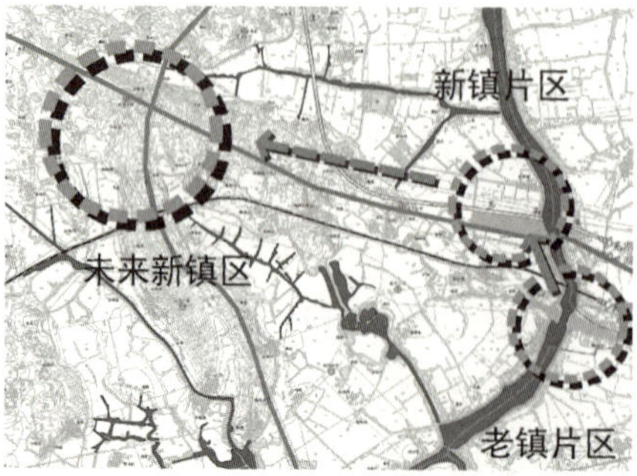

图10.1 铜闸镇区的二次异地新建

（图片来源：根据铜闸镇现状自绘）

场全面的旅游产业化转型。旅游公司对镇区与古村投入大笔资金，进行全面的改造，如恢复祠堂，修复破败民居；同时，拆除了大量现代建筑，按传统风格重建商铺。这一系列空间重构都可被理解为空间生产的过程，在旅游公司眼中，古镇空间似乎是一个工厂，一个会源源不断产生利润的工厂。对古镇保护的投资，本质上属于为了获得盈利的成本投入。在某些交通条件较好，将来有可能发展成为旅游景点的村落，旅游公司就会投资进行保护维修；而对旅游开发价值不大的村落，公司对村落的衰败则不予理会。在瑶里镇旅游产业化转型的背景下，其空间既是旅游公司的生产资料，也是游客的消费对象。

在安徽铜闸镇的案例中，也蕴含着资本的空间生产的过程。铜闸镇区自从20世纪80年代之后经历了两次搬迁（参见图10.1），若追问其根本目的是什么，官方的解释是：通过小城镇建设，发展镇域经济。如果我们透过表象，深究其内涵，则可以发现这一过程也体现了空间生产的特点，只不过在这个案例中，投资主体不是企业，而是政府。政府通过资金的大量投入建设新镇区，其最终目的是为了镇域经济的发展。从这一视角来看，第一次新镇建设（空间生产）的投资是失败的，由于选址不当，新镇区建成后，二、三产业的发展并未取得预想的效果，投资无法取得效益，政府做了“亏本生意”。所以，目前政府正酝酿着将镇区再次搬迁，希望通过第二次“空间生产”，实现镇域二、三产业的繁荣。

从以上两个案例可以看出，在我国市场经济体制下，随着中部地区农村的市场化程度不断提高，资本的流动、运转将逐渐成为空间重构的重要影响因素，并以“空间生产”的方式改变着村镇聚落未来的面貌。

2. 乡镇政府“法团化”过程中的利益驱动

“法团化”（Cor-poratism）按英文中的字面理解就是公司化。政府法团化是指当代中国地方政府即县、镇、村三级政府和组织直接介入经济，担任管理企业的角色的过程，以及各级政府与所辖企业形成的一个类似大企业的利益共同体。[①]“法团化”

① 朱虹．结构性动因与地方政府法团化．二十一世纪（香港中文大学），2001，8：146~149．

的概念最早为斯坦福大学东亚研究中心主任Jean C. Oi（中文名字为戴慕珍）在《中国乡村经济的起飞：经济改革的制度基础》一书中论述。戴慕珍以政治学的专业背景，在中国的乡村治理研究领域取得了丰硕的研究成果，在学术界引起了较多的关注。她指出："在农村工业化的过程中，当地政府扮演了出人意料的角色，中国乡村经济迅速起飞的主要原因是当地政府企业化。"

20世纪80年代以来的财政体制改革使乡镇等基层政府获得了谋求自身利益的动力。党、政、企三者在共同利益下紧密整合（农村农工商一体化的公司为典型实例），使政府行为倾向于企业的运作模式，其目的主要是为了满足本乡镇这个利益集团的利益。为了最大限度地获取利润，地方政府利用职权争夺空间资源，通过空间生产的规模与质量来相互竞争。

以安徽巢湖市居巢区下属的两个相邻的镇（烔炀、黄麓）为例，这两个镇有各自的资源优势，并已形成相应的产业特色，黄麓镇乡镇工业实力雄厚，烔炀镇的商贸业发达。但是，在乡镇地方政府"法团化"的利益驱动下，各政府都期望将自己做大做强，力图超越对手，"别人有的"产业，"我也要有"。为了在竞争中取胜，烔炀镇也规划了大片工业园区，招商引资，吸引企业入驻，同相邻的黄麓镇工业园区形成激烈的竞争。又如江西鹅湖镇，是个传统的商贸小城镇，街市繁华，周边许多乡镇心生羡慕，也纷纷建设商贸街，争夺原本属于鹅湖镇的商业辐射腹地。

此外，乡镇政权既是国家利益的代理人，又有自身的利益需求，它们在国家整体利益和自身利益的抉择中摇摆不定。在乡镇建设过程中，为实现自身利益的空间重构行为常与国家的自上而下的空间安排发生矛盾。例如国家为了保护国土资源，从整体利益出发，三令五申严禁圈地行为。而在中部地区的许多乡镇中，圈地行为是如此普遍，镇甚至村都巧立名目设立自己的工业园区、开发区。这一风潮屡禁不止，究其根源就是地方法团主义的利益驱动使然。中部地区乡镇工业总体而言不发达，许多乡镇只能依靠"卖地财政"维持运转，最终导致这些乡镇的消极化空间重构。

3. "草根经济"的本土性与企业集聚推动城镇化的矛盾

"草根"（grass roots）的概念最早来源于美国，19世纪美国的淘金热中有一种说法，繁茂的杂草下就蕴藏着黄金。后来这个概念被借用到社会学领域，"草根"代表了"基层民众"的含义，同时衍生出"生命力强"、"广泛性"等内涵。20世纪80年代，我国乡镇企业蓬勃发展，但是其规模小、技术含量低，往往是从最底层的村

图10.2 江西洪源镇的“草根经济”样本——小砖瓦厂

落中发展的，费孝通对此现象加以关注，将其评价为“草根经济”。他在《江村五十年》一文中总结到：“将来的历史学者很可能会指出这条工业化道路确实具有中国社会主义的特点。……乡镇工业始终是以繁荣农村经济为目标，充分利用最基层的集体经济力量和丰富的劳力资源，从农村的‘草根’上兴办起来的。”[①]乡镇企业根植于农村，与当地形成一种互惠互利的共生关系，成为推动当地经济发展、解决就业的主要动力。

20世纪90年代之后，我国乡镇企业发展面临着一系列困境，民营企业不断发展壮大，许多农村中的乡镇企业也通过改制转变为民营企业或股份制企业。不管这些企业的性质如何变，它们同地方的依附关系、那种“草根经济”的本土性却依然保留下来。但是，当农村工业发展到一定程度，就势必要走空间集约化的发展道路，以企业积聚推动城镇化。这样，农村工业就同时存在两种相互矛盾的空间重构态势：分散与集聚。

首先探讨一下农村工业“分散”的空间重构态势。我国中部地区农村至今还保持了一定的传统小农社会的特征，乡土意识较强。农村工业脱胎于农村，也回报于农村，与当地产生明显的“共生现象”，将乡村空间地景由延续几千年的“田园牧歌”风光，转变为“村村点火、户户冒烟”的景象。相比较而言，中部地区的农村工业不如东部地区的发达，而集聚于小城镇镇区的就更少，大多数企业都是资源型工业企业（砖瓦厂、小煤矿等），或者是技术含量低、污染严重的工业企业（如小造纸厂），它们在农村的分散布局既浪费了土地也增加了污染（参见图10.2）。目前，主流学界对这一现象呈批判态度，但也有学者认为这种模式也具有一定的积极意义。他们认为，在我国欠发达的中部地区，这种乡镇工业的分散布局虽然损失了集聚效益，但从经济学角度来看，农村剩余劳动力也是一笔宝贵的资源，弃之不用是一种更大的浪费。[②]综合考虑，乡镇工业的分散布局有一定的负面问题，但带来的正

① 费孝通. 江村五十年//江村农民生活及其变迁. 兰州：敦煌文艺出版社，1997：299.

② 裴小林. 集体土地所有制对中国经济转轨和农村工业化的贡献//中国乡村研究•第一辑. 北京：商务印书馆，2003：247～248.

图10.3 陵阳镇工业园区

面效果更大。

农村工业“集聚”的空间重构态势在中部地区也不少见。许多工业较发达的乡镇都有自己的工业园区，企业积聚带来了规模效益，尤其在产业配套、产业链的形成方面，有较多的益处。以河南林州市陵阳镇为例，该镇为河南省重点小城镇，市场环境发育较好，工业基础雄厚，镇区内有钢铁、水泥、铝型材、金刚石等工业企业50余家（参见图10.3）。这些企业多为污染较严重的重工业企业，产业关联度较高，分布在4平方公里的重化工业园区内部，呈现出明显的“集聚”效应。

从中部地区农村工业“积聚”和“分散”的两种空间重构态势可以看出，在中部地区，农村究竟是选择哪条道路发展，村镇聚落与工业企业究竟以何种空间关系出现，取决于两方面的因素：一是取决于当地发展的市场化程度和城镇化程度，市场化与城镇化程度较高的乡镇更有利于企业的空间集聚；二是如果能够拓宽空间生产的领域，促进城乡一体，从更大范畴内安排产业链的空间布局，这样形成的“分散”也不失为一种优良的解决方案。

10.1.3 社会范畴

1. 空间重构集体意识——“亢奋”与“彷徨”

本书所指的村镇聚落的空间重构强调一种整体的变化态势。就个别建筑单体的空间形态变化而言，通常是不具有社会意义的；而当村镇聚落的整体空间形态或结构发生了转变，这也意味其内在的社区发生了改变，并由此影响到了人与人之间的社会关系。在这种背景下，村镇聚落的空间重构就不仅仅是一种纯空间的概念，它

图10.4　中部地区某小城镇的大广场

往往使人们在这一过程中形成集体意识，并对空间重构产生积极或消极的影响。我国中部地区村镇聚落空间重构的过程中，存在两种比较典型的集体意识："亢奋"与"彷徨"。

"亢奋"通常表现为某些乡镇官员在追求政绩意识的驱动下，积极地甚至是盲目地扩充村镇骨架，实施"造镇运动"。同时，利用各种宣传途径介绍空间营建的积极意义，对其弊端则避而不谈，通过"统一思想"，人为地创造出一种狂热的社会气氛，颇有种"大跃进"式的"豪情壮志"；而普通民众在这一舆论的影响下，则主动或被动地参与其中，成为推波助澜的一分子。这种现象在我国并不鲜见，20世纪90年代"一窝蜂"的小城镇建设，制造出了多少萧条的"空壳镇"、"大市场"；一些地方政府将小城镇建设变成自己的政绩工程，"宽街高楼"、"大广场"等劳民伤财的建设也屡见不鲜（参见图10.4）。在这类问题中，过强的行政干预与缺欠的市场调控能力是"亢奋"的空间重构集体意识形成的关键因素。空间建设是市场发展的必要条件，不是充分条件；换句话说，小城镇建设应该由市场机制主导，而非政府行为主导。

又如传统村镇聚落的旅游开发，全国各地都在轰轰烈烈地进行，有些地方已经形成过密过滥之势，完全超出了旅游市场容量的需求，这也是"亢奋"的空间重构集体意识作用下的结果。其实，在这些项目建设之初，难道就没有客观的分析与成熟冷静的思考吗？为什么要等到出现问题之后才引起人们的反思呢？这是因为，在空间重构过程中，一旦"亢奋"的集体意识形成，个体意识在集体意识作用下往往发生自我逆变的现象：它通常违背自己的意愿选择集体意愿，也就是我们常说的盲从现象。在这种背景下，个人失去了独立思考的能力，普遍认同村镇聚落的空间生产必定会带来丰厚的利益回报，于是，全社会的资源被动员起来，投入到空间营建的浪潮中。

目前，在中部地区村镇聚落的空间重构过程中，"亢奋"的集体意识还体现为各地政府对于城镇化速度和城镇化率的数字攀比。每年大大小小的政府工作报告上，都突出强调城镇化的既定目标，城镇化似乎已经成为政绩考评的一部分。而根据实际调研情况来看，就中部地区欠发达的经济发展水平而言，很多目标是不切实际的。农村剩余劳动力的迁移引发的城镇化过程，是农业社会转型的自然而然的结果，政府不能为追求城镇化率而推动城镇化。

“彷徨”的空间重构集体意识通常表现为：由于某些特殊原因，一些区域的空间重构陷入僵局，对待这一僵局，大家选择了逃避的心态而非积极面对的勇气。在中部地区农村中，“空心村”的形成过程中就体现了这种“彷徨”的集体意识。以江西鹅湖镇的“空心村”桥溪村为例，该村的形成原因是：随着时代的变迁，年轻一代的生活方式和居住习惯发生改变，纷纷迁出旧村中心在村外围建房，村庄内部由于老人的不断过世而导致旧村中心的衰败。“空心村”是一个社会现象，当村落中心开始出现空心化时，残垣断壁不断增多，村民们的集体意识也开始形成——这种衰败的趋势凭个人的力量无法阻挡，人们做的只能是采取回避的方式，尽快迁出这个区域。（许多村民甚至形成迷信思想，认为村中阴气太重，晚上不敢进旧村中心。）在“彷徨”的空间重构集体意识下，如果没有很强的外部力量干涉，这种衰败只会逐步加深。

2. 外来文化与乡土文化的碰撞

在我国中部地区村镇聚落中，外来文化与乡土文化的相互作用对其空间重构的过程有着深刻的影响。在古代村镇聚落中，尽管两种文化之间存在一些差异，如建筑中官式建筑与民居建筑的风格差异、绘画中文人山水画与年画的差异，但是它们都遵循一致的伦理道德思想和天人合一的世界观，两者从本质上来说是一致的。

学者单德启认为，传统聚落是由使用者、风水先生、工匠、帮忙的邻里乡亲共同营建的“没有建筑师的建筑”；传统聚落融合礼仪制度、风水、图腾禁忌、风俗习惯、材料结构、施工营建和生活需要为一体，因而体现了一种整体性的思维。[①]在古代村镇聚落中，外来文化的承载主体主要是地方上的乡绅，这些人很多都曾考取过功名，有些甚至是告老还乡的朝廷高官，此外也有部分商人。不管他们的身份如何，在崇尚耕读的中国古代农村，这部分精英的文化程度在地方上相对而言都比较高。同时，由于他们特殊的社会地位，所以交际面较广，并把国家层面的精英文化带入乡村，如办私塾、宣扬教化，同时将精英文化同本土的乡土文化相融合，形成富于地域特色的建筑文化。例如云南丽江纳西族民居就是地方传统的井干式住宅与

① 单德启. 论中国传统民居村寨集落的改造. 建筑学报. 1992，4：8～11.

图10.5　中部地区农村流行的住宅形式，与地域环境缺乏协调

外来的汉式院落住宅相融合的产物。

我国小农社会的解体、科举制的废除大大加速了士绅阶层的蜕变，再加之全球化的影响使城市的凝聚力与日俱增，农村再也不是知识精英或财富精英的首选聚居地了。尤其在“文革”中，农村的传统精英被打倒，而“旧的权威被打倒了，新的权威还没有被树立起来”，农村中形成了一个精英断层。在中部地区农村中，即使出现了新的精英也纷纷往城镇中迁移，例如农家子弟千辛万苦考上大学并学成毕业后，基本上没有人愿意回村做贡献，农村中的能人（懂技术的工匠或头脑灵活的生意人）也不在村中定居。费孝通将这一现象称之为农村的“社会侵蚀”。

在当代，来自于城市的外来文化受到现代化与全球化的影响，本质上同中国原生的乡土文化有质的区别；同时，又缺乏一种缓冲的“精英层”将两种文化相融合。所以在当代农村中，传入农村的外来文化与乡土文化之间有很深的鸿沟，两者之间的关系是一种生硬的“碰撞”，而非原来的“融合”，这就导致当代中部地区农村空间风貌的杂乱。例如许多村落中农民建自宅时，随意模仿城市的建筑式样，瓷砖、琉璃瓦、玻璃幕墙信手拈来，导致地域文化的遗失（参见图10.5）。

总之，随着社会的转型，中部地区村镇聚落中外来文化与乡土文化的相互关系也在不断地演变，这一过程也是村镇聚落空间重构的动力机制之一。

3. 空间“个体消费”与“集体消费”

“集体消费”是城市社会学家曼奴埃尔·卡斯特尔（Manuel Castells）提出的概念，通常是指由国家集体性提供的服务形式，如大众住宅、交通、医疗设施等。卡斯特尔的学说是建立在新马克思主义理论构架上的，他认为在二战之后，“城市的一个明显作用不是在于它的生产过程，而是在于它作为‘集体消费’的中心这一特征上”。[①]在城镇中，民众对空间的消费过程在性质和规模、组织和管理上只能以集体方式运作。例如对于公共服务设施、对于统一兴建的商品房住宅无法独立购买，

① Mike Savage, Alan Warde and Kevin Ward. Urban sociology, capitalism and modernity. New York: the Macmillan Press, 1993: 28.

只能够同其他消费者一起购买；同时，民众不能介入空间这种“集体消费品”生产的过程，只能通过市场调控从侧面来影响。

就中部地区而言，村镇聚落与城市在空间的消费模式上有很大的区别：村镇聚落的空间主要体现“个体消费”的过程，而城市空间则更多地体现“集体消费”的特性。在中部地区村镇聚落中，“个体消费”的空间表征体现为公共设施比重偏低，统建统售的商品房较少，大部分住宅、商铺采取自建的方式，例如住户亲自办各种手续、买地、盖房子。在农村建房更是如此，农宅的建设需要家人与亲戚的大力协助，大家共同出力，建房时只有建筑材料如砖块、水泥从市场上购进，所以整个过程的市场化程度非常低。

传统村镇聚落是“没有建筑师的建筑”，其空间是自我生成的，是农民“个体消费”的结果。在这种传统的营建方法中，使用者参与整个建筑活动，并按照方案的要求和使用者的愿望来使用和分配投资，建设过程是一个动态的不断完善的过程，有很强的自适应性。而“集体消费”的空间需要工业社会的营建方法才能实现，使用者很少或者完全不参与设计，通过市场机制以社会运作主导整个过程。由于个体力量与社会力量相比过于悬殊，所以在这种“个体消费”模式下生成的空间多为小尺度、高密度的空间肌理，而“集体消费”模式下生成的空间多为大尺度的空间肌理。

我国农村中“个体消费”与“集体消费”两种模式将长期共存；但随着农村的社会转型，某些地区会出现“个体消费”向“集体消费”的转变。目前在中部地区大部分经济欠发达的农村中，村镇营建还是以“个体消费”的模式为导向；但随着农村产业结构的转型，在某些土地资源紧张的村镇，村镇营建模式开始转变为“集体消费”（参见图10.6、图10.7）。在这类村镇聚落中，农民的生产方式都发生了根本变化：他们或是脱离了小农生产方式，实现了农业产业化；或是完全脱离了农业生产，从事二、三产业，当他们的生活不再与农具、种子、化肥打交道时，才有可能住进“集体消费”的公寓楼。

山西晋城市阳城县望川村就是这样一个典型案例。阳城县煤矿资源丰富，煤矿采掘业为当地经济的主导产业，望川村主要经济实体为望川实业有限公司，性质为集体经济，煤矿为望川村的主要企业，也是村财政收入的主要来源。自20世纪80年代之后，村里兴建了大批多层集合住宅组团，层数为3～6层，这种村落有着城市的躯壳，却还保持着农村的内核，国内一些学者将这一类特殊现象称之为“新集体农庄”。在这类村落中，集体经济扮演了一个至关重要的角色，它在“集体消费产品”

图10.6　江西朱锦村的空间“个体消费”

图10.7　山西望川村的空间“集体消费”

（集合住宅）的生产、分配过程中，起到了关键的组织和管理作用。在集体经济较弱的村庄中，是不可能出现这种居住模式的。

10.2　通过分析“参数化”互动机制对五镇提出发展建议

10.2.1　参数的多样混合作用导致的差异性变迁路径

在我国中部地区空间重构与社会转型的互动背景下，原本“同质同构”的村镇聚落逐步呈现出“异质异构”的特征。形成这种差异的主要原因就是村镇聚落所经历的不同的“社会—空间”的互动机制。在这一过程中，互动机制就如同影响村镇聚落变迁的作用“参数”，村镇聚落在不同的互动机制（各种“参数”）搭配、混合作用下，决定了其特有的变迁路径。

1. 瑶里镇

在三条“社会—空间”互动机制的主导作用下，瑶里镇的变迁路径体现出以下特点。

（1）行政干预与市场调控的并存

瑶里镇的空间重构过程，是行政干预与市场调控共同作用的结果。在瑶里旅游业的发展过程中，政府是主要推动力，也是空间重构的具体实施者；但是由于瑶里经济比较落后，政府单凭自身力量无法实现这一目标，必须借助市场的力量来实施。通过招商引资，来自北京的一家旅游开发公司介入到了这一过程，它负责对瑶里镇进行包装、宣传，对外进行旅游推介，并投资改善瑶里的空间硬件条件；同时，它也从瑶里镇的旅游业获取利润回报。

（2）市场经济条件下资本主导的空间生产

由于市场因素介入了瑶里镇空间重构的过程，瑶里镇的空间重构态势体现出以旅游盈利为主要驱动力的空间生产过程。瑶里的旅游资源被大量开发，如维修古祠堂、民居，将部分老建筑更新为博物馆等，同时拆除大体量的现代建筑，并修建仿古的商业建筑来获取旅游开发的利润。

（3）外来文化与乡土文化的碰撞

瑶里空间重构的关键问题在于传统风貌的“去”与“留”的问题，或者说是怎么处理外来文化与乡土文化的关系。传统民居是乡土文化的代表，而近年来在镇区内出现的多层大体量的现代建筑则象征了“外来文化”的入侵。在瑶里旅游产业发展起来之前，地方领导认为修建现代建筑是政绩的体现，而现在现代建筑被视为传统风貌的破坏者被拆除，这一观念变化的背后反映了两种文化的交锋。

2. 鹅湖镇

在三条“社会—空间”互动机制的主导作用下，鹅湖镇的变迁路径体现出以下特点。

（1）城乡户籍制度的空间阻隔

鹅湖镇的商贸业繁荣吸引了大量个体经营户入镇定居，镇区常住人口与流动人口都不断增加。这部分新增人口都是当地的农村剩余劳动力，他们大都在外地城市中打过工，通过打工经历获得了资金、技术、信息。但是，在我国的城乡户籍制度下，这些外出务工者很少能到城市中定居落户，大部分人回到家乡的镇区中从事个体经营。

（2）市场经济条件下资本主导的空间生产

伴随着商贸业的发展，鹅湖镇的空间重构主要反映在商贸街的空间扩张上——商铺不断增多，商业面积不断增长。这一空间重构并不是政府刻意推动下的结果，而是在市场经济背景下，得益于鹅湖镇优越的商贸流通区位条件的市场的自我发展，实质上就是资本推动的空间生产。

（3）“草根经济”的本土性与企业集聚推动城镇化的矛盾

鹅湖镇拥有部分乡镇企业，具体包括木材加工、农机、机械制造等。这些企业散布于各村落之中，脱胎于农村，也回报于农村，体现了“草根经济”的本土性。这一现象也体现了鹅湖镇的特殊变迁路径。

3. 洪源镇

在两条“社会—空间”互动机制的主导作用下，洪源镇的变迁路径体现出以下特点。

（1）地方政府“法团化”过程中的利益驱动

洪源镇作为一个基层地方政府，是国家利益的代言人，然而在当前“分灶吃饭”的财政体制下，它又有自身的利益需求。所以，洪源镇的空间重构过程明显地体现了地方政府“法团化”的利益驱动。

（2）地方政府、村民组织、村民的权利博弈

在洪源镇的各类开发区中，存在着圈地行为，并引发了相当大的矛盾——圈地行为的利益受损最严重的是农民，因此许多村民反对征地，怨声载道。在征地过程中，涉及了对农民的思想动员和复杂的社保安置工作，所以政府也为征地而头痛。对于洪源镇而言，征地引发的空间重构过程，往往体现了村民同基层地方政府博弈的结果。

4. 黄麓镇

在二条“社会—空间”互动机制的主导作用下，黄麓镇的变迁路径体现出以下特点。

（1）“草根经济”的本土性与企业集聚推动城镇化的矛盾

黄麓镇的支柱乡镇企业（富煌集团）是推动其空间重构的关键因素之一。虽然今天该企业已发展相当成功，成为上市融资的企业集团，但这一乡镇企业依旧具有强烈的本土性，保留了“草根经济”的特征；同时，尽管企业园区与镇区建设近年来取得了很大成就，但二者的空间是相互割裂的，这一现状反映了“草根经济”的本土性与企业集聚推动城镇化之间的矛盾，也是黄麓镇特殊的变迁路径的重要体现之一。

（2）空间由“个体消费”向“集体消费”的转变

黄麓镇居民在空间的消费模式上，正经历着“个体消费”向“集体消费”的转变。黄麓镇镇区空间主要由居民自建的“个体消费”的独户式住宅或商业住屋构成，但近年来伴随着小农生产方式的变化和二、三产业的发展，镇区内也出现了“集体消费”的单元式住宅，反映了镇区空间重构的新的变化趋势。

5. 铜闸镇

在三条“社会—空间”互动机制的主导作用下，铜闸镇的变迁路径体现出以下

特点。

（1）市场经济条件下资本主导的空间生产

铜闸镇的空间重构是典型的空间生产过程。政府期望通过“造镇运动”扩大空间规模，来实现镇域二、三产业的繁荣。这种经济利益驱动下的空间生产是铜闸镇空间重构的主要动机。

（2）行政干预与市场调控的并存

铜闸镇的两次异地新建都是在政府推动下实施的，其中包括政府机构和公共设施搬迁，体现了中部地区村镇聚落的空间重构过程中政府所占的主导作用。但是我们也必须指出，铜闸商贸区的繁荣发展并不以政府意志为转移，它有其自身发展规律，反映了市场机制的作用。

（3）“亢奋”的空间重构集体意识

铜闸镇的空间重构是“亢奋”的集体意识作用下的结果。政府对于新镇区建设雄心勃勃，到处工地林立，大兴土木。在这一意识作用下，政府官员对未来充满了憧憬，建设“热情”有余、“冷静”思考不足。

10.2.2 在各类变迁过程中对其互动机制加以抑制或倡导

对于村镇聚落而言，社会转型与空间重构的互动机制本身并无好坏之分，它只是事物之间规律的一些客观反映。一些机制对于某种类型的村镇聚落可能存在着积极影响，而对于另一种类型的村镇聚落的影响则可能是消极的，必须具体情况具体分析。

在明确了各互动机制对村镇聚落发展的积极与消极影响之后，对于一些起积极作用的互动机制应加以倡导，使其成为社会转型的推动力，而非绊脚石；对于一些有消极作用的互动机制，应加以抑制，使空间重构向良性方向发展。下面就是对五个案例村镇未来发展的具体建议。

1. 瑶里镇

“行政干预与市场调控的并存”对瑶里镇的发展主要体现为积极作用。对于瑶里这样的经济欠发达的中部地区小城镇，由于当地市场发育不成熟，在发展旅游业过程中政府应作为主导因素，而市场机制应作为一种辅助的手段。

“市场经济条件下资本主导的空间生产”对瑶里镇而言是一把双刃剑，“资本主导”意味着其空间重构过程是以经济利益为主要驱动的，这一过程既有积极影响、又有消极影响。例如，对传统聚落的保护与更新的评判标准不是建立在对历史文化价值的考量上，而是建立在对旅游商业开发价值的考量上。为了旅游开发，需要对传统聚落进行修复与维护，这一作用是积极的；但是如果旅游商业开发过度，这就体现为消极影响。鉴于本机制对瑶里这类保持传统风貌的聚落有正反两方面的影响，综合利弊，政府应该发挥其积极影响，充分调动市场资源，促使空间重构适应旅游业的转型，通过发展促进保护。同时，政府必须履行好对市场的监管职责，防止瑶里旅游的过度开发破坏“原生态”的自然与文化环境。

“外来文化与乡土文化的碰撞”对瑶里镇的影响主要为消极作用，具体表现为外来建筑形式对传统风貌的冲击与破坏。随着近年来旅游产业的兴起，人们对乡土文化的重视，这一矛盾逐渐消退。对于“外来文化与乡土文化的碰撞”机制应加以抑制，削弱这一冲击的影响。为了保护瑶里的乡土文化（包括传统聚落本身），政府不但要教育居民自觉保护，而且要通过法规强制保护，通过两种途径双管齐下。首先，应对居民进行宣传教育，使其意识到传统聚落是宝贵而不可再生的，在自建住宅、翻新民居时抵制外来流行的欧陆风等所谓“时髦”的建筑风潮，以免破坏瑶里镇的传统风貌；其次，政府应该制定保护规划的实施细则，对村民的自建房在风貌、体量、层数上严加控制。

2. 鹅湖镇

“城乡户籍制度的空间阻隔”对鹅湖镇的影响为积极作用。因为鹅湖的农村中大量剩余劳动力在城乡户籍制度的阻隔下，很难进入城市定居，而鹅湖镇区成为相对可行的迁移目标，这是鹅湖镇持续城镇化的根本动力所在。在这里，鹅湖镇区实现了国家所期望的吸纳剩余劳动力的“蓄水池”作用。

“市场经济条件下资本主导的空间生产”对鹅湖镇的发展具有积极作用。鹅湖镇商业街的不断发展实际上就是“空间生产”的过程。在市场机制的推动作用下，鹅湖镇商贸业日趋繁荣，而个体经营户们是这一社会变革中的“主角”。因此，对“市场经济条件下资本主导的空间生产”机制应加以倡导。政府应充分利用市场资源，调动民间资本，通过“空间生产”发展镇区商贸业和服务业，并强化各公共服务设施的配套，增强城镇职能，大力吸收农村剩余劳动力。

鹅湖镇乡镇企业的“草根经济本土性”对镇区发展起到了消极作用。乡镇企业的过度分散，不利于增强城镇凝聚力和推进城镇化进程，成为鹅湖镇进一步发展的制约因素。对鹅湖镇而言，对其乡镇企业的“草根经济本土性”机制应加以抑制。

在鹅湖镇总体规划中，应尽可能地将乡镇企业集中安置于镇区的工业园中，利用企业集聚人气，增强镇区凝聚力，促进第三产业的发展；同时便于集中处理工业污染等废弃物，减少对自然环境的破坏。

3. 洪源镇

“地方政府‘法团化’过程中的利益驱动”对洪源镇的发展起到了消极作用。例如，当景德镇市直接将镇区内的最佳土地划拨出来兴建物流园区后，洪源镇不得不修改总体规划，将自己的“自留地”（工业园区）布置于过境交通南部，加剧了过境交通对镇区的分割影响。因此，对这条机制应加以抑制。上级政府应加强制度建设，对基层政府在“法团化”利益驱动下的空间决策进行评估和监管。当各地方政府之间产生利益冲突时，双方应建立一种沟通机构，就关键的利益问题进行磋商，上级政府可以作为中介进行协调。

“地方政府、村民组织、村民的权利博弈”对洪源镇的影响具有积极影响。在洪源镇的征地过程中，村民通过与村集体组织及镇政府的权利博弈，为自己争得一部分权益，以减少自己在征地过程中的损失；同时，这一举措将督促政府“以土地换保障”制度的早日实施，缓和社会矛盾。就机制本身而言，虽然它增大了征地的难度，但有助于缓解农民利益受损，避免产生“上访”等更严重的社会问题。就政府的应对措施而言，洪源镇应加快失地农民的社会保障制度的建立，同时应加强对征地工作的监管，提高透明度，让农民心服口服。

4. 黄麓镇

黄麓镇支柱企业（富煌集团）的“‘草根经济’本土性”对镇区的发展存在积极与消极两方面的影响。积极影响是乡镇企业通过与政府的互惠“共生”实现了自我的发展，同时对镇区建设提供直接的经济支撑；消极影响是企业园区和镇区两者各自有一套基础设施和公共设施，空间资源缺乏整合，导致二者的空间割裂。对于本机制的积极作用，应继续加以倡导，政府应利用企业与政府的“共生”关系，努力为企业提供良好的发展环境，扶持地方企业的发展。对于其消极影响（企业园区与镇区的空间割裂），政府应通过总体规划整合二者空间，并将公共服务设施规划于二者之间，避免镇区与企业园区各自重复建设，浪费空间资源。

“空间由‘个体消费’向‘集体消费’的转变”对黄麓镇而言具有积极意义，小城镇是农村地区人口、资金、信息的集聚中心，为了加强它对农村的辐射能力和对农村剩余劳动力的凝聚力，就势必要求小城镇空间资源的相对集聚。因此，“个体消费”的独户式住宅向“集体消费”的单元式住宅的转变正是这一积极态势的反映。因此，对于“空间由‘个体消费’向‘集体消费’的转变”机制应加以倡导。目前我国大多数小城镇的土地利用效率远低于城市，人均用地指标大都超标，与我国节约土地的国策相违背。黄麓镇应把握当前的变化机遇，鼓励居民的住宅消费模式由个体向集体转变。在具体运作上，应发挥规划职能，结合当地非农产业的发展和农户的城镇化转移态势，在新建住宅区的规划设计中适当增大集合住宅所占比例。

5. 铜闸镇

“市场经济条件下资本主导的空间生产”对铜闸镇的影响主要是积极的。虽然铜闸镇的空间生产过程体现为“造镇运动”，但是“造镇运动”并不是贬义词，对于铜闸镇这样经济欠发达、市场化程度较低的中部地区乡镇，“造镇运动”不失为一种强有力的空间重构推动力。对于铜闸镇而言，“市场经济条件下资本主导的空间生产”机制应加以倡导。要调动市场力量积极参与到新镇区的发展中来，加速新镇区的形成，改变铜闸镇“镇区辐射能力极弱”的现状。对于镇域历史上形成的各功能片区，要依据市场规律，对支离破碎的各片区功能重新定位，使其“物尽其用”；同时，在调整镇域空间结构过程中促进各片区的整合。

“行政干预与市场调控的并存”对铜闸镇的发展具有积极作用。在铜闸镇中，政府作为引导者和管理者，调动市场资源推动空间重构过程，这一过程可被形象地比喻成“政府搭台，企业唱戏”。

“亢奋的空间重构集体意识”对铜闸镇的影响具有两面性。积极影响是：如果没有这种“亢奋”的集体意识，无法推动铜闸镇“革命式”的空间重构；消极影响是：在这种集体意识作用下，政府领导容易用感性思维代替理性决策，盲目决策的风险性较大，容易产生失误。总体而言，必须肯定这一集体意识对推进建设的积极意义；但是，政府在决策过程中应尊重科学规律，强调规划的严肃性与权威性，以免领导凭着工作热情作出“拍脑袋”式的决策，减少盲目决策的风险。

第11章　社会视角下空间重构的评价体系

11.1　新型价值观的确立

11.1.1　“唯空间论”发展观的反思

在对中部地区乡村空间重构的调查研究过程中，最为常见的现象就是许多乡镇政府都以空间营建为工作重心，“政绩工程”比比皆是，大广场、宽街高楼屡见不鲜。在近年许多乡镇总体规划中，规划用地面积大幅增长是一种普遍现象，有些甚至比原有现状用地面积扩展几倍以上（参见图11.1、图11.2），规划新增建设用地上布满了工业区、开发区、商贸城，各种项目一应俱全。然而，只要稍微冷静反思一下，就很容易对此产生怀疑：这些乡镇是否能够在二十几年内发展至规划蓝图上的规模？某些领导对发展的前景是否过于乐观？就算能够按照蓝图发展，是否只要把建设搞好了，一切社会问题就迎刃而解了？在目前的体制下，许多乡镇领导都把集镇建设作为体现政绩的主要方面，这一现象的背后就是“唯空间论”的发展观，即仅将村镇建设视为空间营造过程，而忽略其社会转型的背景与内涵。

调查资料显示，中部地区传统的“唯空间论”、“就空间论空间”已暴露出许

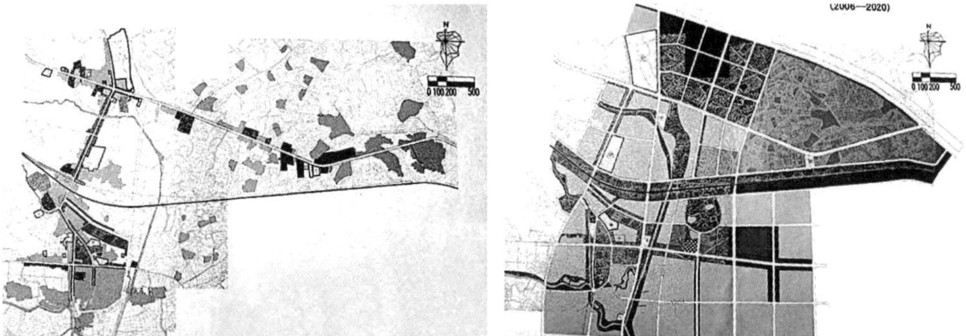

图11.1　某镇镇区用地现状与规划

（图片来源：安徽巢湖市某镇总体规划）

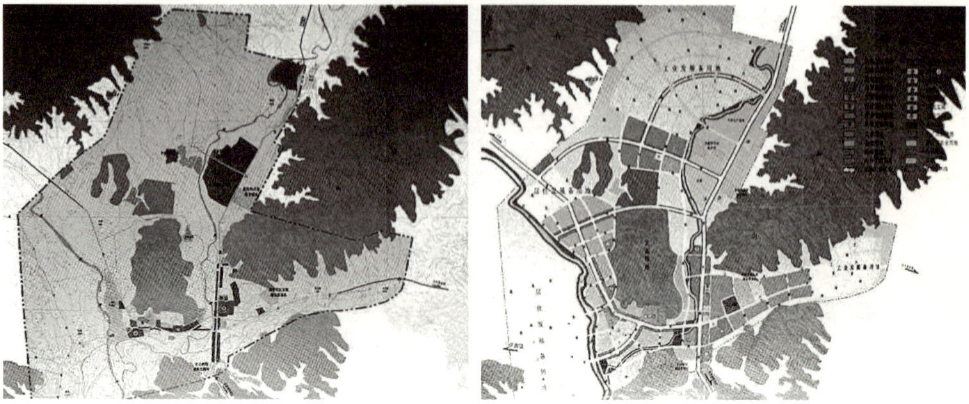

图11.2　某乡集镇区用地现状与规划

（图片来源：江西景德镇市某乡总体规划）

多问题，亟待解决。许多小城镇的地方领导都希望通过“空间生产”的方式扩张小城镇规模，壮大镇域经济，但往往造成地方发展的恶性竞争和地方资源的浪费，如许多地方出现的“空壳城”、荒芜的“大市场”。这一观念在经济上体现为“唯GDP论”，在空间上体现为“唯空间论”，在资本主导的空间生产动力机制下，“唯GDP论”与“唯空间论”从本质而言是一脉相承的。小城镇的终极发展目标不一定非得追求“做大做强”，小城镇不可能也没必要都发展成为城市，经济发展不是唯一的目标，良好社区氛围的构建、人的社会价值的体现都可以是选项之一。当然这一理想的实现还有待于官员政绩考核标准的改革。小城镇可以推崇不同的发展理念，例如旅游村镇的目标可定位为传统聚落的保护与展示地，同时也是具有人性化和地域特色的社区。

党的十八大之后，国家提出了新型城镇化的战略，其本质目的就是要缓解城乡日益严重的差距，最终实现城乡统筹。国务院总理李克强提出：“推进城镇化，其核心是人的城镇化。关键是提高城镇化质量，不能人为‘造城’，要实现产业发展和城镇建设融合，让农民工逐步融入城镇。”[①]在城镇化过程中，其空间的良性重构是农村经济社会发展成果的重要体现，但不是最终目标，是“标”而非“本”，解决农村问题不能单治“标”，而应“标本兼治”。

在当前的社会环境下，“唯空间论”深深地根植于部分人的潜意识中，尤其在一些领导干部的观念中，这一问题更严重。笔者在调研过程中了解到，一位市领导

① 资料引自互联网：http://www.cusdn.org.cn/templates/default/page_news_zt_69.htm.

视察新农村工作时曾问乡镇基层领导："怎么没有新房（农宅）？看起来没有'建设'的效果。"这位领导曲解了中央关于新农村建设的宗旨，他认为要盖起来一排排整齐划一的农民新村，才算真正体现了新农村建设的成效。

规划设计专业人员在从事乡镇领域的规划建设工作中，应摒弃"唯空间论"的观念，要有一定的社会责任感，脑海中应紧绷着这样一根"弦"——中部地区农业人口众多，农民大都困苦，三农问题相当严重。设计人员应本着专业操守和职业道德，在规划工作中清醒地认识到解决农民生计问题的重要性，不能为了满足部分领导的喜好，在规划与建筑设计中搞出浪费资金而不实用的"花架子"与"视觉盛宴"。在设计过程中，应努力探索如何提升乡村生活的品质，促进乡村社会的和谐；同时，应传承村镇聚落的历史文化，保护农村脆弱的生态资源，避免走入形象工程、政绩工程的窠臼。

11.1.2 在建设项目中对空间重构的社会意义进行评估

从中央近年来新的发展思路如"新型城镇化"、"以人为本"可以看出，当前我国社会的发展观已由单纯追求经济发展转变为对社会各因素协调发展的关注，简言之就是"效益优先"向"公平优先"转移。就村镇规划建设领域而言，目前许多规划都带有"经济效益至上"的价值观，而对于人和社会的关注不足。学者张庭伟也曾指出，中国的许多城市规划的工作目标往往"聚集在城市物质建设的规划上"；而西方发达国家却对此有不同的认识，例如美国规划界提出，"规划是通过把专业知识应用于实践行动来改良社会"，"规划工作的根本目的是促进社会发展"。西方规划界对规划的定义"反映了市场经济下规划工作的本质——注重社会发展规划甚于物质建设规划"[①]。

在我国中部地区村镇规划工作中，应加强对社会因素的关注。由于社会转型与空间重构之间存在密切的互动关系，空间是社会关系和社会结构的载体，所以在村镇聚落建设项目的策划与可行性研究、评审过程中，建议对即将发生的空间重构的社会意义进行评估，使得项目实施后在促进社会功能和优化空间布局两方面均取得良好的效益。在村镇建设重大项目方案评审过程中，除了参考传统的美学、经济等评价标准，还可以加上对乡村的社会和谐、社会公正、乡村环境可持续发展等因素的考量。在具体操作上，这一思路可以体现为多种表现形式，例如：

① 张庭伟．中国规划走向世界——从物质建设规划到社会发展规划．城市规划汇刊，1997，1：5~6.

① 在小城镇规划中，可以评估规划方案是否有利于解决农民的生计，有利于吸引农村剩余劳动力进入镇区从事二、三产业；合理分配工业用地与商贸用地比例，探索符合农民消费习惯的商贸街空间布局。

② 在小城镇产业布局时，考虑中部地区农村剩余劳动力众多、农村劳动力素质不高的特点，应尽可能地安排低技术的劳动力密集型产业，而不能采取“什么赚钱发展什么”的发展思路。

③ 在建设项目选址时，应考虑到征地过程中失地农民的社会保障问题。目前村镇建设的大多数矛盾都来自农村征地问题，引发大量农民上访。从本质而言，这种征地导致的社会问题属于建设项目附带的隐性社会成本，不能认为它与建设规划过程“无关痛痒”，应给予足够重视。例如广州大学城征地后将农民大部分安置于当地，将其转化成后勤服务部门的员工，这是一个将空间与社会关系结合的较好的案例。

④ 在建设项目规划设计时，应与国家的重大政策挂钩，从构建节约型社会、实现可持续发展的角度，考虑“节地、节能、节水、节材”的“四节”方针。

从以上这四种途径可以看出，在村镇建设过程中对空间重构的社会意义进行评估，在运作方式上可以采取多样化的手段，并不局限于几种固定的模式。

11.2 社会转型背景下村镇聚落空间重构的阶段划分

通过前文对中部地区村镇聚落的案例分析，我们发现社会转型背景下的空间重构过程，可被划分成几个特定的阶段，这几个阶段共同构成一个完整的空间重构周期。在每一阶段，社会转型与空间重构的关系都与其他阶段明显不同，同时二者之间起关键作用的互动机制也有很大差异。通过这种空间重构的阶段划分，可以为描述某一地域的空间重构状态提供一种方法，并预测其未来发展趋势，以便提出进一步的规划建议。

11.2.1 静态稳定阶段

当农村中未发生剧烈的社会变迁或社会转型时，村镇聚落始终保持着一种平衡稳定的发展，这就是空间重构的静态稳定阶段。在这一阶段，村镇聚落中也并非完全不存在空间的变迁，有可能会出现人口的波动、住宅的更新，但整体的社会结构与空间结构基本保持不变。这是村镇聚落发生社会转型与空间重构的前奏，也是大多数村镇聚落的一种常态。

我国中部地区大都属于欠发达地区，许多农村的社会经济发展缓慢，工业化、城镇化的浪潮对其影响微乎其微。在这种村镇聚落中，社会较为封闭，人们的观念也比较保守，遗留下较多的小农社会特征，其空间重构态势大都处于静态稳定的阶段。在宗法制度和小农生产的双重作用下，人们聚族而居，由于社会变迁非常缓慢，每个人习得的知识都是从长辈那得来的。所以，在一些闭塞的山村，有些农民甚至一辈子也未曾到山外的世界去看看，因为他在这个环境中所了解的知识对他的生活而言已经够用。在这一保守的社会环境下，空间环境的变化也是极其缓慢的，住宅、祠堂的更新周期很长，使村落中留下大量的历史积淀。例如安徽、江西许多山区至今还保留了大量古村（如安徽的宏村、西递，江西的流坑），这些古村的空间结构与建筑单体都完整地保持了古代的风貌。有些古村甚至保存下了不少明代民居，其空间重构的稳定程度可见一斑。同东部发达地区相比，中部地区处于空间静态稳定阶段的村镇聚落的比例要高出不少，这也是中部地区经济发展相对滞后的空间表现。

11.2.2 不平衡阶段

村镇聚落空间是乡村社会的载体，两者之间是“器”与“道”的关系。当社会转型的速度超过了空间重构的步伐，就打破了静态稳定的“社会—空间”关系，使空间重构呈现出蓄势待发的不均衡态势。这就形成了社会转型与空间重构的不平衡阶段，具体表现为两者不能保持同步的倾向。

以江西的瑶里镇为例，该镇的空间重构态势正处于这一“不平衡阶段”。随着中部地区市场化的逐步深入，随着中国旅游业的持续发展、近年来游客对传统聚落“人文旅游”的狂热追捧，宏村、西递、婺源、平遥等一个个原本不知名的村镇，旅游业迅速崛起，获得了丰厚的经济回报，同时改变了它们的空间重构进程。在经济利益的驱动下，瑶里这个原本以农业为主的山区小镇，也不可避免地介入到这场宏大的社会转型的过程中。目前，已有旅游信托投资公司与镇政府签订了合同，对瑶里镇进行投资，并负责向外宣传推介，开发当地的旅游资源。

由于瑶里镇的旅游开发时间较短，在旅游市场上的知名度还不高，游客数量远不及西递、宏村这类传统聚落中的“明星村镇”，所以其空间重构刚刚开始。例如，镇区内部破坏景观风貌的多层现代建筑还未拆除，大批破损的民居还有待修复，步入古镇，一切还是那么平静，古镇的空间面貌与20世纪90年代之前旅游产业未发展起来的时候没有多少区别。但是，这一局面正是“暴风雨前的宁静”，透过其空间的表象，则可见到其背后涌动着的社会转型的暗流：游客量从2000年的3万人增加到2004年的16.5万人，旅游门票收入从2002年的30万增长到2005年的200万，旅游业已成为瑶里镇经济的支柱产业。在这深刻的社会变迁过程中，瑶里的空间重构呈现出明显的蓄势待发的态势。目前，瑶里镇已编制了旅游专项规划和古村镇保护规划，为今后的旅游业发展奠定了良好的基础。

在社会转型与空间重构的不平衡阶段，随着二者之间矛盾的不断积累，村镇聚落空间在外来影响下不断地积累自身变革的动力，形成一种强大的“势能”，当“势能”积累到一定程度，在某种合适的外部因素的刺激下，将会转变成“动能”，从而引发快速的空间重构。

11.2.3 动态均衡阶段

在村镇聚落中，当社会转型推动了空间重构的进程，二者都共同保持着稳定变迁的态势，同时空间重构也对社会转型产生反作用，二者之间产生了互动，就进入了“动态均衡阶段”。在这一阶段中，村镇聚落的社会转型同空间重构之间保持着一种均衡，它与“静态稳定阶段”的不同之处在于，它是一种变化中的动态均衡。

这一阶段在中部地区村镇聚落中是一种非常普遍的现象。我国中部地区农村正处于城镇化、工业化、农业产业化的社会转型过程中，其社会关系、社会结构发生了深刻的变化，而同时大多数村镇聚落的空间环境也正处于高速变迁的过程中，两者呈现出一种高度的契合。

以本书的调研对象安徽省黄麓镇为例，该镇的产业结构以工业经济为主，其主要支撑是一家实力雄厚的乡镇企业集团。乡镇企业从20世纪80年代的社队企业起步发展，到如今也不过30年左右，也就是说，黄麓镇在30年内，经历了工业经济从无到有、从微不足道到举足轻重的社会变革。乡镇企业已与地方政府形成“唇齿相依”的共生关系，它通过巨额利税、福利事业、带动三产等多种途径对镇区的空间营建起到了极大的推动作用；而政府对乡镇企业的发展（包括征地、规划协调等方面）处处开绿灯，给予全面扶持。30年来，黄麓镇的社会转型是深刻的，农村剩余劳动力转变为产业工人，农民的观念、素质发生了巨变；而同时，黄麓镇的空间重构也是宏大的，镇区商贸业的兴起、农民公园的兴建、企业园区的迅猛扩张，使社会转型与空间重构之间形成一种动态的均衡。

11.2.4 晚期相对稳定阶段

随着村镇聚落中空间重构的不断深化，空间重构的运行成本（经济成本、社会成本）逐渐增大，使空间发生进一步变革的门槛不断抬高。当门槛高到一定程度，村镇聚落的空间重构就无法延续下去，空间重构与社会转型的关系便转入一个“晚期相对稳定阶段”。如果需要打破这种稳定态势，就得依靠下一波的更加强烈的社会变迁来突破这个门槛。在这种剧烈的社会变迁下，将会形成有利的制度环境和经济支撑，足以抵消空间重构的社会与经济成本。

例如中部地区农村中的空心村现象，就属于空间重构的晚期相对稳定阶段。当旧村内部无人居住的老宅逐渐增多，村中心的环境品质下降，无论从经济成本还是社会成本考虑，村民更愿意在村外建新房而非在旧村内更新老宅。他们如此选择的原因是：首先，拆旧房需要经济上的投入；其次，旧宅中的生活不便、孤寂环境中的心理恐惧都增加了隐性的社会成本。所以，凭村民个人的力量是无法扭转空心村的衰败局面的，这就导致空心村现象的长期延续，成为许多农村的老大难问题。通常需要很强的外来干预力量的介入，才能实现空心村的顺利改造。

从我国中部地区小城镇的发展历史来看，小城镇往往在特殊的制度环境和政策背景下发展或衰败，形成空间重构大起大落的现象，如新中国成立后的农业合作化运动与国家计划经济体制的建立曾抑止了小城镇的发展，而改革开放后的农村经济体制改革与乡镇企业的崛起又成为小城镇发展的主要动力。每一次大的发展或衰败都是一个小城镇空间重构的周期，在每个周期末端，也会进入一种空间重构的“晚期相对稳定阶段”。

现在有些乡镇领导对小城镇的发展规律存在一种认识误区：认为在我国目前快速城镇化的背景下，所有小城镇都会持续不断地高速增长，其空间容量的扩张是无限制的。在这种观念作用下，这些乡镇领导不断进行“造镇运动”，希望通过空间生产的方式将自己的乡镇“做大做强”，最终却往往产生一批“空壳镇”。这些乡镇领导的态度过于盲目乐观，因为从大多数城市的发展史来看，虽然许多城市缘起于小城镇，但是它们是在特殊的历史环境中，在多次社会变迁的强力推动下，多次突破自身的门槛，从而走向发展壮大的。对于一般的小城镇而言，如果不具备非常优越的区位条件和资源优势，发展到一定程度就会保持在某段空间重构周期中的“晚期相对稳定阶段”。在新的强有力的推动因素出现之前，小城镇就会稳定在这个阶段，它不可能无限制发展下去。

总体而言，在我国中部地区村镇聚落中，社会转型背景下的空间重构通常呈现出海浪般的一波一波的态势，它不是一个连续不断的过程。这种“社会—空间”的波动作用直接左右了村镇聚落的发展过程。

11.3 村镇聚落“社会—空间”关联效应评价

为了对村镇聚落的“社会—空间”关联效应进行评价，本书首先对评价标准进行了一系列界定：社会转型是社会系统内在结构的变迁，社会的变化过程本身并无优劣之分，不能用“好的转型”、“坏的转型”之类的词汇进行描述；但从建筑规划领域内理解，社会转型引发的空间重构能够使空间品质向积极或消极的方向发展，因此能够对其进行定性的评价。

11.3.1 正向关联

社会转型与空间重构的“正向关联”是指社会转型对空间重构产生正面的积极影响，同时，产生的空间重构又反过来加剧了这一社会转型，二者产生良性循环。在这一关联效应作用下的村镇聚落通常体现出一种富于活力的健康发展的态势。

江西浮梁县鹅湖镇是一个社会转型与空间重构正向关联的案例。随着中部地区市场化进程的逐步深入，农村消费品市场增长迅速，农民的购买力也显著增强，开始成为商家争夺的对象。早在20世纪80年代，村民购买家电或服装都希望到景德镇市区去购买，镇区内只能供应少量的日用杂货；而如今，大批商户入驻镇区商业街，销售的商品门类齐全，按农民的话来说就是“生活所需要的东西基本上都能在镇上买到”；同时，镇区人气的集聚也带动了第三产业的发展，一些诸如婚纱摄影的店铺已开始在镇区内出现。随着鹅湖镇的社会的变革，其空间重构的态势也相当明显，不但体现在商贸街规模的扩张上，也体现在商贸街结构的转变上。该镇的商贸经济最初是在公路上发展起步的，呈现出明显的马路经济的特征，随着对商业空间的需求的不断增长，沿着马路的空间横向生长已到尽头，转为垂直于马路的空间纵向生长，使镇区的道路结构呈现出网络化态势。当镇区的空间容量增长后，市场容量也随之扩容，吸引了更多的农村剩余劳动力进入镇区从事商贸业服务，从而加速了鹅湖镇农业社会向工商业社会的转型。

再以江西省瑶里镇为例，该镇正面临着传统农业向旅游产业的转型，随着观念的转变，人们意识到传统聚落本身就是一种可以带来经济收入的资源，当地政府工作思路迅速由“拆旧建新”转变为“拆新保旧”，人们保护古镇的意识逐步增强，官员的政绩评判标准也变成了如何利用古镇的保护来促进经济发展。在这一新社会观念的背景下，瑶里的空间重构向着积极的方向发展，如编制保护规划，维修古民居与祠堂，拆除破坏风貌的现代建筑。当这一系列工作开始实施，瑶里的旅游资源将得到"升值"，能够吸引更多的游客，并带动旅游产业的发展。

通过对鹅湖、瑶里这两个案例的分析，我们可以看出，这两个镇的"社会—空间"互动都体现出一种"积极影响、积极回馈"的良性循环，并勾勒出村镇聚落社会转型与空间重构正向关联的生动场景。

11.3.2 负向关联

当社会转型对空间重构产生负面的消极影响，而发生的空间重构又反过来导致了严重的社会问题，在某些特殊情况下甚至形成恶性循环，这就构成了负向关联的效应。

以中部地区农村中常见的空心村现象为例。空心村的问题体现在空间，根源却出自于社会：随着社会的变迁，传统村落的物质躯壳无法承载农民新的生活模式与居住观念，从而迁出旧村中心，农村的空心化由此产生。目前，我国中部地区农村空心化已经非常严重。由于村民不愿在空心村内居住，大多在村外条件较好的地方另觅宅基地建房。每当村落中的一栋住宅被废弃荒芜，便意味着村外将新建一栋新宅，这将导致农村土地的严重浪费。仅以河南省为例，省内"空心村"浪费土地约133.4万亩。河南正阳县户均宅基地竟达3亩，是国家宅基地标准的10倍，浪费耕地20万亩。[①]由于我国人多地少，农村土地的浪费关系到国家的粮食安全，将引发严重的社会问题。所以，农村空心化的过程体现了社会转型与空间重构的负向关联效应。

此外，农村工业化进程中的"圈地运动"也是"社会—空间"负向关联的典型实例。从中部地区村镇的现状调研来看，由于国家农业税费改革，中部地区大部分乡镇既不能从农业中抽取过多的资源，同时又缺乏乡镇企业的有力支撑，只能通过出售土地实施"圈地运动"，来支持地方政府财政。目前，很多乡镇都是依靠极其优惠的政策来进行招商引资。政府倒贴"三通一平"的费用，给地方财政带来很大的负担，后任政府只有继续征占土地，才能填补前任政府留下的财政赤字。在这一过程中，首先是土地被圈，然后是土地荒芜化与空间消极化，接下来是圈地范围再次扩大，概括起来就是"圈地—地方利益受损—继续圈地填补损失"，如此恶性循环，形成一种空间消极化的扩散态势。

① 吴海峰，王西同．整治"空心村"：新农村的美容事业——河南整治"空心村"见闻．小城镇建设，2005（8）：19．

第12章　基于“社会—空间”互动的空间营建策略

12.1　“社会—空间”互动背景下的空间营建关键步骤

12.1.1　通过探究“社会—空间”互动机制分析空间症结

在规划工作中，对规划地域的现状研究和问题分析是非常重要的环节。通过对现状问题的分析，挖掘出问题的根源所在，然后在规划过程中有意识地通过技术手段回避这些问题或者消除产生问题的根源，是大多数规划师“以问题为导向”的工作思路。但是，当代村镇聚落中所暴露出来的问题异常复杂，某些是社会问题，某些是空间问题，某些则体现为二者的相互纠缠；此外，由于我国乡村社会正经历着深刻的社会转型，它并非停留在一种静止状态，这使问题更加复杂化。

村镇聚落的空间重构与其社会转型背景有着紧密联系，所以许多空间上的症结也源自于社会。规划设计人员进行空间营建时，如果具体项目中的问题不是单纯的空间问题，用传统的“就空间而论空间”的方法就很难发现问题的本质。在这一情况下，设计人员应该从社会转型与空间重构的互动机制入手，分析项目基地的空间症结。本书在第10章中概括了九条典型的社会转型与空间重构的互动机制，但是这些机制并不同时在村镇聚落中发挥作用，在一个聚落中可能有某几条机制起主导作用，而在另一个聚落中可能是其他的机制起作用。每个项目所面临的问题都有其独特性，起主导作用的关键机制也不尽相同，所以必须具体问题具体分析。

在具体操作上，对于需要进行规划的村镇聚落，除了搜集当地的地理环境、现状照片等与“空间”相关的资料，还应搜集相关的“社会”资料。社会调查的方法有很多，例如问卷法、文献法、访谈法、观察法等。不论采用哪种方法，最重要的是深入实际，突破以往“唯空间论”的思路，必须把人的因素考虑进来。调查过程要从“社会公平”的角度出发，对各种各样的利益群体都应该覆盖到，不能仅仅同领导访谈了解其意图，更要加强同底层民众的联系，了解村民们的想法与需求。规划设计人员通过这种途径掌握从政府到民众的各方观点，再结合各种空间资料，就可以对当地社会转型与空间重构的关键动力机制有一个比较准确的认识，有利于发掘出空间问题的关键症结。经过这样一种工作流程，编制出的规划才能较好地平衡各方利益，并提升规划实施后的社会效益。

最后必须指出，目前中部地区村镇聚落的社会转型和空间重构还在进行之中，这一过程远没有结束。随着未来的发展，社会转型与空间重构的未来走向还具有不确定性，两者之间的互动机制也可能产生一些新的变化，所以在分析空间症结过程中必须灵活运用，避免教条化。

12.1.2　促进村镇聚落正向关联的空间策略

当村镇聚落的社会转型与空间重构发生正向关联时，社会转型对空间重构产生积极影响，同时空间重构又反作用于社会，两者形成良性循环。在这种背景下，建设主体（政府、规划技术部门）在村镇聚落中进行空间营建时，应使发生的空间重构适应和促进社会转型，使空间营建成为社会转型的推动力，而非绊脚石。具体实施方法如下。

① 首先应对村镇聚落进行分析，找出起关键作用的空间重构与社会转型的互动机制。

② 明确哪些互动机制对村镇聚落发展具有积极作用，然后加以倡导。

③ 仔细研究这些互动机制中所涉及的关键因素：包括行为主体、运作方式、实施目标等。在空间营建过程中，应使规划方案有利于这些关键因素发挥积极作用。在可能的情况下，在多个备选方案中进行最优化选择。

为了发挥最大效应，促进村镇聚落正向关联的空间策略应在空间重构的不平衡阶段实施。这是因为在空间重构的不平衡阶段，村镇聚落逐步积累的变革动力已形成一种强大的“势能”，通过恰到好处的空间营建，能够诱发“势能”向“动能”的转化，从而推动空间重构的进程。以江西瑶里镇为例，该镇最近编制的旅游保护与发展规划就属于促进村镇聚落正向关联的空间策略。瑶里镇目前仍处于一种空间重构的不平衡阶段，虽然旅游经济已初步形成、游客大幅度增长，但积极的空间重构（对古村镇的全面保护）却未开展。究其缘由，瑶里的空间虽有变革的动力，但由于缺乏具体、科学的操作方案，迟迟未开始实施；更严重的是，由于古镇一直缺乏有效的规划控制，近年来古镇入口处兴建了大批三层以上的家庭旅店和餐馆，加大了古镇保护的难度。试想，如果对这种趋势放任自流，瑶里的古民居早晚会随着村民自发的住宅更新而消失，从而毁掉古镇好不容易保留下来的传统风貌，古镇最终会演变成中部地区常见的平庸乡镇。幸运的是，镇政府及时编制了旅游保护与发展规划，平衡了古镇保护和旅游发展的双重需求，诱发了（旅游）资源优势向经济优势的转化，使古镇的社会转型与空间重构走向积极的良性循环。

12.1.3 消解村镇聚落负向关联的空间策略

根据本文的观点，村镇聚落中“社会—空间”负向关联效应是指社会转型对空间重构产生负面的消极影响，同时空间重构反作用于社会，两种关系形成恶性循环。当负向关联态势出现后，人们可以从问题的源头——社会入手，找到相应的症结，然后通过一定的技术措施，削弱社会转型对空间重构的负面影响。这一过程的操作方法同“促进村镇聚落正向关联的空间策略”相类似，只是目标相反而已。具体操作过程为：首先对村镇聚落进行分析，找出起关键作用的空间重构与社会转型的互动机制，然后明确哪些互动机制对村镇聚落发展具有消极作用，并加以抑制。最后通过经济手段或制度手段尽可能地削弱这些机制发生作用的可能性。

例如，中部地区小城镇中常见的马路经济，体现为“一条街、两张皮”的形态，农宅沿着公路蔓延，构成了中部地区小城镇的普遍景象。这一问题既恶化了小城镇的人居环境，又增加了小城镇基础设施的投资成本。对待这一问题，学界一直采取猛烈抨击的态度，呼吁小城镇建设走集约化的道路；但抨击归抨击，事实上，马路经济在各地都有愈演愈烈的态势。这是为什么？农民难道不知道马路边噪声大、灰尘多、交通不安全？（笔者调研的几个镇中都听说过汽车压死小孩的惨剧。）为什么农民不听“专家”的建议？

根据笔者的调研情况来看，中部地区大多数农村没有完善的基础设施，而马路边上至少有平整的道路；马路边做小生意的收入也要比务农高出不少。农民从自身的利益算一笔账，旧村中的贫困与人居环境的恶劣远比马路边居住的危害要大得多。所以，在马路边建房往往是他们住宅更新的首选方式。对待马路经济现象，“就空间论空间”的简单批判是无用的，禁止也是无效的。解决之道，一方面应该大力发展村镇产业，另一方面应改善农村基础设施，同时还应改革农村土地制度，避免一户多房的现象出现，才能从社会根源上清除马路经济出现的环境土壤。

12.2 社会转型背景下小城镇空间营建的分类指导

根据前文的研究，中部地区的小城镇在不同的社会转型作用下走向了异质异构的发展道路，在规划模式与发展格局上有很大的差别，所以在规划过程中应强调差异性，突出分类指导的作用。

12.2.1 以地理环境与发展区位为分类依据

根据中部地区各小城镇所处地理环境和发展区位的不同，小城镇空间重构的分类指导可以分为城市郊区、城镇密集地区、分散地区三类。

第一类是位于城市规划区范围内，大中城市次区域的建制镇，例如江西景德镇市浮梁县洪源镇、武汉市洪山区左岭镇、安徽芜湖市澛港镇。由于依托中心城市，这类小城镇直接受中心城的辐射和带动，城镇发展与城市发展相比差别较小，原大中城市中心城、郊区县城镇和中心镇多数成为中心城的卫星城，每个卫星城又辐射带动周围若干个小城镇，形成布局合理的城镇体系。这一类小城镇的城镇化态势最为迅猛，在不远的将来会成为城市规划区，其现状和发展趋势多为城市，但在规模、发展速度、功能布局上与中心城尚有许多不同，体现为明显的由农村向城市的过渡形态。在按城市规划模式和方法进行整体规划的同时，应区分其与中心城的差别，规划标准也应考虑上述原则。

这一类小城镇产业呈现出明显的非农化特征，镇域内乡镇企业遍地开花。大量农民的土地被征用，靠二、三产业维持生计，他们的生活、生产方式已同城市很接近。从事务农的农民中，兼业化程度很高。在空间营建过程中，应充分考虑到该地区的社会转型特点，大力发展劳动密集型产业，安排较多的二、三产就业岗位，以充分吸纳农业剩余劳动力。在居住空间规划上应有远见，逐步减少独户独院的农宅，增加集合住宅的比例。

第二类是距中心城市相对较近，沿主要交通干线集中分布的小城镇，例如中部地区中湖南的长株潭城市群、安徽的沿江城市群、江西的昌九工业走廊等。这类小城镇处于城镇发展核心区、密集区或连绵区，一般位于城镇发展历史较长、发育程度较好的沿海地区或平原地区，往往依托于区域内重要的综合交通走廊和水、电、通信等重要区域的基础设施，经济社会发展较快。其主要地带将形成省、市农村区域经济发展中心，例如河南省安阳市安阳县水冶镇、江西省南昌市进贤县李渡镇、湖北省荆州市监利县新沟镇。

这类小城镇的产业特征通常呈现第一、二、三产业并举的态势。镇区附近农民非农化程度比较高，从事二、三产业，生活方式受城镇的影响比较大；而镇区外村庄的农民基本从事第一产业，但农业产业化发展势头较好，农民生活方式还基本保持农村特点。在空间营建过程中，应加速小城镇的公共空间的营建，培育其城镇职能，加大对周边农村的辐射。

第三类是相对独立、分散的小城镇，在中部地区，这类小城镇主要分布在山区。这类小城镇难以依托区域和城市基础设施发展，经济相对落后，城镇化和现代化水平较低。这类小城镇的主导产业通常以第一产业为主，农民生产方式保留了较多的小农经济的特征，农业产业化程度低。对于这一类小城镇，加快交通网络和信息网络的建设对促进其发展尤为重要。此类小城镇规划较多地体现了农村区域城镇联系相对疏松的特点，在规划理论方法上与城市规划有更大不同，应侧重考虑县域城镇体系规划的指导和因地制宜原则，重视基础设施建设。在极端贫困的山区，可以考虑通过迁村并点将部分农户迁至生产条件较好的地区，帮助农民脱贫。

第三类小城镇中有不少都具有非常优越的旅游资源，山清水秀，生态环境优越，如江西浮梁县瑶里镇、湖北神农架鱼木镇。随着近些年来旅游业的兴起，具有旅游资源的小城镇应不失时机地发展以旅游服务为主的第三产业。

12.2.2 以产业类型为分类依据

根据小城镇产业类别的不同，分类指导包括综合型小城镇、特色产业型小城镇、工业主导型小城镇、商贸流通型小城镇、农业服务基地小城镇五类。不同类型小城镇之间的社会转型与空间重构的互动过程存在很大差异。在规划用地布局时应有不同的要求，在应用各项规划标准时也应有不同的侧重。

1. 综合型小城镇

综合型的小城镇一般为县域政治、经济、文化中心的县驻地镇或农村一定区域内经济、文化中心的中心镇，如安徽省巢湖市居巢区柘皋镇、安徽省合肥市肥西县三河镇。综合型小城镇的规划标准和其他小城镇不同，一般都有较高起点、较高标准，以满足其中心城镇发展的要求，有些规模较大的小城镇将来有可能会发展成为小城市或大中城市的卫星城。这类小城镇普遍人口较多，二、三产业发达，在空间营建上可以适当参照城市建设标准，提高土地容积率。

2. 特色产业型小城镇

特色产业型小城镇通常是利用当地特色资源形成主导产业，最常见的两类特色资源是生态旅游资源和矿产资源。同东部地区相比较，中部地区在这方面资源丰富，具有很大的优势，所以中部地区这种类型的小城镇为数不少，例如以矿业资源为发展动力的山西长治县荫城镇、山西阳城县润城镇等，以旅游资源为发展动力的江西鹰潭市上清镇、湖南衡阳市南岳镇、安徽巢湖市居巢区中庙镇等。

这类小城镇规划受其产业特征的影响有很多独特之处。生态旅游型小城镇对生态环境规划、旅游规划，以及景观设计、城市设计都有较高要求，对交通、通信、环保、环卫等基础设施标准要求较高，有些甚至超过城市。矿产资源型小城镇货物吞吐量大、污染严重，对环境保护与交通运输要求较高，在总体规划中应予以反映。

3. 工业起主导地位的小城镇

工业起主导地位的小城镇，在用地布局与用地平衡方面，对工业用地规划有很高要求，对交通、水电、通信等基础设施有超前发展的要求。随着东部地区的产业升级，许多重工业、劳动密集型工业逐步向内地梯度转移，所以近年来中部地区工业小城镇发展很快，例如安徽巢湖市黄麓镇、河南焦作市南庄镇、安徽天长市秦栏镇、江西万载县株潭镇。在这类小城镇的空间营建过程中，最关键的问题就是防治工业污染，加强环保设施的建设。

4. 商贸流通型小城镇

商贸流通型小城镇大多具有良好的地理位置和优越的交通条件，例如江西省浮梁县鹅湖镇、安徽省巢湖市居巢区烔炀镇。其实，小城镇多少都具有一定的商贸服务功能，因为集“市”（贸易）是小城镇形成的最初动力。但本书所指的商贸流通型小城镇是指商业辐射半径较大的（辐射范围往往超过其镇域），镇区商贸业在产业格局中占据主导地位的小城镇。在这类小城镇规划过程中，对集市贸易、商业服务、邮电金融等公共设施和交通、通信等基础设施的规划及其标准都会有较高的要求。

我国商贸小城镇是在计划经济向市场经济转型的背景下发展起来的，“资本主导的空间生产”的互动机制是小城镇发展最主要的推动力。在空间营建过程中，应充分吸引民间资本参与到镇区建设中，加速“社会—空间”的正向关联。

5. 农业服务基地小城镇

农业服务基地小城镇的特点就是第一产业（农、林、牧、渔等）对镇域经济的主导支撑地位。在中部地区，并不是所有的小城镇都具有良好的区位优势和特殊资源，农业服务基地小城镇是最为量大面广的一种类型。对于农业小城镇来说，它们承载了国家粮食安全的重托，承载了国土生态维护的重托，具有不可替代的作用。

对于这类小城镇的空间营建，应继续以农业为主要支撑，强调原生态环境的保护、基本农田的保护；在此基础上，通过农业产业化发展配套工业（如食品加工业）、生态农业、观光农业，形成农业产业化基地，这种发展模式同样可以大有作为。如安徽省淮南市夏集镇、山西省永济市卿头镇，就是农业产业化发展较为成功的小城镇。

12.3 中部地区村镇聚落发展的政策建议

中部地区村镇聚落在不同的社会转型背景下，其空间重构的不同动力机制作用开始显现，并导致不同的发展目标和路径。在村镇聚落的营建过程中，政府部门、规划设计单位应意识到发展目标是多元化的，评价空间重构的成效也不是以经济效益为唯一目标。在中部经济欠发达、市场化程度低的普遍背景下，市场机制推动村镇建设的动力往往不够强劲，政府机构对地方村镇聚落的发展起到主导作用，由此可见政策的重要性。下面针对中部地区村镇聚落未来的发展提出了一些政策建议。

12.3.1 中部地区村镇聚落空间意向的多元化

按照本书的理解，空间是社会的产物。由于村镇聚落社会转型的态势是多元的，因此而产生的空间重构也应该是多元的，不存在什么标准模式或放之四海而皆准的完美模式。对于中部地区不同村镇聚落，规划蓝图中确定发展目标时应该结合当地特殊的地理条件、文化差异、经济现状来考虑，其空间意向应该是多元的。而目前在许多村镇规划中，程式化的规划“模板”反复套用，规划成果看不出任何地域特点，这是小城镇发展“千镇一面”的重要根源；此外，由于单一的规划模式忽略了各地的社会差异，导致规划方案往往与社会现实脱节。

在各小城镇规划标准、村镇规划标准的编制过程中不能“一刀切”，应考虑到各地社会、经济的差异。在标准的执行过程中，应考虑地方的特殊情况，将指标经过系数调整后再运用到实际工作中。在小城镇规划编制过程中，必须结合当地社会转型的宏观背景进行空间肌理、尺度的合理定位。例如商贸主导型与旅游主导型小城镇的空间意向明显不同。

对于农村的空间意向，在某些人口密度较低的地区可以保持传统的“田园风貌”；而对于土地资源紧张、农民基本脱离农业生产的城郊地区，农村的空间肌理不一定都要保持低层低密度，可以建设类似于城市的多层集合住宅，以实现土地的集约利用。但在实施过程中，要兼顾农民对生活方式变革的适应程度。

12.3.2 谨防陷入追求城镇化率的数字“陷阱”

目前，全国上下从中央到地方政府都意识到了我国城镇化的滞后形势，也明确了加快城镇化步伐的重要性，这一观念的转变是积极的。但是，许多基层地方政府对城镇化率的数字过分“迷信”，刻意追求，许多政府工作报告中都提出了在一定期限内要实现多少城镇化率的“雄心壮志”，似乎只要政府下功夫强力推进，城镇化率可以像GDP数值一样迅速提升。在某些地方，城镇化率的提升甚至成为政绩的体现之一，成为地方官员努力的方向。

这种“唯数字论”的思维有明显的缺陷。首先，目前关于城镇化的统计方式与口径本身就不科学。从人员的社会流动层面来看，中部地区的农村中剩余劳动力外出打工的现象非常普遍，这些农民工常年在外地城市，并没有享用农村的基础设施和公共服务设施，他们能否算作真正的农村人口？在小城镇中有大量的从事第三产业的流动人口，他们有的来自其他乡镇，有的住在本乡镇的农村中，他们能否算作真正的城镇人口？此外，通过调研还发现一些靠近小城镇的农村居民在镇区中买房，但在农村务农的情况。可以看出，在经历了巨大的社会转型后，城乡界限再也不像改革开放前那样单一清晰，传统的以户籍为主的城镇化率统计方式暴露出越来越多的问题。

其次，农村剩余劳动力的迁移引发的城镇化过程，是农业社会转型的自然结果，政府不能为追求城镇化率数值而推动城镇化，这是一种拔苗助长的做法。以西方发达国家为例，尽管目前它们的城镇化率都比较高，但在发展过程中政府从来没有将城镇化率作为工作任务来推动。在中部地区村镇的调研过程中，一些镇领导与笔者在私下交流中认为：上级对他们的发展给予厚望，期望10多年后该地区的城镇化率提升至50%，这一愿望是好的，但有些不切实际。在中部地区许多欠发达的村镇中，镇的非农化进程远没有想象中那么快，土地对农民来说是非常宝贵的生存资本，农民舍不得轻易放弃这一资本。

笔者认为，在中部地区村镇中，通过政策推动城镇化的做法是必要的，但针对不同地区的发展状况，不应划定统一的城镇化率指标。同时，媒体不应将城镇化率的提高作为一种政绩来宣传，这一做法容易误导社会舆论，使人们将城镇化率与政绩挂钩。当前，政府的工作重心应主要放在发展经济、促进民生方面；至于城镇化率的数值高低，不宜太过强求。

12.3.3 中部地区乡村不能复制东部的发展模式

中部地区乡村的未来发展不会完全重复东部地区乡村的发展历史，它未来的空间形态也不一定是东部地区发展现状的翻版。中部与东部乡村地区的城镇化、工业化、市场化程度都有很大差异，二者发展的社会背景不同，形成各自的发展路径。

从发展现状来看，东部一些乡村的城镇化过程已经向城乡区域整合、统筹发展迈进，而中部许多地区还在为增强小城镇凝聚力而困惑，两者所面临的是完全不同的问题。例如江苏省张家港市最多的时候曾有26个镇，通过合并乡镇，现已调整为“一城四区”8个镇，市政府整合各镇的基础设施资源，并将全市农民集中居住区纳入市域城镇规划体系。①与此相对比，中部地区乡镇建设普遍滞后，小城镇对农村的辐射带动能力很弱，更谈不上整合空间资源共同发展。

东部地区尤其是江、浙地区的乡村中，商品经济极其活跃，市场化程度高，呈现出典型的“块状经济”、“产业集群”，如浙江杨汛桥镇的建材城、店口镇的南方五金城，江苏七都镇的电缆生产基地，这些小镇工业实力雄厚，乡镇企业遍地开花，涌现出全民创业的热潮。它们能发展成为如此规模，一方面是由于特殊的地理区位优势（长三角辐射区），另一方面是由于自古以来重商的文化传统。这两点优势是中部地区乡镇普遍欠缺的。中部地区大多数乡镇二、三产业发展薄弱，小城镇中规模以上企业寥寥无几，各镇领导费尽周折招商引资来的企业中，有很多根本不是来投资生产的，而是带有圈地的目的。总体而言，东部地区与中部地区发展二、三产业的社会环境与市场氛围差异极大，东部乡镇的许多经验运用到中部地区有一定难度。

此外，东部地区许多乡镇发展至今天，是以严重的环境污染为代价的。无锡市某副市长曾在一个会议上自暴“家丑”，对苏南模式造成的严重污染“痛定思痛”：“去过无锡的人也许会发现，无锡太湖水已污染得不成样。自然环境的恶化是我们发展导致的后遗症。”②尽管已暴露出如此严重的问题，但目前中部地区许多乡镇仍把这一发展模式奉若“圣经”，盲目推崇。中部地区应牢牢把握当前我国社会转型的新特点（例如绿色农业与旅游业的兴起），结合自己的生态资源优势，形成自己独特的发展模式，再不能走“先污染，后治理”的发展老路。

对于东部地区乡镇建设的众多成功经验，笔者并不反对借鉴，但是在借鉴东部经验进行空间营建时，应注意这些经验的适用性。东部地区的空间重构是在它所特

① 资料来源：张家港在线新闻网站。http://news.am1098.com/newsdata/20040106/3678280.html.

② 张东阳．“苏南模式”何以成“污染样板”．中国企业报，2006-9-25（3）.

有的社会转型背景下产生的，所以这些空间营建的经验“移植”到中部地区，必须慎重，否则会出现水土不服的情况。

12.3.4 应尊重特有的农村生活方式和习俗

从人类社会的发展史可以看出，人类文化是多元的，人类文明是丰富多彩的。同样，人类生活方式也不可能是单一的，城市与乡村的生活方式都是人类多元文化的一部分。而我国目前社会上有部分人把农村生活方式理解为落后的象征，他们认为农村生活方式只有被“改造”成城市生活方式，农村才实现了真正的发展。

按照多元化发展思路理解，乡村生活代表了人类的一种慢节奏生存方式，它与城市中消费主义驱动的忙碌生活方式形成鲜明的对比。人际关系的和谐、亲密的社区氛围、人与自然的共生都是我国农耕社会中遗传下来的优良传统。由于中部地区乡村大都处于欠发达状态，受到外界的冲击少，所以保留了较多的原生态的环境资源和文化资源，这是一笔先人留下的宝贵遗产。在空间营建过程中，尤其是在目前迅猛的城镇化过程中，更应注意保留和发扬这一优势。

根据本书的研究，社会转型与空间重构二者之间是一种紧密互动的关系，所以在村镇聚落的空间营建过程中，必须考虑农村的生活方式与习俗，才能使空间重构顺利进行。例如，在农村“迁村并点”过程中应充分考虑血缘、宗族关系的影响。笔者在安徽巢湖市烔炀镇的调研情况表明，在“迁村并点”过程中，如果将小村的农户迁到大村中去，被迁农户还是希望能聚居在一起，也就是说希望保持原有的人际关系网络；如果将他们的居住地安排得过于分散，被迁的村民就很不情愿，“迁村并点”工作就会遇到很大的阻力。基层乡镇领导对此介绍道：“并村的过程一定要慎重，要尊重历史，如果原来就是一起的，是过去分出去的，就可以并到一起，因为他们原来就比较熟悉。”这种土地的隔离会导致心理上的距离，实际上是传统乡土的地缘意识的体现。我国几千年来的小农经济导致农民与土地长期捆绑在一起，正如费孝通所描述的，“直接靠农业来谋生的人是粘着在土地上的”[①]。从更深层次来探究，这种地缘意识是小农经济的产物，它已经在中国农民的脑海中形成了根深蒂固的思维方式。在村镇空间重构包括“迁村并点”的过程中，这种潜意识具有强大的影响，必须加以关注。

总体而言，在小城镇建设、新农村建设、“迁村并点”等乡村空间重构的过程中，实施过程的主体——政府部门和规划设计单位应充分尊重中部地区乡村特有的

① 费孝通. 乡土中国. 北京：三联书店，1985.

生活方式与习俗。

12.3.5 兼顾乡村不同社会阶层的人群的特殊性

针对新型城镇化的目标，政策的制订者与规划设计人员都应关注于当代农村社会阶层的差异。针对不同职业，不同经济收入，不同亲缘、血缘的人群，应采用特定的空间营建策略。

从调研情况来看，当代中部地区乡村的人员在社会构成方面不再是“铁板一块”。以乡镇的镇区为例，这其中既有持城镇户口的机关办事人员，也有很多持农村户口的个体经营者，有些小城镇还包括一些在镇区内定居但仍保持务农的农民；以农村来说，既有纯粹种田的农民，也有呈季节性流动的农民工。这些不同的人群有其各自的利益需求，往往差异很大。例如，在对已有新农村建设成果的调研工作中，笔者便了解到，一些长期外出务工农民对建设资金的摊派就有抵触情绪，他们认为同大家一样交钱，但却无法享受到整治好的环境，所以积极性较低。在某些村落，这一问题甚至成为村镇建设的阻碍因素。

在农村与集镇中制定空间营建政策或进行规划设计，应首先进行必要的社会调查，掌握基本的社会结构特点，把各特定阶层的利益诉求考虑进去，这样得到的工作成果可操作性比较强，实施过程中遇到的阻力将会小一些。

12.3.6 社区重塑与空间建设并重

目前，全国各地的新农村建设工作已开展多年。对于这项工程，中央曾提出“生产发展、生活宽裕、乡风文明、村容整洁，管理民主”的20字方针。通过政策解读，可以察觉出，国家开展新农村建设的目的并不是新一轮的村庄改造，而是带有社区重建的意图。农村社区是在一定地域资源环境中，以农业生产活动为主的居民按一定秩序把各自的行动约束在确定的方向（共同利益）上所组成的群体或集团。[①]社区的概念不同于住区，前者强调人的社会性，后者强调空间的物质性。社区有社会整合、社会控制等诸多功能，重在体现人的价值。

随着农村的社会转型，我国中部地区农村显现出的一个突出问题就是社区凝聚力的弱化，这不但引发了农村的社会问题，也影响到村落的空间营建过程。在我国古代，农村社区拥有很强的凝聚力。在聚族而居的生存模式下，宗族组织以血缘关

① 陈万灵．农村社区机制：组织制度及其行为框架．学术研究，2002，7：24～28．

系为纽带将人们联系在一起，并通过宗法制度强化了对村民精神上的控制；在空间方面，古代农村宗族组织对村落的建设与维护起到了很强的推动作用，并承担了一定的管理职能。

随着当前改革开放的进一步深化，市场经济意识不断冲击着农民的小农意识，中部地区许多农村的青壮年劳力纷纷外出打工，每年像候鸟一样在居住地和工作地之间来回迁徙，村里只留下“386199部队”（妇女、小孩、老人）留守家乡，村落“空心化”、家庭“空巢化”。随着农民思想观念的转变和劳动力自由流动机制的形成，有些农村基层管理组织涣散，对村民的感召力也逐渐弱化，使农村基本上处于“失控”的状态中。尤其是经历过“文革”后，村民价值观和信仰缺失，一些村落治安恶化，在人际和谐方面甚至不如古代乡绅治理下的村落；此外，大部分村庄社区文化丧失，村民缺乏对地域文化的认同感与自豪感。这些现象给村镇建设、管理等方面带来了负面影响，都是社区凝聚力下降的体现。

针对这一系列问题，中部地区的新农村建设应关注于农村社区的重建，其工作重点在于增强社区凝聚力。根据本书“社会转型—空间重构”互动的设想，在村落中进行空间营建时，应努力促使农村空间营建适应和促进社会转型。按照这一思路，规划设计人员在进行新农村规划设计的过程中，可以通过一系列空间营建策略，来推进农村的社区重构，具体如以下措施。

① 通过空间构建体现地域文化，重新唤起居民对社区文化的认同（参见图12.1）。

② 通过公共空间营建，促进村落中的人际交往（参见图12.2）。

③ 探索适应于空巢化家庭的农村住宅户型。

④ 关注适应于留守儿童成长的空间环境。

图12.1 河北定州新农村建设中，台湾建筑师志愿设计的兼顾地域特色的低造价农宅

图12.2 江西浮梁县新农村建设中的低造价公共游园与散步道

第13章　结　语

13.1　差异性变迁路径和多元化发展目标的提出

中国自古以来保持着农业立国的传统，乡土思维、小农意识、农耕生活曾深深地影响了民族性格，并以文化的方式积淀在每个中国人的潜意识中。19世纪晚期，中国农村的社会形态开始由传统小农社会向现代社会转型，同时也引发了乡村浩大的空间重构过程。从历史的角度来看，中国乡村所经历的社会转型与空间重构是一场“千年未有之变局”，它所遇到的矛盾与问题也是前所未有的，如农村剩余劳动力的迁移，乡村城镇化等；而这一系列矛盾在我国中部地区体现得尤为突出，在某些方面甚至有激化的危险。

我国中部地区六省（安徽、湖南、江西、河南、山西、湖北）大多数是传统的粮食主产区，农业人口众多，三农矛盾突出。中部地区农村的现代化进程同东部发达地区农村比较相对滞后，在某些方面（如宗族观念）还保持了浓厚的传统小农社会的特征。

本书认为，传统小农社会具有三个关键特性：小农耕作、自给自足、血缘与地缘的紧密捆绑。在小农社会中，尽管中部地区村镇聚落的外部形态因地理条件与文化背景的差异有所不同，但这些传统聚落的生成机制（即“内核”）却是基本一致的——它们都是小农社会的产物，因而都呈现出“大分散、小聚居”的空间格局；这也就是说，传统村镇聚落在本质上是“同质同构”的。

步入当代，中部地区村镇聚落的产业结构、社会结构都在发生巨大的变化。在不同的资源禀赋和政策背景下，各村镇聚落经历了不同的社会转型，其空间重构过程也呈现出完全不同的态势。总体而言，当代我国中部地区村镇聚落已由过去的“同质同构”向“异质异构”转变。即使在同一县域内，各个小城镇也走向了不同的发展道路，在不同的空间重构过程作用下，最终呈现出千姿百态的乡村景观。例如，一些小城镇得益于技术、资金优势发展农村工业，烟囱林立；具有良好区位条件的小城镇则侧重于商贸业发展，商业街是其空间的主题；而拥有旅游资源的小城镇则“拆新修旧”，其空间重构过程体现为向传统风貌的回归……在古代小农社会中，这种差异是不可想象的，而如今在中部地区却成为一种普遍的景象。

按照本书的理解，不同的空间重构是不同的社会转型作用下的结果，在这一过程中，起关键作用的是社会转型与空间重构之间的互动机制。由于社会变迁的速度、方式不同，同时每个村镇聚落中起主导作用的机制也不相同，所以村镇聚落不会出现雷同的空间重构过程。总体而言，随着社会的转型，中部地区村镇聚落的空间重构明显体现出差异性。

当代中部地区村镇聚落在差异性变迁路径下，其空间重构的目标也呈现多元化特征。目前，在我国村镇建设过程中，许多建设主体（包括规划技术部门）往往采取几种单一模式去套用到村镇聚落中。他们忽略了社会这个“巨系统”的复杂性，对不同社会背景下的村镇聚落用单一的规划思路来指导村镇建设。许多村镇规划就像工厂的流水线作业，输入原料（经济数据、地形地貌资料），得到产品（规划成果），这一过程看似效率很高，很科学，但实际上是“技术决定论”的产物。这些村镇规划忽略了形塑空间的社会背景与内涵，也忽略了作为个体的“人”的存在价值及人的主观意识带来的干扰。

13.2 “政府—市场—社会”视野下的乡村空间重构

未来几十年中，我国中部地区村镇聚落的空间重构将走向何方？它将来会演变成何种形态？在这一过程中起到决定性作用的因素是什么？根据本书的理解，村镇聚落的空间重构过程，关键在于社会转型与空间重构之间的互动机制；通过对二者互动机制的进一步剖析，可以发现“政府—市场—社会”这三方是各种互动机制背后的主要行为主体，它们通常作为一个紧密联系的“共同体”施加影响。

从“政府—市场—社会”的单个主体考虑，它们都有各自一套由社会转型推动空间重构的动力机制，按照各自的方法塑造着村镇聚落的空间。但是当三者发生混合作用时，这一结局就不是三者作用的简单叠加，而体现为三方博弈下的结果。当三方的作用失衡，这一矛盾就可能在村镇聚落的空间重构过程中暴露出来。例如在中部地区乡村中市场调控或政府引导的选择、自上而下或自下而上的规划方式的选择等，都涉及三方关系的平衡问题。

对于现实的村镇聚落的空间营建，关键问题在于“政府—市场—社会”三者之间形成力量均衡的空间制度安排。例如我国的城乡差距，就是三方关系没有形成“制度均衡”的结果：在当时的计划经济体制背景下，“政府”的力量至高无上，而“市场”的力量微乎其微。城乡差距是一种人为作用下的结果，它通过行政手段将资源从农村中过度抽取，投向城市建设；而在这一过程中，空间隔离的户籍制度就是其制度保障。

在步入21世纪的今天，我国的发展观已发生了重大变革，中央提出的“新型城镇化”、“城乡统筹”，就体现了关注社会公平的政策变化。就规划建设领域而言，其核心问题在很大程度上也是一个公共政策均衡和公共资源（包括空间资源）合理分配的问题。在中部地区村镇聚落的建设过程中，“政府—市场—社会”三方都对村镇聚落的空间重构有着关键的影响力，同时其发挥影响的方式也各不相同。

在村镇聚落的空间营建过程中，遇到各种复杂的现实问题时，许多规划技术手段有时候是只是一种“治标”的手段；而通过巧妙、合理的空间制度安排来实现三方之间的力量均衡，在一定程度上能取得“治本”的效果。

以中部地区的小城镇建设为例，虽然从建设量来说成就很大，但是就建设效益（经济、社会效益）来说，问题却存在不少：环境脏乱、个性缺乏、“空壳镇”、“马路经济”、城镇职能偏弱、集聚能力不足等，这些问题在中部地区小城镇如此普遍，以致人们一联想到小城镇，脑海中就浮现出以上场景。简单地就空间而论空间，以纯技术的手段是无法解决这类问题的，如果把其放置于“政府—市场—社会”的视野下来考察，我们可以发现问题的症结。

在中部地区村镇聚落的空间重构过程中，首先，政府力量对空间的影响存在着两个主要问题：① 国家重视程度不够，对村镇聚落空间营建的资源投入不足（这一局面在近年来随着国家对三农问题的重视有较大改观）；② 政府自上而下的建设体制引发的盲目性“空间生产”问题。

在市场力量方面，由于中部地区乡村的小农社会现代化转型滞后，市场发育程度不足，使其空间营建缺乏来自市场力量的有力支撑。

在社会力量方面，价值观、文化等因素通过隐性作用也影响了村镇聚落的空间重构。

简言之，中部地区村镇聚落的现状与矛盾就来源于“政府—市场—社会”三方博弈后的结果，对于村镇规划建设的政策制定者和决策者而言，可以通过合理的制度安排，来实现三方之间的力量均衡，保持三者整体的“重心”稳定。

13.3 未来村镇聚落空间重构过程中有待探讨的问题

① 社会转型带有一定的不确定性，将来我国社会是走向一种完全的“市场社会”[①]，还是形成一种国家和市场调控相结合的社会形态，还有待改革的进一步探索。因此，与之相对应的村镇聚落空间重构的方式究竟是“自下而上”还是“自上而下”，有待理论的探讨和实践的检验。

② 本书在论述村镇空间重构的社会影响要素时，对宗族势力与宗法制度的影响关注较少，这是由于新中国成立后的一系列政治运动（人民公社、文革等）将宗法制度与宗族势力极大削弱的缘故。但如今，随着国家对村镇基层控制的放松，宗族势力与宗法制度在一些农村地区（尤其是我国中部南方地区农村）重新兴盛，大有卷土重来之势。这对于村镇聚落空间重构的利弊如何，还有待学界同仁的探讨。

③ 当前我国行政体制最低一级行政建制为镇。有些学者从提高行政效率、节约公共开支的角度建议取消镇级建制、镇上只设置县政府的派出机构；也有学者反对此观点，认为应加强镇级政府的行政能力。如果前者的建议得以实施，随着镇政府的撤销，镇的人口、性质定位、辐射能力、吸引力都将受到影响，这一变化是否会破坏村镇体系金字塔的现有结构？是否会产生消极的空间重构？这也是值得探讨的问题。

① “市场社会”为经济学家博兰尼提出，在这种社会中，市场自由调节的原则成为整个社会运作的原则。

参考文献

【图书】

1．Mike Savage，Alan Warde and Kevin Ward. Urban sociology, capitalism and modernity. New York: the Macmillan Press, 1993

2．Hagerstrand T. Innovation as a spatial Process. University of Chicago Press, 1968

3．McGee T. G. The Emergence of Desakota Regions in Asia: Expanding a Hypothesis. In: Ginsburg; Koppel; McGee. The Extended Metropolis-Settlement Transition in Asia. University of Hawaii Press, 1991

4．Lefebrve, H. Reflection on the Politics of Space. in R. Peet eds . Radical Geography. Chicago: Maaroufa Press，1977

5．Louis Wirth. Urbanism as a way of life. American Journal of Sociology. 1938

6．Jefferson M. The law of the primate city. Geographical Review, 1939

7．埃弗里特·M·罗吉斯，拉伯尔·J·伯德格．乡村社会变迁，王晓毅，王地宁译．杭州：浙江人民出版社．1988

8．中国大百科全书出版社编辑部．中国大百科全书·哲学卷．北京：中国大百科全书出版社，1987

9．费正清．伟大的中国革命，刘尊棋译．北京：世界知识出版社，2003

10．吉尔伯特·罗兹曼．中国的现代化．上海：上海人民出版社，1989

11．H·孟德拉斯．农民的终结，李培林译．北京：社会科学文献出版社，2005

12．温铁军．中国农村基本经济制度研究．北京：中国经济出版社，2000

13．许学强，薛凤旋，阎小培．中国乡村——城市转型与协调发展．北京：科学出版社，1998

14．许学强，周一星，宁越敏．城市地理学．北京：高等教育出版社，1997

15．单德启．中国传统民居图说——徽州篇．北京：清华大学出版社，1998

16．辞海编辑委员会．辞海〔1999普及版〕．上海：上海辞书出版社，1999

17．费孝通．费孝通选集．天津：天津人民出版社，1988

18．汤铭潭，宋劲松，刘仁根，李永洁．小城镇发展与规划概论．北京：中国建筑工业出版社，2004

19．王宁．小城镇规划与设计．北京：科学出版社，2001

20．宛素春．城市空间形态解析．北京：科学出版社，2004

21. 陈晏清. 当代中国社会转型论. 太原：山西教育出版社，1998

22. 郑杭生. 当代中国农村社会转型的实证研究. 北京：中国人民大学出版社，1996

23. 陆学艺. 社会结构的变迁. 北京：中国社会科学出版社，1997

24. 张琢. 九死一生：中国现代化的坎坷历程和中长期预测. 北京：中国社会科学出版社，1992

25. 黄惠贤，李文澜. 古代长江中游的经济开发. 武汉：武汉出版社. 1988

26. 中国乡村研究・第一辑. 北京：商务印书馆，2003

27. 顾朝林. 中国城镇体系——历史・现状・展望. 北京：商务印书馆，1992

28. 毛泽东. 湖南农民运动考察报告. 北京：人民出版社，1976

29. 宋恩荣. 晏阳初全集. 北京：教育科学出版社，1989

30. 任放. 明清长江中游市镇经济研究. 武汉：武汉大学出版社，2003

31. 游钧. 2005中国就业报告. 北京：中国劳动社会保障出版社. 2005

32. 费孝通. 乡土中国. 北京：三联书店，1985

33. 费孝通. 江村农民生活及其变迁. 兰州：敦煌文艺出版社，1997

34. 任放. 明清长江中游市镇经济研究. 武汉：武汉大学出版社，2003

35. 顾朝林，甄峰，张京祥. 集聚与扩散——城市空间结构新论. 南京：东南大学出版社，2000

36. 邹军，张京祥，胡丽娅. 城镇体系规划——新理念新范式新实践. 南京：东南大学出版社，2002

37. 秦晖. 传统中华帝国的乡村基层控制：汉唐间的乡村组织//中国乡村研究・第一辑. 北京：商务印书馆，2003

38. 裴小林. 集体土地所有制对中国经济转轨和农村工业化的贡献//中国乡村研究・第一辑. 北京：商务印书馆，2003

【期刊】

39. 费孝通. 江村五十年. 社会，1986，6

40. 陈锡文. 当前我国的农业、农村和农民问题. 生产力研究，2005，10

41. 单德启. 论中国传统民居村寨集落的改造. 建筑学报，1992，4

42. 余英，陆元鼎. 东南传统聚落研究——人类聚落学的架构. 华中建筑，1996，4

43. 武大历史系罗田城关人民公社史编写小组. 湖北省罗田城关人民公社史节录. 武汉大学学报（人文科学版），1959，4

44. 李文. 德国的小城镇建设. 中国建设信息，1999，Z3

45. 张镜予. 中国农民经济的困难和补救. 东方杂志，26（9）

46. 守愚. 复兴农村与农民负担. 独立评论，1933，9

47. 樊康，高潮. 梁漱溟与中国乡村建设运动. 小城镇建设，2005，11

48. 陈晓鸣. 九江开埠与近代江西社会经济的变迁. 史林，2004，4

49. 罗平汉．农村人民公社的兴起．文史精华，2002，9

50. 武大历史系．湖北省罗田城关人民公社史节录．武汉大学学报（人文科学版），1959，4

51. 于立，姜春海．中国乡镇企业吸纳劳动就业的实证分析．管理世界，2003，3

52. 李焯章，郭帆，李磊．发挥产业政策导向作用推动中部地区产业结构布局调整．经济问题探索，2004，11

53. 崔效辉．警惕中国社会的“拉美化”倾向．决策咨询，2002，2

54. 孙洪波．“拉美化”命题研究综述．拉丁美洲研究，2005，1

55. 陈前虎．小城镇空间形态发展的理念和趋势．城乡建设，2001，2

56. 倪方六．大陆学者热议“新集体农庄”．凤凰周刊，2006，4

57. 陈前虎．小城镇空间形态发展的理念和趋势．城乡建设，2001，2

58. 李沛锋．区(镇)域村庄布点规划与迁村并点建设初探．规划师，2006，2

59. 朱虹．结构性动因与地方政府法团化．二十一世纪（香港中文大学），2001，8

60. 吴海峰，王西同．整治“空心村”：新农村的美容事业——河南整治“空心村”见闻．小城镇建设，2005，8

61. 张庭伟．中国规划走向世界——从物质建设规划到社会发展规划．城市规划汇刊，1997，1

62. 国有林场改革的相关政策的探讨．林业财务与会计，2005，10

63. 单德启，王心邑．“历史碎片”的现代包容——安徽省池州孝肃街“历史风貌”的保护与更新．小城镇建设，2004，5

64. 陈万灵．农村社区机制：组织制度及其行为框架．学术研究，2002，7

【非正式出版的会议论文、学术报告和相关媒体等】

65. 单德启．干栏的时空轨迹//中日传统民居学术研讨会论文集．1992

66. 刘重来．民国时期卢作孚乡村建设模式研究开题报告．卢作孚研究中心

67. 丁肇文．06年《农村经济绿皮书》：城乡收入差距扩大．北京晚报，2006，4月14日

68. 张红宇．中部崛起电视高端论坛．河南电视台，2005，10月03日

69. 吴景超．发展都市以救济农村．大公报．天津，1934，9月9日

70. 夏琼，金文兵，刘伟，黄峰．武汉市长怒斥城中村滥盖私房骗取拆迁补偿现象．武汉晚报，2004，11月6日

71. 十一五规划主题系列论坛：农村的出路不在农村．21世纪经济报道．2005，10月15日

72. 张毅．农民工：城镇化过程中的主流群体．人民日报，2005，2月17日

73. 李海鹏．豪宅的外壳，农民的生活——农民富豪的乌托邦．南方周末，2004，9月16日

74. 沈建华，陈兵．“三集中”的成功实践——看无锡市破解发展与用地矛盾．农民日报，2005，9月29日

75. 李自良、陈芳、沈虹冰．圈了三千万亩，“撂荒”近九成．新华每日电讯，2003，1月9日

76. 江西高岭——瑶里风景名胜区规划大纲

77. 江西瑶里古镇控制性详细规划设计文本

78. 浮梁县乡镇综合实例统计调查年报表

79. 浮梁县乡、建制镇基本情况调查表

80. 江西省浮梁县鹅湖镇2004版总体规划

81. 江西省浮梁县洪源镇2005 ~ 2020总体规划

82. 安徽省巢湖市黄麓镇2004 ~ 2020总体规划

83. 安徽省巢湖市铜闸镇2006版总体规划基础材料

84. 黄麓镇七届四次人代会政府工作报告

85. 浙江省诸暨市店口——湄池组合城镇总体规划（2000 ~ 2020）

86. 浙江省诸暨市店口镇总体规划（2003 ~ 2020）

87. 江西省移民建镇工作文件汇编（三）．江西省移民建镇工作指挥部办公室．2000

88. 互联网资料：节后高峰提前，铁路增200临客救急．http://www.southcn. com/ news/china/china01/ 200202170106.htm

89. 互联网资料：中国国民经济和社会发展“十一五”规划纲要．http://www.chinanews.com/news/2006/2006-03-16/8/704064.shtml

90. 互联网资料：银监会高官预测建设新农村需新增15到20万亿元．http://news.sina.com.cn/c/2006-07-29/224610572625.shtml

91. 互联网资料：三峡水库移民．http://www.people.com.cn/GB/jinji/222/ 10814/10824/10835/20030529/1003399.html

92. 互联网资料：江西名镇．http://www.jx.xinhuanet.com/mz/2003-12/16/ content_1351154.htm

93. 互联网资料：中国城市低碳经济网，新型城镇化．http://www.cusdn.org.cn/ templates/default/page_news_zt_69.htm

94. 互联网资料：张家港大并镇．http://news.am1098.com/newsdata/20040106/ 3678280.html

本书中图片来源：除了在文中标出引用出处的图片之外，其余皆为笔者拍摄或绘制

致 谢

本书成文之际，我感谢所有对此项研究有过帮助的人。首先，感谢清华大学的单德启教授，他对本书的撰写提供了许多指导。单教授严谨的治学态度和高尚的品格时刻感染着我，他以丰富的学识指点我走出学术的迷津。感谢我的硕士导师马志武教授，他对本书提出了很多宝贵的建议，同时提供了许多调研机会。

感谢中国政法大学社会学院的毕向阳教授，他是我攻读博士学位时的同室学友。他的大量藏书，让我方便地直接接触到大量社会学的经典著作，使我的社会学知识系统化。平时许多的茶余饭后的交流，经常让我们两个不同学科背景下的人碰撞出思想的火花。

感谢清华大学社会学系的沈原教授、中国建筑设计研究院的杜白操教授、中国建筑科学研究院建筑设计院马立东院长、中国城市规划设计研究院的汤铭潭教授，他们均对本书的撰写提供了很多建议和帮助。最后要感谢家人对我的一贯支持。